U0730638

大学语文

主　编　赵昌伦
副主编　吴晓宇　卢　波
编　者　赵昌伦　吴晓宇　卢　波
　　　　伍晓露　杨　璐

复旦大学出版社

内容提要

　　本书由上编"阅读欣赏"和下编"写作实践"两部分构成。其中上编由12个主题单元构成，每个单元主题均为一句古诗，涵盖了美景、游记、思乡、乡愁、少年、青春、亲情、爱情、友情、女性、怀古、哲理、惜时、理想、信念、成功、创新、科技、正直、诚实、爱国等方面的内容。文章选用古今中外经典名篇，体裁多样，散文、诗歌、小说、戏剧均有涉及。下编由四个部分组成，分别为：应用文写作基础　；实用文体写作；常见公文写作；教育小论文写作。

　　本书适合高职高专各类专业学生的学习需要，是一本通用性强的教材。

前 言

FOREWORD

　　"大学之道,在明明德,在亲民,在止于至善。"《大学》这部国学经典可谓道出了大学教育的目的及意义所在。文以载道从来都是写诗作文的箴言,《大学语文》作为通识课程在教材的编写上必然更加注重人文性、文学性和针对性。以往的《大学语文》在定位上多为本科、专科生皆可适用,本教材则"一反常态",直接将目标群体定位为高职高专学生,编写上更加具有现实针对性。

　　一直以来,《大学语文》教材的编写种类甚繁,其中多以两种形式出现:一种是按照文学史的体例根据时间先后选择例文编写,古今有序,中外有别,泾渭分明;一种是按照主题模块编写,选文时古今中外融为一体,包容开放。两种体例各有所长,不再赘述。本教材选用第二种编写体例,设上下两篇,上篇为"阅读",下篇为"写作"。上篇"阅读"共十二个主题单元,每个单元均以一句七言古诗为主题,综合选择古今中外经典诗歌、散文、戏剧、小说等不同体裁的文章作为教学内容,学生可以从多元、多维的文学现象中感受到不同地域、不同时代、不同文学形式所呈现出来的人类的共性之美,通过学习懂得生而为人不仅要各美其美,还要学会美人之美,最终达到美美与共的境界。每个单元均设有一定数量的自读课文供学生自主学习,教师只需教读非自读篇目。下篇"写作"共四个单元,分别介绍了应用文写作基础、实用文体写作、常见公文写作、教育小论文写作知识。其中前三个单元的编写主要考虑高职高专生的共性需求,最后一个单元教育小论文写作的编写主要考虑到师范类专业学生的特殊需要。"写作"篇从大专生的实际需要出发,在自主编写的基础上借鉴并综合了几本教材有关写作的内容,根据大专生的写作需要,进行了增删、修改。上、下两篇在内容上相对独立,在编写体例上个性鲜明。本教材旨在编写一本适合高职高专生使用的实用性较强的通用教材。《大学语文》课程开设一学年,每学期按 18 周计算(其中有 2 周为实践课),每周安排 2 课时,共计 72 课时。其中第一学期教学内容为上篇"阅读"第一至第六单元、下篇"写作"第一、二单元;第二学期教学内容为上篇"阅读"第七至第十二单元,下篇"写作"第三、四单元。此类划分仅供参考,各校可根据本校教学实际,灵活安排,不受此限。

　　本书由毕节幼儿师范高等专科学校组织编写,成书过程中得到了复旦大学出版社的大力支持。在编写过程中,参考了国内相关的出版物和互联网上的资料,引用或借鉴了许多专家学者的研究成果,或未能一一详注,加之水平有限,疏漏谬误,在所难免,敬请各位专家学者、语文教育界的同仁以及广大读者批评指正。

赵昌伦

目 录
CONTENTS

上篇 阅 读

下篇　写　作

上篇

阅读

「第一单元」

好山好水看不足

　　本单元以美景为主题,在所有作品中,我们将透过作者的笔尖,去领略世界的风光美景。"好山好水"是作家笔下经久不衰的题材,因为视觉的震撼更能触动心底,直观的冲击更能引发我们对生活、对世界的思考,时常跟大自然对话,才能帮助我们读懂、悟透人生。

　　"人生代代无穷已,江月年年只相似。"最美的景色莫过于农历十五的春、江、花、月、夜,那是张若虚送给后人的仙境。

　　杭州,多少文人墨客竞相盛赞的福地,它是最绚烂的风景线,是中华荣耀、人间天堂,跟随柳永,我们不仅能观赏西湖美景,还能领略钱塘繁华。

　　走进赤壁,我们才能体会苏东坡"寄蜉蝣于天地,渺沧海之一粟"的豪迈胸襟;走进孔庙,我们也才能明白孔老夫子"博施于民、而能济众"的毕生追求。

　　踏上湘西这片没有尘世喧哗的、充满神秘感的热土,看过这里的山山水水、世俗人情,我们才能品味沈从文心里挥之不去的乡愁;游览了翡翠明珠般的瓦尔登湖,和卢梭一样将自己与大自然融合在一起,我们才会重新审视生活、生命的意义。

　　阅读本单元,除了尽情领略作者笔下的山川风情外,还需细细品味小景物、小细节中所蕴含的哲理,让我们通过好山好水,与作家对话,与现实对话,与我们自己的人生对话……

1 诗词二首

春江花月夜

张若虚

题解

张若虚(约 647 年～730 年),字、号均不详,扬州(今江苏扬州)人。初唐诗人。与贺知章、张旭、包融并称为"吴中四士"。他的诗仅存两首——《春江花月夜》《代答闺梦还》于《全唐诗》中。

《春江花月夜》沿用陈隋乐府旧题,运用富有生活气息的清丽之笔,以月为主体,以江为场景,描绘了一幅幽美邈远、惝恍迷离的春江月夜图,抒写了富有哲理意味的人生感慨以及游子思妇真挚动人的离情别绪,创造了一个深沉、寥廓、宁静的境界。全诗共 36 句,每四句一换韵,通篇融诗情、画意、哲理于一体,意境空明,想象奇特,语言自然隽永,韵律宛转悠扬,洗净了六朝宫体的浓脂腻粉,具有极高的审美价值,素有"孤篇盖全唐"之誉。

春江潮水连海平,海上明月共潮生。

滟滟[1]随波千万里,何处春江无月明!

江流宛转绕芳甸[2],月照花林皆似霰[3];

空里流霜[4]不觉飞,汀[5]上白沙看不见。

江天一色无纤尘,皎皎空中孤月轮。

江畔何人初见月? 江月何年初照人?

人生代代无穷已,江月年年只相似。

不知江月待何人,但见长江送流水。

白云一片去悠悠,青枫浦[6]上不胜愁。

谁家今夜扁舟子[7]? 何处相思明月楼[8]?

可怜楼上月徘徊[9],应照离人[10]妆镜台。

---

〔1〕 滟滟:波光荡漾的样子。
〔2〕 芳甸:开满花草的郊野。甸,郊外之地。
〔3〕 霰:天空中降落的白色不透明的小冰粒。此处形容月光下春花晶莹洁白。
〔4〕 流霜:飞霜。古人以为霜和雪一样,是从空中落下来的,所以叫流霜。此处比喻月光皎洁,月色朦胧、流荡,所以不觉得有霜霰飞扬。
〔5〕 汀:水边平地。
〔6〕 青枫浦:地名,今湖南浏阳市境内有青枫浦。这里泛指游子所在的地方。暗用《楚辞·招魂》"湛湛江水兮上有枫,目极千里兮伤春心"句意,隐含离别之意。
〔7〕 扁舟子:飘荡江湖的游子。扁舟,小舟。
〔8〕 明月楼:月夜下的闺楼。这里指闺中思妇。
〔9〕 月徘徊:指月光偏照闺楼,徘徊不去,令人不胜其相思之苦。
〔10〕 离人:此处指思妇。妆镜台:梳妆台。

玉户[1]帘中卷不去,捣衣砧[2]上拂还来。

此时相望不相闻,愿逐月华[3]流照君。

鸿雁长飞光不度,鱼龙潜跃水成文[4]。

昨夜闲潭[5]梦落花,可怜春半不还家。

江水流春去欲尽,江潭落月复西斜。

斜月沉沉藏海雾,碣石潇湘无限路[6]。

不知乘月[7]几人归,落月摇情[8]满江树。

(《全唐诗(上)》,彭定求,上海古籍出版社,1986 年版)

望海潮(东南形胜)

柳 永

题解

柳永(约 984 年~1053 年),原名三变,后改名柳永,因排行第七,又称柳七,福建崇安(今福建武夷山市)人,北宋著名词人,婉约派代表人物。柳永是第一位对宋词进行全面革新的词人,也是两宋词坛上创用词调最多的词人,他的词对宋词的发展产生了深远影响,"凡有井水处,即能歌柳词"。

《望海潮》(东南形胜)主要描写杭州的富庶与美丽。上篇描写杭州的自然风光和都市的繁华,下篇写西湖,展现杭州人民和平宁静的生活景象。全词以点带面,铺叙晓畅,以波澜起伏的笔法,浓墨重彩地铺叙,展现了杭州的繁荣景象。

东南形胜,三吴[9]都会,钱塘[10]自古繁华。烟柳画桥,风帘翠幕,参差十万人家。云树绕堤沙,怒涛卷霜雪,天堑无涯。市列珠玑[11],户盈罗绮,竞豪奢。

重湖[12]叠巘清嘉。有三秋[13]桂子,十里荷花。羌管弄晴,菱歌泛夜,嬉嬉钓叟莲娃。千骑拥高

---

〔1〕 玉户:形容楼阁华丽,以玉石镶嵌。

〔2〕 捣衣砧:捣衣石、捶布石。

〔3〕 逐:追随。月华:月光。

〔4〕 文:同"纹"。

〔5〕 闲潭:幽静的水潭。

〔6〕 碣石潇湘:碣石,山名,在渤海边上。潇湘,湘江与潇水,在今湖南。这里两个地名一南一北,暗指路途遥远,相聚无望。无限路:极言离人相距之远。

〔7〕 乘月:趁着月光。

〔8〕 摇情:激荡情思,犹言牵情。

〔9〕 三吴:即吴兴、吴郡、会稽三郡,在这里泛指今江苏南部和浙江的部分地区。

〔10〕 钱塘:即今浙江杭州,古时候吴国的一个郡。

〔11〕 珠玑:珠是珍珠,玑是一种不圆的珠子。这里泛指珍贵的商品。

〔12〕 重湖:以白堤为界,西湖分为里湖和外湖,所以也叫重湖。巘(yǎn):大山上之小山。

〔13〕 三秋:指秋季,亦指秋季第三月,即农历九月。王勃《滕王阁序》有"时维九月,序属三秋"。柳永《望海潮》有"三秋桂子,十里荷花"。另一种说法指三季,即九个月。《诗经·王风·采葛》有"一日不见,如三秋兮!"孔颖达疏"年有四时,时皆三月。三秋谓九月也。设言三春、三夏其义亦同,作者取其韵耳"。亦指三年。李白《江夏行》有"只言期一载,谁谓历三秋!"

牙〔1〕。乘醉听箫鼓,吟赏烟霞。异日图将好景,归去凤池〔2〕夸。

(《唐宋词鉴赏辞典》,周汝昌,上海辞书出版社,1988 年版)

思考与练习

1. 如何看待这两首诗词的思想价值?
2. 分析《春江花月夜》的烘托与铺垫手法。

2 前赤壁赋

苏 轼

题解

苏轼(1037 年~1101 年),字子瞻,号铁冠道人、东坡居士,世称苏东坡,眉州眉山(今四川省眉山市)人,北宋文学家、书法家、画家。苏轼的诗、词、散文创作都有着超凡的、豪迈的气象以及丰富的、高超的艺术技巧,他的散文可与韩愈、柳宗元、欧阳修的散文相媲美。

《赤壁赋》分前后两篇,珠联璧合,浑然一体。文章通过同一地点(赤壁)、同一方式(月夜泛舟饮酒)、同一题材(大江高山清风明月),反映了不同的时令季节,描绘了不同的大自然景色,抒发了不同的情趣,表达了不同的主题。《前赤壁赋》记叙了作者与朋友们月夜泛舟游赤壁的所见所感,以作者的主观感受为线索,通过主客问答的形式,反映了作者由月夜泛舟的舒畅到怀古伤今的悲咽,再到精神解脱的达观。

壬戌之秋,七月既望〔3〕,苏子与客泛舟游于赤壁之下。清风徐来,水波不兴。举酒属客,诵明月之诗〔4〕,歌窈窕之章〔5〕。少焉,月出于东山之上,徘徊于斗牛〔6〕之间。白露横江,水光接天。纵一苇之所如,凌万顷之茫然〔7〕。浩浩乎如冯虚御风〔8〕,而不知其所止;飘飘乎如遗世独立,羽化而登仙。

---

〔1〕 高牙:高矗之牙旗。牙旗,将军之旌,竿上以象牙饰之,故云牙旗。这里指高官孙何。
〔2〕 凤池:全称凤凰池,原指皇宫禁苑中的池沼。此处指朝廷。
〔3〕 既望:农历每月十六。农历每月十五日为"望日",十六日为"既望"。
〔4〕 明月之诗:指《诗经·陈风·月出》。
〔5〕 窈窕之章:《陈风·月出》诗首章为"月出皎兮,佼人僚兮,舒窈纠兮,劳心悄兮"。"窈纠"同"窈窕"。
〔6〕 斗牛:星座名,即斗宿(南斗)、牛宿。
〔7〕 "纵一苇之所如,凌万顷之茫然":任凭小船在宽广的江面上飘荡。纵:任凭。一苇:比喻极小的船。《诗经·卫风·河广》:"谁谓河广,一苇杭(航)之。"如:往。凌:越过。万顷:极为宽阔的江面。茫然:旷远的样子。
〔8〕 冯虚御风:乘风腾空而遨游。冯虚:凭空,凌空。冯:通"凭",乘。虚:太空。御:驾御。

于是饮酒乐甚,扣舷而歌之。歌曰:"桂棹兮兰桨[1],击空明[2]兮溯流光。渺渺兮予怀,望美人[3]兮天一方。"客有吹洞箫者,倚歌而和之。其声呜呜然,如怨如慕,如泣如诉,余音袅袅,不绝如缕[4]。舞幽壑[5]之潜蛟,泣孤舟之嫠妇[6]。

苏子愀然[7],正襟危坐而问客曰:"何为其然也?"客曰:"月明星稀,乌鹊南飞,此非曹孟德之诗乎?西望夏口[8],东望武昌[9],山川相缪[10],郁乎苍苍,此非孟德之困于周郎者乎?方其破荆州,下江陵,顺流而东也,舳舻[11]千里,旌旗蔽空,酾酒[12]临江,横槊[13]赋诗,固一世之雄也,而今安在哉?况吾与子渔樵于江渚之上,侣鱼虾而友麋鹿,驾一叶之扁舟,举匏樽[14]以相属。寄蜉蝣[15]于天地,渺[16]沧海[17]之一粟。哀吾生之须臾[18],羡长江之无穷。挟飞仙以遨游,抱明月而长终[19]。知不可乎骤[20]得,托遗响[21]于悲风[22]。"

苏子曰:"客亦知夫水与月乎?逝者如斯[23],而未尝往也;盈虚者如彼,而卒莫消长也。盖将自其变者而观之,则天地曾不能以一瞬;自其不变者而观之,则物与我皆无尽也,而又何羡乎!且夫天地之间,物各有主,苟非吾之所有,虽一毫而莫取。惟江上之清风,与山间之明月,耳得之而为声,目遇之而成色,取之无禁,用之不竭,是造物者之无尽藏也,而吾与子之所共适。"

客喜而笑,洗盏更酌。肴核既尽,杯盘狼藉。相与枕藉乎舟中,不知东方之既白。

(《图解唐宋八大家集》,崇贤书院,黄山书社,2016 年版)

思考与练习

1. 作为一篇文赋,《前赤壁赋》在结构安排上有什么特点?主客对话的实质是什么?
2. 《前赤壁赋》是如何描绘箫声的?箫声在全篇中起什么作用?

[1] 桂棹兰桨:桂树做的棹,兰木做的桨。
[2] 空明:月亮倒映水中的澄明之色。
[3] 美人:比喻心中美好的理想或好的君王。
[4] 缕:细丝。
[5] 幽壑:深谷,这里指深渊。此句意谓:潜藏在深渊里的蛟龙为之起舞。
[6] 嫠妇:寡妇。
[7] 愀然:容色改变的样子。
[8] 夏口:故城在今湖北武昌。
[9] 武昌:今湖北鄂州市。
[10] 缪:通"缭",盘绕。
[11] 舳舻:战船前后相接,这里指战船。
[12] 酾酒:滤酒,这里指斟酒。
[13] 横槊:横执长矛。槊:长矛。
[14] 匏樽:用葫芦做成的酒器。匏:葫芦。尊:同"樽"。
[15] 蜉蝣:一种朝生暮死的昆虫。此句比喻人生之短暂。
[16] 渺:小。
[17] 沧海:大海。此句比喻人类在天地之间极为渺小。
[18] 须臾:片刻,形容生命之短。
[19] 长终:永远。
[20] 骤:多。
[21] 遗响:余音,指箫声。
[22] 悲风:秋风。
[23] 逝者如斯:流逝的像这江水。语出《论语·子罕》:"子在川上曰:'逝者如斯夫,不舍昼夜。'"逝:往。斯:指水。

3 曲阜孔庙(选读)

梁思成

题解

梁思成(1901年~1972年),我国著名的建筑家,曾任中央研究院院士(1948年)、中国科学院哲学社会科学学部委员,参与了人民英雄纪念碑、中华人民共和国国徽等的设计。孔庙是我国历代封建王朝祭祀春秋时期思想家、政治家、教育家孔子的庙宇。它是一组具有东方建筑特色、规模宏大、气势雄伟的古代建筑群。曲阜孔庙则是祭祀中孔子的本庙,位于孔子故里山东曲阜城内,与南京夫子庙、北京孔庙和吉林文庙并称为中国四大文庙。始建于鲁哀公十七年(公元前478年),与相邻的孔府、城北的孔林合称"三孔"。曲阜孔庙被梁思成称为世界建筑史上的"孤例",现为世界文化遗产、中华人民共和国全国重点文物保护单位,与北京故宫、承德避暑山庄并列为中国三大古建筑群。

也许在人类历史中,从来没有一个知识分子像中国的孔丘(公元前551~公元前479年)那样,长时期地受到一个朝代接着一个朝代的封建统治阶级的尊崇。他认为"一只鸟能够挑选一棵树,而树不能挑选过往的鸟",所以周游列国,想找一位能重用他的封建主来实现他的政治理想,但始终不得志。事实上,"树"能挑选鸟;却没有一棵"树"肯要这只姓孔名丘的"鸟"。他有时在旅途中绝了粮,有时狼狈到"累累若丧家之狗";最后只得叹气说,"吾道不行矣!"但是为了"自见于后世",他晚年坐下来写了一部《春秋》。也许他自己也没想到,他"自见于后世"的愿望达到了。正如汉朝的大史学家司马迁所说:"春秋之义行,则天下乱臣贼子惧焉。"所以从汉朝起,历代的统治者就一朝胜过一朝地利用这"圣人之道"来麻痹人民,统治人民。尽管孔子生前是一个不得志的"布衣"。死后他的思想却统治了中国两千年。他的"社会地位"也逐步上升,到了唐朝就已被称为"大成至圣文宣王";连他的后代子孙也靠了他的"余荫",在汉朝就被封为"褒成侯",后代又升一级做"衍圣公"。两千年世袭的贵族,也算是历史上仅有的现象了。这一切也都在孔庙建筑中反映出来。

今天全中国每一个过去的省城、府城、县城都必然还有一座规模宏大、红墙黄瓦的孔庙,而其中最大的一座,就在孔子的家乡——山东省曲阜,规模比首都北京的孔庙还大得多。在庙的东边,还有一座由大小几十个院子组成的"衍圣公府"。曲阜城北还有一片占地几百亩、树木葱幽、丛林密茂的孔家墓地——孔林。孔子以及他的七十几代嫡长子孙都埋葬在这里。

现在的孔庙是由孔子的小小的旧宅"发展"出来的。他死后,他的学生就把他的遗物——衣、冠、琴、车、书——保存在他的故居,作为"庙"。汉高祖刘邦就曾经在过曲阜时杀了一条牛祭祀孔子。西汉末年,孔子的后代受封为"褒成侯",还领到封地来奉祀孔子。到东汉末桓帝时(公元153年),第一次由国家为孔子建了庙。随着朝代岁月的递移,到了宋朝,孔庙就已发展成三百多间房的巨型庙宇。历代以来,孔庙曾经多次受到兵灾或雷火的破坏,但是统治者总是把它恢复重建起来,而且规模越来越大。到了明朝中叶(16世纪初),孔庙在一次兵灾中毁了之后,统治者不但重建了庙堂,而且为了保护孔庙,干脆废弃了原在庙东的县城,而围绕着孔庙另建新城——"移县就庙"。在这个曲阜县城里,孔庙正门紧挨在县城南门里,庙的后墙就是县城北部,由南到北几乎把县城分割成为互相隔绝的东西两半。这就是今天的曲阜。孔庙的规模基本上是那时重建后留下来的。

自从萧何给汉高祖营建壮丽的未央宫,"以重天子之威"以后,统治阶级就学会了用建筑物来做政治工具。因为"夫子之道"是可以利用来维护封建制度的最有用的思想武器,所以每一个新的皇朝在建国之初,都必然隆重祭孔,大修庙堂,以阐"文治";在朝代衰末的时候,也常常重修孔庙,企图宣扬"圣教",扶危救亡。1935年,国民党反动政权就是企图这样做的最后一个,当然,蒋介石的"尊孔",并不能阻止中国人民解放运动;当时的重修计划,也只是一纸空文而已。

由于封建统治阶级对于孔子的重视,连孔子的子孙也沾了光,除了庙东那座院落重重、花园幽深的"衍圣公府"外,解放前,在县境内还有大量的"祀田",历代的"衍圣公",也就成了一代一代的恶霸地主。曲阜县知县也必须是孔氏族人,而且必须由"衍圣公"推荐,"朝廷"才能任命。

除了孔庙的"发展"过程是一部很有意思的"历史纪录"外,现存的建筑物也可以看作中国近八百年来的"建筑标本陈列馆"。这个"陈列馆"一共占地将近十公顷,前后共有八"进"庭院,殿、堂、廊、庑,共六百二十余间,其中最古的是金朝(1195年)的一座碑亭,以后元、明、清、民国各朝代的建筑都有。

孔庙的八"进"庭院中,前面(即南面)三"进"庭院都是柏树林,每一进都有墙垣环绕,正中是穿过柏树林和重重的牌坊、门道的甬道。第三进以北才开始布置建筑物。这一部分用四个角楼标志出来,略似北京紫禁城,但具体而微。在中线上的是主要建筑组群,由奎文阁、大成门、大成殿、寝殿、圣迹殿和大成殿两侧的东庑和西庑组成。大成殿一组也用四个角楼标志着,略似北京故宫前三殿一组的意思。在中线组群两侧,东面是承圣殿、诗礼堂一组,西面是金丝堂、启圣殿一组。大成门之南,左右有碑亭十余座。此外还有些次要的组群。

奎文阁是一座两层楼的大阁,是孔庙的藏书楼,明朝弘治十七年(1504年)所建。在它南面的中线上的几道门也大多是同年所建。大成殿一组,除杏坛和圣迹殿是明代建筑外,全是清雍正年间(1724～1730年)建造的。

今天到曲阜去参观孔庙的人,若由南面正门进去,在穿过了苍翠的古柏林和一系列的门堂之后,首先引起他兴趣的大概会是奎文阁前的同文门。这座门不大,也不开在什么围墙上,而是单独地立在奎文阁前面。它引人注意的不是它的石柱和四百五十多年的高龄,而是门内保存的许多汉魏碑石。其中如史晨、孔庙、张猛龙等碑,是老一辈临过碑帖练习书法的人所熟悉的。现在,人民政府又把散弃在附近地区的一些汉画像石集中到这里。原来在庙西瞿相圃(校阅射御的地方)的两个汉刻石人像也移到庙园内,立在一座新建的亭子里。今天的孔庙已经具备了一个小型汉代雕刻陈列馆的条件了。

奎文阁虽说是藏书楼,但过去是否真正藏过书,很成疑问。它是大成殿主要组群前面"序曲"的高峰,高大仅次于大成殿;下层四周回廊全部用石柱,是一座很雄伟的建筑物。

大成殿正中供奉孔子像,两侧配祀颜回、曾参、孟轲等"十二哲",它是一座双层瓦檐的大殿,建立在双层白石台基上,是孔庙最主要的建筑物,重建于清初雍正年间雷火焚毁之后,一七三〇年落成。这座殿最引人注意的是它前廊的十根精雕蟠龙石柱。每根柱上雕出"双龙戏珠"。"降龙"由上蟠下来,头向上;"升龙"由下蟠上去,头向下,中间雕出宝珠;还有云焰环绕衬托。柱脚刻出石山,下面由莲瓣柱础承托。这些蟠龙不是一般的浮雕,而是附在柱身上的圆雕。它在阳光闪烁下栩栩如生,是建筑与雕刻相辅相成的杰出的范例。大成门正中一对柱也用了同样的手法。殿两侧和后面的柱子是八角形石柱,也有精美的浅浮雕。相传大成殿原来的位置在现在殿前杏坛所在的地方,是一〇一八年宋真宗时移建的。现存台基的"御路"雕刻是明代的遗物。

杏坛位置在大成殿前庭院正中,是一座亭子,相传是孔子讲学的地方。现存的建筑也是明弘治十七年所建。显然是清雍正年间经雷火灾后幸存下来的。大成殿后的寝殿是孔子夫人的殿。再后面的圣迹殿,明末万历年间(1592年)创建,现存的仍是原物,中有孔子周游列国的画石一百二十幅,其中有些出于名家手笔。

大成门前的十几座碑亭是金元以来各时代的遗物;其中最古的已有七百七十多年的历史。孔庙现存的大量碑石中,比较特殊的是元朝的蒙汉文对照的碑,和一块明初洪武年间的语体文碑,都是语文史中可贵的资料。

一九五九年,人民政府对这个辉煌的建筑组群进行修葺。这次重修,本质上不同于历史上的任何一次重修:过去是为了维护和挽救反动政权,而今天则是我们对于历史人物和对于具有历史艺术价值的文物给予应得的评定和保护。七月间,我来到了阔别二十四年的孔庙,看到工程已经顺利开始,工人的劳动热情都很高。特别引人注意的,是彩画工人中有些年轻的姑娘,高高地在檐下做油饰彩画工作,这是坚决主张重男轻女的孔丘所梦想不到的。

过去的"衍圣公府"已经成为人民的文物保管委员会办公的地方,科学研究人员正在整理、研究"府"中存下的历代档案,不久即可开放。

更令人兴奋的是,我上次来时,曲阜是一个颓垣败壁、秽垢不堪的落后县城,街上看到的,全是衣着褴褛、愁容满面的饥寒交迫的人。今天的曲阜,不但市容十分整洁,连人也变了,往来于街头巷尾的不论是胸佩校徽、迈着矫健步伐的学生,或是连唱带笑、蹦蹦跳跳的红领巾,以及徐步安详的老人……都穿的干净齐整。城外农村里,也是一片繁荣景象,男的都穿着洁白的衬衫,青年妇女都穿着印花布的衣服,在麦粒堆积如山的晒场上愉快地劳动。

一九五九年

(《梁》,梁思成,中国青年出版社,2013年版)

4 瓦尔登湖(节选)

梭 罗

题解

梭罗(1817年~1862年),美国作家、哲学家,一生共创作了20多部一流的散文集,被称为自然随笔的创始者,其文简练有力,朴实自然,富有思想性,在美国19世纪散文中独树一帜。

1845年,梭罗在瓦尔登湖畔隐居两年,自耕自食,体验简朴和接近自然的生活,以此为题材写成了长篇散文《瓦尔登湖》(又译为《湖滨散记》)(1854年)。《瓦尔登湖》共由18篇散文组成,在四季循环更替的过程中,详细记录了梭罗内心的渴望、冲突、失望和自我调整,以及调整过后再次渴望的复杂的心路历程,表明了作者用它来挑战他个人的,甚至是整个人类的界限。本文描写了瓦尔登湖美丽的湖光水色,抒发了作者观景时的丰富感受,表达了皈依大自然的心愿和人类文明发展对大自然破坏的痛心。

　　瓦尔登的风景是卑微的,虽然很美,却并不是宏伟的,不常游玩的人,不住在它岸边的人未必能被它吸引住;但是这一个湖以深邃和清澈著称,值得给予突出的描写。这是一个明亮的深绿色的湖,半英里长,圆周约一英里又四分之一,面积约六十一英亩半;它是松树和橡树林中央的岁月悠久的老湖,除了雨和蒸发之外,还没有别的来龙去脉可寻。四周的山峰突然地从水上升起,到四十至八十英尺的高度,但在东南面高到一百英尺,而东边更高到一百五十英尺,其距离湖岸,不过四分之一英里及三分之一英里。山上全部都是森林。所有我们康科德地方的水波,至少有两种颜色,一种是站在远处望见的,另一种,更接近本来的颜色,是站在近处看见的。第一种更多地靠的是光,根据天色变化。在天气好的夏季里,从稍远的地方望去,它呈现了蔚蓝颜色,特别在水波荡漾的时候,但从很远的地方望去,却是一片深蓝。在风暴的天气下,有时它呈现出深石板色。海水的颜色则不然,据说它这天是蓝色的,另一天却又是绿色了,尽管天气连些微的可感知的变化也没有。我们这里的水系中,我看到当白雪覆盖这一片风景时,水和冰几乎都是草绿色的。有人认为,蓝色"乃是纯洁的水的颜色,无论那是流动的水,或凝结的水"。可是,直接从一条船上俯看近处湖水,它又有着非常之不同的色彩。甚至从同一个观察点,看瓦尔登是这会儿蓝,那忽儿绿。置身于天地之间,它分担了这两者的色素。从山顶上看,它反映天空的颜色,可是走近了,在你能看到近岸的细砂的地方,水色先是黄澄澄的,然后是淡绿色的了,然后逐渐地加深起来,直到水波一律地呈现了全湖一致的深绿色。却在有些时候的光线下,便是从一个山顶望去,靠近湖岸的水色也是碧绿得异常生动的。有人说,这是绿原的反映;可是在铁路轨道这儿的黄沙地带的衬托下,也同样是碧绿的,而且,在春天,树叶还没有长大,这也许是太空中的蔚蓝,调和了黄沙以后形成的一个单纯的效果。这是它的虹色彩圈的色素。也是在这一个地方,春天一来,冰块给水底反射上来的太阳的热量,也给土地中传播的太阳的热量溶解了,这里首先溶解成一条狭窄的运河的样子,而中间还是冻冰。在晴朗的气候中,像我们其余的水波,激湍地流动时,波平面是在九十度的直角度里反映了天空的,或者因为太光亮了,从较远处望去,它比天空更蓝些;而在这种时候,泛舟湖上,四处眺望倒影,我发现了一种无可比拟、不能描述的淡蓝色,像浸水的或变色的丝绸,还像青锋宝剑,比之天空还更接近天蓝色,它和那波光的另一面原来的深绿色轮番地闪现,那深绿色与之相比便似乎很混浊了。这是一个玻璃似的带绿色的蓝色,照我所能记忆的,它仿佛是冬天里,日落以前,西方乌云中露出的一角晴天。可是你举起一玻璃杯水,放在空中看,它却毫无颜色,如同装了同样数量的一杯空气一样。众所周知,一大块厚玻璃板便呈现了微绿的颜色,据制造玻璃的人说,那是"体积"的关系,同样的玻璃,少了就不会有颜色了。瓦尔登湖应该有多少的水量才能泛出这样的绿色呢,我从来都无法证明。一个直接朝下望着我们的水色的人所见到的是黑的,或深棕色的,一个到河水中游泳的人,河水像所有的湖一样,会给他染上一种黄颜色;但是这个湖水却是这样的纯洁,游泳者会白得像大理石一样,而更奇怪的是,在这水中四肢给放大了,并且给扭曲了,形态非常夸张,值得让米开朗琪罗来作一番研究。

　　水是这样的透明,二十五至三十英尺下面的水底都可以很清楚地看到。赤脚踏水时,你看到在水面下许多英尺的地方有成群的鲈鱼和银鱼,大约只一英寸长,连前者的横行的花纹也能看得清清楚楚,你会觉得这种鱼也是不愿意沾染红尘,才到这里来生存的。有一次,在冬天里,好几年前了,为了钓梭鱼,我在冰上挖了几个洞,上岸之后,我把一柄斧头扔在冰上,可是好像有什么恶鬼故意要开玩笑似的,斧头在冰上滑过了四五杆远,刚好从一个窟窿中滑了下去,那里的水深二十五英尺,为了好奇,我躺在冰上,从那窟窿里望,我看到了那柄斧头,它偏在一边头向下直立着,那斧柄笔直向上,顺着湖水的脉动摇摇摆摆,要不是我后来又把它吊了起来,它可能就会这样直立下去,直到木柄烂掉为止。就在它的上面,用我带来的凿冰的凿子,我又凿了一个洞,又用我的刀,割下了我看到的附近最长的一条赤杨树枝,我做了一个活结的绳圈,放在树枝的一头,小心地放下去,用它套住了斧柄凸出的地方,然后用赤杨枝旁边的绳子一拉,这样就把那柄斧头吊了起来。

　　湖岸是由一长溜像铺路石那样的光滑的圆圆的白石组成的;除一两处小小的沙滩之外,它陡立着,纵身一跃便可以跳到一个人深的水中;要不是水波明净得出奇,你决不可能看到这个湖的底部,除非是它又在对岸升起。有人认为它深得没有底。它没有一处是泥泞的,偶尔观察的过客或许还会说,它里面连水草也没有一根;至于可以见到的水草,除了最近给上涨了的水淹没的、并不属于这个湖的草地以外,便是细心地查看也确实是看不到菖蒲和芦苇的,甚至没有水莲花,无论是黄色的或是白色的,最多只有一些心形叶子和河蓼[1]草,也许还有一两张眼子菜;然而,游泳者也看不到它们;便是这些水草,也像它们生长在里面的水一样的明亮而无垢。岸石伸展入水,只一二杆远,水底已是纯粹的细沙,除了最深的部分,那里总不免有一点沉积物,也许是腐朽了的叶子,多少个秋天来,落叶被刮到湖上,另外还有一些光亮的绿色水苔,甚至在深冬时令拔起铁锚来的时候,它们也会跟着被拔上来的。

　　我们还有另一个这样的湖,在九亩角那里的白湖,在偏西两英里半之处;可是以这里为中心的十二英里半径的圆周之内,虽然还有许多的湖沼是我熟悉的,我却找不出第三个湖有这样的纯洁得如同井水的特性。大约历来的民族都饮用过这湖水,艳羡过它并测量它的深度,而后他们一个个消逝了,湖水却依然澄清,发出绿色。一个春天也没有变化过! 也许远在亚当和夏娃被逐出伊甸乐园时,那个春晨之前,瓦尔登湖已经存在了,甚至在那个时候,随着轻雾和一阵阵的南风,飘下了一阵柔和的春雨,湖面不再平静了,成群的野鸭和天鹅在湖上游着,它们一点都没有知道逐出乐园这一回事,能有这样纯粹的湖水真够满足啦。就是在那时候,它已经又涨,又落,纯清了它的水,还染上了现在它所有的色泽,还专有了这一片天空,成了世界上唯一的一个瓦尔登湖,它是天上露珠的蒸馏器。谁知道,在多少篇再没人记得的民族诗篇中,这个湖曾被誉为喀斯泰里亚之泉? 在黄金时代里,有多少山林水泽的精灵曾在这里居住? 这是在康科德[2]的冠冕上的第一滴水明珠。

　　　　　　　　　(《瓦尔登湖》,[美]亨利·戴维·梭罗,潘庆舲译,作家出版社,2015 年版)

思考与练习

　　1. 文章从哪些角度来描写瓦尔登湖的清澈纯净?

　　2. 通过文章所描写的瓦尔登湖纯净的湖水,可以看出作者什么样的心境?

---

〔1〕 蓼:一年生草本植物,花小,白色或浅红色,果实卵形、扁平,生长在水边或水中。茎叶味辛辣,可用以调味。全草入药。亦称"水蓼"。
〔2〕 康科德:美国新罕布什尔州东南部城市,州首府。瓦尔登湖距离康科德两英里。

5　边城（节选）

沈从文

题解

　　沈从文（1902年～1988年），原名沈岳焕，湖南凤凰人，中国著名作家、历史文物研究者。1924年开始进行文学创作，撰写出版了《长河》《边城》等小说。1917年参加湘西靖国联军第二军游击第一支队，驻防辰州（沅陵）。1918年自家乡小学毕业后，随当地土著部队流徙于湘、川、黔边境与沅水流域一带，后正式参军。1922年，沈从文脱下军装，在北京大学旁听。1924年，他的作品陆续在《晨报》《语丝》《晨报副刊》《现代评论》上发表。

　　《边城》是沈从文的小说代表作，它以20世纪30年代川湘交界的边城小镇茶峒为背景，以兼具抒情诗和小品文的优美笔触，描绘了湘西地区特有的风土人情。

　　茶峒地方凭水依山筑城，近山的一面，城墙如一条长蛇，缘山爬去。临水一面则在城外河边留出余地设码头，湾泊小小篷船。船下行时运桐油青盐，染色的栀子。上行则运棉花棉纱以及布匹杂货同海味。贯串各个码头有一条河街，人家房子多一半着陆，一半在水，因为余地有限，那些房子莫不设有吊脚楼。河中涨了春水，到水逐渐进街后，河街上人家，便各用长长的梯子，一端搭在屋檐口，一端搭在城墙上，人人皆骂着嚷着，带了包袱、铺盖、米缸，从梯子上进城里去，水退时方又从城门口出城。某一年水若来得特别猛一些，沿河吊脚楼必有一处两处为大水冲去，大家皆在城上头呆望。受损失的也同样呆望着，对于所受的损失仿佛无话可说，与在自然安排下，眼见其他无可挽救的不幸来时相似。涨水时在城上还可望着骤然展宽的河面，流水浩浩荡荡，随同山水从上流浮沉而来的有房子、牛、羊、大树。于是在水势较缓处，税关趸船前面，便常常有人驾了小舢板，一见河心浮沉而来的是一匹牲畜，一段小木，或一只空船，船上有一个妇人或一个小孩哭喊的声音，便急急的把船桨去，在下游一些迎着了那个目的物，把它用长绳系定，再向岸边桨去。这些诚实勇敢的人，也爱利，也仗义，同一般当地人相似。不拘救人救物，却同样在一种愉快冒险行为中，做得十分敏捷勇敢，使人见及不能不为之喝彩。

　　那条河水便是历史上知名的酉水，新名字叫作白河。白河下游到辰州与沅水汇流后，便略显浑浊，有出山泉水的意思。若溯流而上，则三丈五丈的深潭皆清澈见底。深潭为白日所映照，河底小小白石子，有花纹的玛瑙石子，全看得明明白白。水中游鱼来去，全如浮在空气里。两岸多高山，山中多可以造纸的细竹，长年作深翠颜色，逼人眼目。近水人家多在桃杏花里，春天时只需注意，凡有桃花处必有人家，凡有人家处必可沽酒。夏天则晒晾在日光下耀目的紫花布衣裤，可以作为人家所在的旗帜。秋冬来时，房屋在悬崖上的，滨水的，无不朗然入目。黄泥的墙，乌黑的瓦，位置则永远那么妥贴，且与四围环境极其调和，使人迎面得到的印象，实在非常愉快。一个对于诗歌图画稍有兴味的旅客，在这小河中，蜷伏于一只小船上，作三十天的旅行，必不至于感到厌烦，正因为处处有奇迹，自然的大胆处与精巧处，无一处不使人神往倾心。

　　白河的源流，从四川边境而来，从白河上行的小船，春水发时可以直达川属的秀山。但属于湖南境界的，则茶峒为最后一个水码头。这条河水的河面，在茶峒时虽宽约半里，当秋冬之际水落时，河床流水处还不到二十丈,其余只是一滩青石。小船到此后,既无从上行,故凡川东的进出口货物,皆由这地方落水起岸。出口货物俱由脚夫用杉木扁担压在肩膊上挑抬而来,入口货物也莫不从这地方成束成担的用人力搬去。

这地方城中只驻扎一营由昔年绿营屯丁改编而成的戍兵,及五百家左右的住户。(这些住户中,除了一部分拥有了些山田同油坊,或放账屯油、屯米、屯棉纱的小资本家外,其余多数皆为当年屯戍来此有军籍的人家。)地方还有个厘金局,办事机关在城外河街下面小庙里,经常挂着一面长长的幡信。局长则住在城中。一营兵士驻扎老参将衙门,除了号兵每天上城吹号玩,使人知道这里还驻有军队以外,其余兵士皆仿佛并不存在。冬天的白日里,到城里去,便只见各处人家门前皆晾晒有衣服同青菜。红薯多带藤悬挂在屋檐下。用棕衣作成的口袋,装满了栗子榛子和其他硬壳果,也多悬挂在屋檐下。屋角隅各处有大小鸡叫着玩着。间或有什么男子,占据在自己屋前门限上锯木,或用斧头劈树,把劈好的柴堆到敞坪里去一座一座如宝塔。又或可以见到几个中年妇人,穿了浆洗得极硬的蓝布衣裳,胸前挂有白布扣花围裙,躬着腰在日光下一面说话一面作事。一切总永远那么静寂,所有人民每个日子皆在这种单纯寂寞里过去。一分安静增加了人对于“人事”的思索力,增加了梦。在这小城中生存的,各人也一定皆各在分定一份日子里,怀了对于人事爱憎必然的期待。但这些人想些什么?谁知道。住在城中较高处,门前一站便可以眺望对河以及河中的景致,船来时,远远的就从对河滩上看着无数纤夫。那些纤夫也有从下游地方,带了细点心洋糖之类,拢岸时却拿进城中来换钱的。船来时,小孩子的想象,当在那些拉船人一方面。大人呢,孵一巢小鸡,养两只猪,托下行船夫打副金耳环,带两丈官青布或一坛好酱油、一个双料的美孚灯罩回来,便占去了大部分作主妇的心了。

(《边城》,沈从文,中国青年出版社,2010年版)

明月何时照我还

　　思乡一直是文学创作永恒的主题，从先秦文学"行道迟迟，载渴载饥。我心伤悲，莫知我哀！"（《诗经·采薇》），"我徂东山，慆慆不归。我来自东，零雨其濛"（《诗经·东山》）；到盛唐诗歌"此夜曲中闻折柳，何人不起故园情"（《春夜洛城闻笛》），"君自故乡来，应知故乡事"（《杂诗三首·其二》）；到现在"小时候，乡愁是一枚小小的船票"（《乡愁》）。说不清的是乡愁，道不尽的也是乡愁。

　　古语云："美不美，故乡水；亲不亲，故乡人。"对于故乡的依恋，一直是背井离乡、流亡他乡的游子们萦绕心头剪不断、理还乱的心绪。在战乱纷争、烽火四起的年代，思乡之情像是人们对于美好生活的寄托；在居无定所、漂泊流离的年代，思乡之情像是人们对于安定生活的向往。故乡是远行时的灯塔，是跋涉时的指南针，召唤着内心深处最初的美好。只有平定了战乱，安定了纷争，归家的心愿才能得以实现，而这一美好的祝愿只能借助文字来表达。

　　在日军铁蹄的蹂躏下，国破家亡的危机迫在眉睫，故乡已经不再局限于那一山一水，而是对整个国家命运的担忧，"国破山河在，城春草木深"的危机感使众多的爱国青年拿起笔来呼唤民族意识的觉醒，艾青便是其中一员。在经历漫长的抗日战争之后，国共分离又使一部分人不得不背井离乡，远渡彼岸，对大陆往事的思念成为他们心中那一抹浅浅的、抹不掉的乡愁。由此可见，思乡之情不仅仅是一种个人情怀，更是一种和平的希望、一种安定的渴望、一种团圆的盼望，是游子心中难以割舍的情感。

1 古诗三首

题解

    思乡是古代诗歌最基本的精神母题之一。怀乡思乡的诗歌历朝历代都有,且表现手法多样化,或为羁旅之愁,或为行役之苦,或为宦游之艰。出门在外的游子总会为物所动、为情所思,无以言说,只得将满心沉郁的乡情寄托于字里行间。古代思乡诗遵循一定的发展规律,且在不同时期呈现出不同的特点,其中以唐代为思乡诗的鼎盛时期,涌现出许多才气过人的诗人,流传了许多脍炙人口的作品,有助于我们了解唐代的社会现实、文人思乡及生活状况。本文选取了李白的《春夜洛城闻笛》、王维的《杂诗三首》和张九龄的《西江夜行》三首诗,借以探寻唐代思乡诗,一睹盛世诗韵。

春夜洛城[1]闻笛

李 白

谁家玉笛[2]暗飞声[3],散入春风满洛城。
此夜曲中闻折柳,何人不起故园[4]情。

杂诗三首·其二

王 维

君自故乡来,应知故乡事。
来日[5]绮窗[6]前,寒梅著花未[7]?

---

〔1〕 洛城:今河南洛阳。
〔2〕 玉笛:笛子的美称。
〔3〕 暗飞声:声音不知从何处传来。声:声音。
〔4〕 故园:指故乡,家乡。
〔5〕 来日:来的时候。
〔6〕 绮窗:雕画花纹的窗户。
〔7〕 著花未:开花没有? 著花:开花。未:用于句末,相当于"否",表疑问。

西 江 夜 行

张九龄

遥[1]夜人何在，澄潭月里行。

悠悠天宇[2]旷，切切故乡情。

外物寂无扰，中流澹自清。

念归林叶换，愁坐露华[3]生。

犹有汀洲鹤，宵分乍一鸣。

思考与练习

1. 分别阐述这三首诗借何物、何景以抒思乡之情？
2. 把握情感和节奏，有感情地背诵这三首诗。

2 东山

题解

《诗经》是我国古代诗歌的开端，是我国最早的一部诗歌总集。先秦时期称为《诗》或《诗三百》，西汉时始称《诗经》，并沿用至今。在内容上分为《风》《雅》《颂》三个部分，反映了劳动与爱情、战争与徭役、压迫与反抗、风俗与婚姻、祭祖与宴会，甚至天象、地貌、动物、植物等方方面面，是周代社会生活的一面镜子。

乡愁传统最早可上溯至《诗经》，其中以《采薇》和《东山》流传最广、影响最大。《东山》是《诗经·豳风》七篇之一，共四章。《东山》是周公东征三年、班师回朝时征人于途中有感而作。《尚书大传》云："周公摄政，一年救乱，二年克殷，三年践奄。"《毛诗序》云："《东山》，周公东征也。周公东征，三年而归，劳归士，大夫美之，故作诗也。"这说明《东山》一诗与周公东征有关。

我徂东山，慆慆[4]不归。我来自东，零雨其濛。我东曰归，我心西悲。制彼裳衣，勿士行枚[5]。蜎

----

〔1〕遥：远。这里指时间漫长。
〔2〕天宇：天空。
〔3〕露华：露水。
〔4〕慆慆：久。
〔5〕士：通"事"。行枚：行军时衔在口中以保证不出声的竹棍。

蜎者蠋〔1〕,烝〔2〕在桑野。敦〔3〕彼独宿,亦在车下。

我徂东山,慆慆不归。我来自东,零雨其濛。果臝〔4〕之实,亦施〔5〕于宇。伊威〔6〕在室,蟏蛸〔7〕在户。町畽〔8〕鹿场,熠耀宵行〔9〕。不可畏也,伊可怀也。

我徂东山,慆慆不归。我来自东,零雨其濛。鹳鸣于垤〔10〕,妇叹于室。洒扫穹窒,我征聿〔11〕至。有敦瓜苦〔12〕,烝在栗薪〔13〕。自我不见,于今三年。

我徂东山,慆慆不归。我来自东,零雨其濛。仓庚于飞,熠耀其羽。之子于归,皇驳〔14〕其马。亲结其缡〔15〕,九十〔16〕其仪。其新孔嘉,其旧如之何?

（《诗经》,王秀梅,中华书局,2016 年版）

思考与练习

1. 这首诗以周公东征为历史背景,传达出作者怎样的思想感情?
2. 这首诗在艺术手法上有何独到之处?
3. 背诵《东山》。

3 艾青诗歌两首

艾 青

题解

艾青（1910 年~1996 年）,原名蒋正涵,号海澄,曾用笔名莪加、克阿等,浙江省金华人。被认为是中

---

〔1〕 蜎蜎:幼虫蜷曲的样子。蠋:一种野蚕。
〔2〕 烝:久。
〔3〕 敦:团状。
〔4〕 果臝:葫芦科植物,一名栝楼。臝:裸的异体字。
〔5〕 施:蔓延。
〔6〕 伊威:一种小虫,俗称土虱。
〔7〕 蟏蛸:一种蜘蛛。
〔8〕 町畽:兽迹。
〔9〕 熠耀:光明的样子。宵行:磷火。
〔10〕 垤:小土丘。
〔11〕 聿:语气助词,有将要的意思。
〔12〕 瓜苦:犹言瓜瓠,瓠瓜,一种葫芦。古俗在婚礼上剖瓠瓜成两张瓢,夫妇各执一瓢盛酒漱口。
〔13〕 栗薪:犹言蓼薪,束薪。
〔14〕 皇驳:马毛淡黄的叫皇,淡红的叫驳。
〔15〕 亲:此指女方的母亲。结缡:将佩巾结在带子上,古代婚仪。
〔16〕 九十:言其多。

国现代诗的代表诗人之一。从诗歌风格上看,解放前,他以深沉、激越、奔放的笔触诅咒黑暗,讴歌光明;新中国建国后,他又一如既往地歌颂人民,礼赞光明,思考人生。他的诗让读者宣泄心中的痛苦和烦恼,但并不让人消沉、绝望,而是有"置之死地而后生"的快感。

　　本文所选的《雪落在中国的土地上》和《我爱这土地》均写于抗日战争期间,是在民族危机空前严重的时刻,一个满怀正义和激愤之情的诗人所唱出的一支深沉而激越的歌。从表现形式上看,艾青的诗在形式上不拘泥于外形的束缚,很少注意诗句的韵脚和字数、行数的划一,但是又运用有规律的排比、复沓,造成一种变化中的统一。

雪落在中国的土地上

雪落在中国的土地上,
寒冷在封锁着中国呀……

风,
像一个太悲哀了的老妇,
紧紧地跟随着
伸出寒冷的指爪
拉扯着行人的衣襟,
用着像土地一样古老的话
一刻也不停地絮聒着……

那丛林间出现的,
赶着马车的
你中国的农夫
戴着皮帽
冒着大雪
你要到哪儿去呢?

告诉你
我也是农人的后裔——
由于你们的
刻满了痛苦的皱纹的脸
我能如此深深地
知道了
生活在草原上的人们的
岁月的艰辛。

而我
也并不比你们快乐啊

——躺在时间的河流上
苦难的浪涛
曾经几次把我吞没而又卷起——
流浪与监禁
已失去了我的青春的
最可贵的日子,
我的生命
也像你们的生命
一样的憔悴呀

雪落在中国的土地上,
寒冷在封锁着中国呀……

沿着雪夜的河流,
一盏小油灯在徐缓地移行,
那破烂的乌篷船里
映着灯光,垂着头
坐着的是谁呀?

——啊,你
蓬发垢面的少妇,
是不是
你的家
——那幸福与温暖的巢穴——
已被暴戾的敌人
烧毁了么?
是不是
也像这样的夜间,
失去了男人的保护,
在死亡的恐怖里,
你已经受尽敌人刺刀的戏弄?

咳,就在如此寒冷的今夜,
无数的,
我们的年老的母亲,
都蜷伏在不是自己的家里,
就像异邦人
不知明天的车轮
要滚上怎样的路程……
——而且,

中国的路
是如此的崎岖
是如此的泥泞呀。

雪落在中国的土地上，
寒冷在封锁着中国呀……

透过雪夜的草原
那些被烽火所啮啃着的地域，
无数的，土地的垦植者
失去了他们所饲养的家畜
失去了他们肥沃的田地
拥挤在
生活的绝望的污巷里：
饥馑的大地
朝向阴暗的天
伸出乞援的
颤抖着的两臂。

中国的苦痛与灾难
像这雪夜一样广阔而又漫长呀！

雪落在中国的土地上，
寒冷在封锁着中国呀……

中国，
我的在没有灯光的晚上，
所写的无力的诗句，
能给你些许的温暖么？

1937 年 12 月 28 日　夜间

我 爱 这 土 地

假如我是一只鸟，
我也应该用嘶哑的喉咙歌唱：
这被暴风雨所打击着的土地，
这永远汹涌着我们的悲愤的河流，
这无止息地吹刮着的激怒的风，
和那来自林间的无比温柔的黎明……

——然后我死了，
连羽毛也腐烂在土地里面。

为什么我的眼里常含泪水？
因为我对这土地爱得深沉……

1938年11月17日

（《艾青诗选》，王晓，人民文学出版社，1996年版）

思考与练习

1. 在《雪落在中国的土地上》中，"雪落在中国的土地上，寒冷在封锁着中国呀……"在文中出现了几次？有什么效果？

2. 在《我爱这土地》中使用了大量的意象，试分析"鸟""土地""河流""风""黎明"的象征意义。

3. 感受"为什么我的眼里常含泪水？因为我对这土地爱得深沉……"这一诗人的心灵自白中流露出的思想感情。

4 国葬

白先勇

题解

白先勇（1937年~　），生于广西桂林，台湾地区著名作家。其代表作《台北人》入选20世纪中文小说100强。

《台北人》是一部深具复杂性的短篇小说集，由十四个一流的短篇小说构成，串联成一体，则效果遽然增加，不但小说之幅面变广，使我们看到社会之"众生相"，更重要的，由于主题命意之一再重复，与互相陪衬辅佐，使我们能更进一步深入了解作品之含义，并使我们得以一窥隐藏在作品内的作者之人生观与宇宙观。《国葬》是白先勇短篇小说集《台北人》中的最后一篇。如果《永远的尹雪艳》是《台北人》的序言，《国葬》更显而无疑的是这本小说的结语。或许，我们甚至可以说，《国葬》一篇，是台北人墓碑上雕刻的志文。深刻诠释了"英雄末路，美人迟暮"，是世间最无可奈何的悲凉。

一个十二月的清晨，天色阴霾，空气冷峭，寒风阵阵地吹掠着。台北市立殡仪馆门口，祭奠的花圈，白簇簇地排到街上。两排三军仪队，头上戴着闪亮的钢盔，手里持着枪，分左右肃立在大门外。街上的

22

交通已经断绝,偶尔有一两部黑色官家汽车,缓缓地驶了进来。这时一位老者,却拄着拐杖,步行到殡仪馆的大门口。老者一头白发如雪,连须眉都是全白的;他身上穿了一套旧的藏青哔叽中山装,脚上一双软底黑布鞋。他停在大门口的牌坊面前,仰起头,觑起眼睛,张望了一下,"李故陆军一级上将浩然灵堂",牌坊上端挂着横额一块。老者伫立片刻,然后拄着拐杖,弯腰成了一把弓,颤巍巍地往灵堂里,蹭了进去。

灵堂门口,搁着一张写字桌,上面置了砚台、墨笔并摊着一本百褶签名簿。老者走近来,守在桌后一位穿了新制服,侍从打扮的年轻执事,赶紧做了一个手势,请老者签名。

"我是秦义方,秦副官。"老者说道。

那位年轻侍从却很有礼貌地递过一支蘸饱了墨的毛笔来。

"我是李将军的老副官。"

秦义方板着脸严肃地说道,他的声音都有些颤抖了,说完,他也不待那位年轻侍从答腔,径自拄着拐杖,一步一步,往灵堂里走去。灵堂内疏疏落落,只有几位提早前来吊唁的政府官员。四壁的挽联挂得满满的,许多幅长得拖到地面,给风吹得飘浮了起来。堂中灵台的正中,悬着一幅李浩然将军穿军礼服满身佩挂勋章的遗像,左边却张着一幅绿色四星上将的将旗,台上供满了鲜花水果,香筒里的檀香,早已氤氲的升了起来了。灵台上端,一块匾额却题着"轸念勋猷"四个大字。秦义方走到灵台前端站定,勉强直起腰,做了一个立正的姿势。立在灵台右边的那位司仪,却举起了哀来,唱道:

"一鞠躬——"

秦义方也不按规矩,把拐杖撂在地上,挣扎着伏身便跪了下去,磕了几个响头,抖索索地撑着站起来,直喘气,他扶着拐杖,兀自立在那里,掏出手帕来,对着李将军的遗像,又擤鼻涕,又抹眼泪。他身后早立了几位官员,在等着致祭。一位年轻侍从赶忙走上来,扶着他的手膀,要引他下去。秦义方猛地挣脱那位年轻侍从的手,回头狠狠地瞪了那个小伙子一眼,才径自拄着拐杖,退到一旁去。他瞪着那几位在灵堂里穿来插去,收拾得头光脸净的年轻侍从,一股怒气,像盆火似的,便煽上了心头来。长官直是让这些小野种害了的!他心中恨恨地咕噜着,这起吃屎不知香臭的小王八,哪里懂得照顾他?只有他秦义方,只有他跟了几十年,才摸清楚了他那一种拗脾气。你白问他一声:"长官,你不舒服吗?"他马上就黑脸。他病了,你是不能问的,你只有在一旁悄悄留神守着。这起小王八羔子,他们哪里懂得?前年长官去花莲打野猪,爬山滑了一跤,把腿摔断了,他从台南赶上来看他。他腿上绑了石膏,一个人孤零零地靠在客厅里沙发上。"长官,你老人家也该保重些了。"他劝他道。他把眉头一竖,脸上有多少不耐烦的模样。这些年没有仗打了,他就去爬山,去打猎。七十多岁的人,还是不肯服老呢。

秦义方朝着李将军那幅遗像又瞅了一眼,他脸上还是一副倔强的样子!秦义方摇了一摇头,心中叹道,他称了一辈子的英雄,哪里肯随随便便就这样倒下去呢?可是怎么说他也不应该抛开他的,"秦义方,台南天气暖和,好养病。"他对他说。他倒嫌他老了?不中用了?得了哮喘病?主人已经开了口,他还有脸在公馆里赖下去吗?打北伐那年起,他背了暖水壶跟着他,从广州打到了山海关,几十年间,什么大风大险,都还不是他秦义方陪着他度过去的?服侍了他几十年,他却对他说:"秦义方,这是为你好。"人家提一下:"李浩然将军的副官。"他都觉得光彩得不得了。一个白发苍苍的老侍从喽,还要让自己长官这样撵出门去。想想看,是件很体面的事吗?住在荣民医院里,别人问起来,他睬都不睬,整天他都闭上眼睛装睡觉。那晚他分明看见他骑着他那匹"乌云盖雪"奔过来,向他喊道:"秦副官,我的指挥刀不见了。"吓得他滚下床来,一身冷汗,他就知道:"长官,不好了!"莫看他军队带过上百万,自己连冷热还搞不清楚呢。夫人过世后这些年,冬天夜里,常常还是他爬起来,替他把被盖上的。这次要是他秦义方还在公馆里,他就不会出事了。他看得出他不舒服,他看得出他有病,他会守在他旁边。这批新人!这批小野种子!是很有良心的吗?听说那晚长官心脏病发,倒在地板上,跟前一个人都不在,连句话也没能留下来。

"三鞠躬——"

司仪唱道。一位披麻戴孝,架着一副眼镜的中年男人走了出来,也跪在灵台边,频频向吊唁的客人频频答谢。

"少爷——"

秦义方颤巍巍地赶着蹭了过去,走到中年男人面前,低声唤道。

"少爷,我是秦副官。"

秦义方那张皱成了一团的老脸上,突然绽开了一抹笑容来。他记得少爷小时候,他替他穿上一套军衣马裤,一双小军靴,还扣上一张小军披风。他拉着他的手,急急跑到操场上,长官正骑在他那匹大黑马上等着,大黑马身后却立着一匹小白驹,两父子俟地一下,便在操场上跑起马来。他看见他们两人一大一小,马背上起伏着,少爷的小披风吹得飞张起来。当少爷从军校装病退下来,跑到美国去,长官气得一脸铁青,指着少爷喝道:

"你以后不必再来见我的面!"

"长官——他——"

秦义方伸出手去,他想去拍拍中年男人的肩膀,他想告诉他:父子到底还是父子。他想告诉他:长官晚年,心境并不太好。他很想告诉他:夫人不在了,长官一个人在台湾,也是很寂寞的。可是秦义方却把手又缩了回来,中年男人抬起头来,瞅了他一眼,脸上漠然,好像不甚相识的模样。一位穿戴得很威风的主祭将官走了上来,顷刻间,灵堂里黑压压的早站满了人。秦义方赶忙退回到灵堂的一角,他看见人群里,一排一排,许多将级军官,凝神屏气地肃立在那里。主祭官把祭文高举在手里,操着嘹亮的江浙腔,很有节奏地颂读起来:

> 桓桓上将。时维鹰扬。致身革命。韬略堂堂。北伐云从,帷幄疆场。同仇抗日。筹笔赞襄——

祭文一念完,公祭便开始了。首先是陆军总司令部,由一位三星上将上来主祭献花圈,他后面立着三排将官,都是一式大礼服,佩戴得十分堂皇。秦义方觑起眼睛,仔细地瞅了一下,这些新升起来的将官们,他一位都不认识了。接着三军各部、政府各院,络绎不绝,纷纷上来致祭。秦义方踮起脚,昂着头,在人堆子里尽在寻找熟人,找了半天,他看见两个老人并排走了上来,那位身穿藏青缎袍,外罩马褂,白须白髯、身量硕大的,可不是章司令吗?秦义方往前走了一步,眼睛眯成了一条缝。他一直在香港隐居,竟也赶来了。他旁边那位抖索索、病恹恹,由一个老苍头扶着,直用手帕揩眼睛的,一定是叶副司令了。他在台北荣民医院住了这些年,居然还在人世!他们两人,北伐的时候,最是长官底下的红人了,人都叫他们"钢军司令"。两人在一块儿,直是焦赞孟良,做了多少年的老搭档。刚才他还看到他们两个人的挽联,一对儿并排挂在门口。

> 廊庙足千秋决胜运筹徒恨黄巾犹未灭
> 汉贼不两立孤忠大义岂容青史尽成灰
>
> 章健敬挽
>
> 关河百战长留不朽勋名遐迩五丈秋风举世同悲真俊杰
> 邦国两分忍见无穷灾祸闻道霸陵夜猎何人愿起故将军
>
> 叶辉敬挽

"我有三员猛将，"长官曾经举起三只手指十分得意地说过："章健、叶辉、刘行奇。"可是这位满面悲容的老和尚又是谁呢？秦义方拄着拐杖又往前走了两步。老和尚身披玄色袈裟，足蹬芒鞋，脖子上挂着一串殷红念珠，站在灵台前端，合掌三拜，翻身便走了出去。

"副长官——"

秦义方脱口叫了出来，他一眼瞄见老和尚后颈上一块巴掌大的红疤。他记得清清楚楚，北伐龙潭打孙传芳那一仗，刘行奇的后颈受了炮伤，躺在南京疗养院，长官还特地派他去照顾他。那时刘行奇的气焰还了得？又年轻、又能干、又得宠，他的部队尽打胜仗，是长官手下头一个得意人，"铁军司令"——军队里提着都咋舌头，可是怎么又变成了这副打扮呢？秦义方赶忙三脚两步，拄着手杖，一颠一拐地，穿着人堆，追到灵堂外面去。

"副长官，我是秦义方。"

秦义方扶着手杖，弯着腰，上气不接下气，喘吁吁地向老和尚招呼道。老和尚止住了步，满面惊讶，朝着秦义方上下打量了半天，才迟疑地问道：

"是秦义方吗？"

"秦义方给副长官请安。"

秦义方跟老和尚作了一个揖，老和尚赶忙合掌还了礼，脸上又渐渐转为悲戚起来，半晌，他叹了一口气：

"秦义方——唉，你们长官——"

说着老和尚竟哽咽起来，掉下了几滴眼泪，他赶紧用袈裟的宽袖子，揾了一揾眼睛。秦义方也掏出手帕，狠狠擤了一下鼻子，他记得最后一次看到刘行奇，是好多年前了。刘行奇只身从广东逃到台湾，那时他刚被革除军籍，到公馆来，参拜长官。给八路俘虏了一年，刘行奇整个人都脱了形，一脸枯黑，毛发尽摧，身上瘦得还剩下一把骨头，一见到长官，颤抖抖地喊了一声：

"浩公——"便泣不成声了。

"行奇，辛苦你了——"长官红着眼睛，一直用手拍着刘行奇的肩膀。

"浩公——我非常惭愧。"刘行奇一行咽泣，一行摇头。

"这也是大势所趋，不能深怪你一个人。"长官深深地叹了一口气，两个人相对黯然，半天长官才幽幽说道：

"我以为退到广东，我们最后还可以背水一战。章健、叶辉、跟你——这几个兵团都是我们的子弟兵，跟了我这些年，回到广东，保卫家乡，大家死拼一下，或许还能挽回颓势，没料到终于一败涂地——"长官的声音都哽住了，"十几万的广东子弟，说来——咳——真是教人痛心。"说着两行眼泪竟滚了下来。

"浩公——"刘行奇也满脸泪水，凄怆地叫道，"我跟随浩公三十年，从我们家乡开始出征，北伐抗日，我手下士卒立的功劳，也不算小。现在全军覆没，败军之将，罪该万死！浩公，我实在无颜再见江东父老——"刘行奇放声大恸起来。

大陆最后撤退，长官跟章司令、叶副司令三个人，在海南岛龙门港八桂号兵舰上，等了三天，等刘行奇和他的兵团从广东撤退出来。天天三个人都并立在甲板上，盼望着，直到下了开船令，长官犹自擎着望远镜，频频往广州湾那边瞭望。三天他连眼睛也没合过一下，一脸憔悴，骤然间好像苍老了十年。

"你们长官，他对我——咳——"

老和尚摇了一摇头，太息了一声，转身便要走了。

"副长官，保重了。"

秦义方往前赶了两步叫道，老和尚头也不回，一袭玄色袈裟，在寒风里飘飘曳曳，转瞬间，只剩下了一团黑影。灵堂里哀乐大奏，已是启灵的时分，殡仪馆门口的人潮陆地分开两边，陆军仪队刀枪齐举，李浩然将军的灵柩,由八位仪队军官扶持,从灵堂里移了出来,灵柩上覆着青天白日旗一面。一辆仪队吉普车老早开了出来,停在殡仪馆大门口,上面伫立一位撑旗兵,手举一面四星将旗领队,接着便是灵车,李浩然将军的遗像竖立车前。灵柩一扶上灵车,一些执绋送殡的官员们,都纷纷跨进了自己的轿车内,街上首尾相衔,排着一条长龙般的黑色官家汽车。维持交通的警察宪兵,都在街上吹着哨子指挥车辆。秦义方赶忙将一条白麻孝带胡乱系在腰上,用手拨开人群,拄着拐杖急急蹭到灵车那边,灵车后面停着一辆敞篷的十轮卡车,几位年轻侍从,早已跳到车上,站在那里了,秦义方踅到卡车后面,也想爬上扶梯去,一位宪兵马上过来把他拦住。

"我是李将军的老副官。"

秦义方急切地说道,又想往车上爬。

"这是侍卫车。"

宪兵说着,用手把秦义方拨了下来。

"你们这些人——"

秦义方倒退了几个踉跄,气得干噎,他把手杖在地上狠狠顿了两下,颤抖抖地便喊了起来:

"李将军生前,我跟随了他三十年,我最后送他一次,你们都不准吗?"

一位侍卫长赶过来,问明了原由,终于让秦义方上了车。秦义方吃力地爬上去,还没站稳,车子已经开动了。他东跌西撞乱晃了几下,一位年轻侍从赶紧揪住他,把他让到车边去。他一把抓住车栏杆上一根铁柱,佝着腰,喘了半天,才把一口气透了过来。迎面一阵冷风,把他吹得缩起了脖子。出殡的行列,一下子便转到了南京东路上,路口有一座用松枝扎成的高大牌楼,上面横着用白菊花缀成的"李故上将浩公之丧"几个大字。灵车穿过牌楼时,路旁有一支部队正在行军,部队长看见灵车驶过,马上发了一声口令。

"敬礼!"

整个部队士兵倏地都转过头去,朝着灵车行注目礼。秦义方站在车上,一听到这声口令,不自主地便把腰杆硬挺了起来,下巴颏扬起,他满面严肃,一头白发给风吹得根根倒竖。他突然记了起来,抗日胜利,还都南京那一年,长官到紫金山中山陵去谒陵,他从来没见过有那么多高级将领聚在一块儿,章司令、叶副司令、刘副长官,都到齐了。那天他充当长官的侍卫长,他穿了马靴,戴着白手套,宽皮带把腰杆子扎得挺挺的,一把擦得乌亮的左轮别在腰边。长官披着一袭军披风,一柄闪亮的指挥刀斜挂在腰际,他跟在长官身后,两个人的马靴子在大理石阶上踏得脆响。那些驻卫部队,都在陵前,排得整整齐齐地等候着,一看见他们走上来,轰雷般地便喊了起来:

"敬礼——"

一九七○年冬末于美加州

（《台北人》,白先勇,作家出版社,2000 年版）

思考与练习

1. 试剖析秦义方这一人物形象。

2. 文章通过对当年叱咤风云的国民党高级将领与其部下们的今昔对比,传达出怎样的情感?

「第三单元」

鲜衣怒马少年时

    岁月如歌,青春谱诗。青春是那诗人案边吟诵的陶醉,青春是那画者笔下挥毫的壮美,青春是那歌者喉中咏叹的激昂。青春,是一个激情四射、活力万丈的时代。它就像一个五彩缤纷的调色板,充盈着五彩斑斓的色彩;它就像一串璀璨夺目的项链,串联着晶莹剔透的珍珠;它就像一道绚丽多姿的彩虹,闪耀着七彩之花的光芒。它是美好的,但却也是易逝的。从"花开堪折直须折,莫待无花空折枝",到"盛年不重来,一日难再晨。及时当勉励,岁月不待人"和"青春须早为,岂能长少年",无不在提醒着我们青春难复,立业早为。

    人生如白驹过隙,弹指之间。光阴的宝贵就在于它无法倒流,而青春的宝贵就在于它的无懈奋斗,其间交杂着泪水与汗水、梦想与喜悦。梦想的终点、理想的标杆,仁者见仁,智者见智,《大学》为我们指明了"三纲八目"。但通往梦想的道路必定是荆棘密布、困难重重,它需要我们一路披荆斩棘、乘风破浪、一往无前,方能看到胜利的曙光,到达成功的彼岸。这一路,我们会彷徨、会迷惘、会踟蹰,王小波告诉我们必须坚守自我,不能飞蓬随风、人云亦云;丰子恺和圣埃克苏佩里告诉我们要保留那份纯真,守住内心的伊甸园。

    青春易逝,韶华难复。岁月流水般而逝,年华无息地飞跃,但只要我们坚信"少年壮志不言愁",在浮浮沉沉中坚定内心,在平凡生活中不断突破,定能乘风破浪、直挂云帆,在最美的年华里遇见最好的自己,不负岁月所托。

1 诗歌三首

题解

"逝者如斯夫,不舍昼夜。"时光如流水,稍纵即逝,抓握不住,流淌不回。人生短短数十载,芳华不过十几年。青春的旋律优美悦耳,青春的篇章五彩斑斓,青春是最美的年华,但青春终会散场。青春总是短暂的,美好总是易逝,正因如此,它才无时无刻不在提醒着我们必须珍惜时光,把握青春;敲打着我们应当勤学多思、建功立业。古人寒窗苦读数十载,只为一朝金榜题名时,未来坦荡荡,只争朝夕间,这种时间的危机意识在先贤哲人的智慧中也有所体现,他们通过纸笔直抒胸臆,将对时光易逝的感慨止于笔尖,对一朝登榜的愿望留于心间,告诫世人"人寿几何,逝如朝霜。时无重至,华不再阳"。本文选取了《金缕衣》《杂诗》《劝学》三首诗,仔细品味其中饱藏的深意。

金 缕 衣

佚 名

劝君莫惜金缕衣[1],劝君惜取少年时。
花开堪[2]折直须[3]折,莫待无花空折枝。

杂 诗

陶渊明

人生无根蒂,飘如陌上尘。
分散逐风转,此已非常身[4]。
落地为兄弟,何必骨肉亲!
得欢当作乐,斗[5]酒聚比邻[6]。
盛年[7]不重来,一日难再晨。
及时[8]当勉励,岁月不待人。

---

〔1〕 金缕衣:缀有金线的衣服,比喻荣华富贵。
〔2〕 堪:可以,能够。
〔3〕 直须:尽管。直:直接,爽快。
〔4〕 此:指此身。非常身:不是经久不变的身,即不再是盛年壮年之身。
〔5〕 斗:酒器。
〔6〕 比邻:近邻。
〔7〕 盛年:壮年。
〔8〕 及时:趁盛年之时。

劝　学

孟　郊

击石乃有火,不击元[1]无烟。
人学始知道[2],不学非自然。
万事须己运[3],他得非我贤[4]。
青春须早为,岂能长少年。

思考与练习

1. 这三首诗分别表达了怎样的思想感情?
2. 背诵全文。

2 大学之道

题解

《大学》原为《礼记》第四十二篇,约为秦汉之际儒家作品。宋代二程从《礼记》中把它抽出,以与《论语》《孟子》《中庸》相配合。至南宋朱熹撰《四书集注》,将它和《中庸》《论语》《孟子》合为"四书"。

"大学"是对"小学"而言,它不是讲"详训诂,明句读"的"小学",亦不是学"洒扫应对进退,礼乐射御书数"的启蒙之学,而是讲治国安邦的"大学",即大人之学。二程编定《大学》时开篇提示:"《大学》,孔氏之遗书,而初学入德之门也。于今可见古人为学次第者:独赖此篇之存,而《论》《孟》次之。学者必由是而学焉,则庶乎其不差矣。"朱熹则说,《大学》所教,是"穷理正心、修己治人之道",曾参"作为传义,发明其易。孟子死后,而其传泯焉"。

---

〔1〕 元:原本、本来。
〔2〕 道:事物的法则、规律。这里指各种知识。
〔3〕 运:运用。
〔4〕 贤:才能。

大学之道,在明明德[1],在亲民[2],在止于至善[3]。知止[4]而后有定,定而后能静,静而后能安,安而后能虑,虑而后能得[5]。物有本末,事有终始。知所先后[6],则近道矣。

古之欲明明德于天下者,先治其国;欲治其国者,先齐[7]其家;欲齐其家者,先修其身;欲修其身者,先正其心;欲正其心者,先诚其意;欲诚其意者,先致其知。致知[8]在格物[9]。物格而后知至,知至而后意诚,意诚而后心正,心正而后身修,身修而后家齐,家齐而后国治,国治而后天下平。自天子以至于庶人,壹是[10]皆以修身为本。其本乱而末治者,否矣。其所厚者薄,而其所薄者厚[11],未之有也。此谓知本,此谓知之志[12]也。

(《大学·中庸》,王国轩,中华书局,2006 年版)

思考与练习

1. 试阐述"三纲八目"之间的关系。
2. 结合现状,谈谈"大学之道"的现实意义。

3 一只特立独行的猪(节选)

王小波

题解

王小波(1952 年～1997 年),中国当代学者、作家。代表作品有《黄金时代》《白银时代》《青铜时代》《黑铁时代》等。"浪漫骑士、行吟诗人、自由思想家",是其妻李银河在他悼词中对他诗意性的总结。

本文以"文革"为背景,讲述了一只猪的故事,描写了它种种不可思议的行为,以及这些行为引起"领

---

〔1〕 明明德:前一个"明"作动词,有使动的意味,即"使彰明",也就是发扬、弘扬的意思。后一个"明"作形容词,明德也就是光明正大的品德。
〔2〕 亲民:程朱认为当作"新民",使民自新。
〔3〕 至善:最好的思想境界。至:最。
〔4〕 知止:知所当止。指前文所言"止于至善"。
〔5〕 得:获得(至善)。
〔6〕 知所先后:知本末,识主次。
〔7〕 齐:治理。
〔8〕 致知:使认识达到明确。
〔9〕 格物:推究事物的原理。"言欲致吾之知,在即物而穷其理也。"
〔10〕 壹是:一切,一律。
〔11〕 其所厚者薄,而其所薄者厚:该重视的轻视,该轻视的却重视。
〔12〕 知之至:为学求知的最高境界。程朱认为此二句前句为衍文,后句应有阙文。

导们"的憎恶和围剿,最后通过它机警敏锐的躲闪成功逃脱围捕,成为一个流传的"神话"。本文是王小波众多杂文中最富有特色的一篇,文章表面诙谐幽默实则智慧深刻,语调看似轻松调侃内蕴却严肃沉重,不仅表达了作者对现实生活的不满,更寄托了他对自由精神的追求。行文生动自然,语言富有表现力,其中又不乏辛辣的讽刺。全文风格轻松幽默,却又发人深省。

　　插队的时候,我喂过猪、也放过牛。假如没有人来管,这两种动物也完全知道该怎样生活。它们会自由自在地闲逛,饥则食渴则饮,春天来临时还要谈谈爱情;这样一来,它们的生活层次很低,完全乏善可陈。人来了以后,给它们的生活做出了安排:每一头牛和每一口猪的生活都有了主题。就它们中的大多数而言,这种生活主题是很悲惨的:前者的主题是干活,后者的主题是长肉。我不认为这有什么可抱怨的,因为我当时的生活也不见得丰富了多少,除了八个样板戏,也没有什么消遣。有极少数的猪和牛,它们的生活另有安排。以猪为例,种猪和母猪除了吃,还有别的事可干。就我所见,它们对这些安排也不大喜欢。种猪的任务是交配,换言之,我们的政策准许它当个花花公子。但是疲惫的种猪往往摆出一种肉猪(肉猪是阉过的)才有的正人君子的架势,死活不肯跳到母猪背上去。母猪的任务是生崽儿,但有些母猪却要把猪崽儿吃掉。总的来说,人的安排使猪痛苦不堪。但它们还是接受了:猪总是猪啊。

　　对生活做种种设置是人特有的品性。不光是设置动物,也设置自己。我们知道,在古希腊有个斯巴达,那里的生活被设置得了无生趣,其目的就是要使男人成为亡命战士,使女人成为生育机器,前者像些斗鸡,后者像些母猪。这两类动物是很特别的,但我认为,它们肯定不喜欢自己的生活。但不喜欢又能怎么样?人也好,动物也罢,都很难改变自己的命运。

　　以下谈到的一只猪有些与众不同。我喂猪时,它已经有四五岁了,从名分上说,它是肉猪,但长得又黑又瘦,两眼炯炯有光。这家伙像山羊一样敏捷,一米高的猪栏一跳就过;它还能跳上猪圈的房顶,这一点又像是猫——所以它总是到处游逛,根本就不在圈里呆着。所有喂过猪的知青都把它当宠儿来对待,它也是我的宠儿——因为它只对知青好,容许他们走到三米之内,要是别的人,它早就跑了。它是公的,原本该劁掉。不过你去试试看,哪怕你把劁猪刀藏在身后,它也能嗅出来,朝你瞪大眼睛,噢噢地吼起来。我总是用细米糠熬的粥喂它,等它吃够了以后,才把糠兑到野草里喂别的猪,其他猪看了嫉妒,一起嚷起来,这时候整个猪场一片鬼哭狼嚎,但我和它都不在乎。吃饱了以后,它就跳上房顶去晒太阳,或者模仿各种声音。它会学汽车响、拖拉机响,学得都很像;有时整天不见踪影,我估计它到附近的村寨里找母猪去了。我们这里也有母猪,都关在圈里,被过度的生育搞得走了形,又脏又臭,它对它们不感兴趣;村寨里的母猪好看一些。它有很多精彩的事迹,但我喂猪的时间短,知道得有限,索性就不写了。总而言之,所有喂过猪的知青都喜欢它,喜欢它特立独行的派头儿,还说它活得潇洒。但老乡们就不这么浪漫,他们说,这猪不正经。领导则痛恨它,这一点以后还要谈到。我对它则不止是喜欢——我尊敬它,常常不顾自己虚长十几岁这一现实,把它叫做"猪兄"。如前所述,这位猪兄会模仿各种声音。我想它也学过人说话,但没有学会——假如学会了,我们就可以做倾心之谈。但这也不能怪它。人和猪的音色差得太远了。

　　后来,猪兄学会了汽笛叫,这个本领给它招来了麻烦。我们那里有座糖厂,中午要鸣一次汽笛,让工人换班。我们队下地干活时,听见这次汽笛响就收工回来。我的猪兄每天上午十点钟总要跳到房上学汽笛,地里的人听见它叫就回来——这可比糖厂鸣笛早了一个半小时。坦白地说,这不能全怪猪兄,它毕竟不是锅炉,叫起来和汽笛还有些区别,但老乡们却硬说听不出来。领导上因此开了一个会,把它定成了破坏春耕的坏分子,要对它采取专政手段——会议的精神我已经知道了,但我不为它担忧——因为假如专政是指绳索和杀猪刀的话,那是一点门都没有的。以前的领导也不是没试过,一百人也逮不住它。狗也没用：猪兄跑起来像颗鱼雷，能把狗撞出一丈开外。谁知这回是动了真格的，指导员带了二十几个人，手拿五四式手枪；副指导员带了十几人，手持看青的火枪，分两路在猪场外的空地上兜捕它。这就使我陷入了内心的矛盾：按我和它的交情，我该舞起两把杀猪刀冲出去，和它并肩战斗，但我又觉得这样做太过惊世骇俗——它毕竟是只猪啊；还有一个理由，我不敢对抗领导，我怀疑这才是问题之所在。总之，我在一边看着。猪兄的镇定使我佩服之极：它很冷静地躲在手枪和火枪的连线之内，任凭人喊狗咬，不离那条线。这样，拿手枪的人开火就会把拿火枪的打死，反之亦然；两头同时开火，两头都会被打死。至于它，因为目标小，多半没事。就这样连兜了几个圈子，它找到了一个空子，一头撞出去了；跑得潇洒之极。以后我在甘蔗地里还见过它一次，它长出了獠牙，还认识我，但已不容我走近了。这种冷淡使我痛心，但我也赞成它对心怀叵测的人保持距离。

我已经四十岁了，除了这只猪，还没见过谁敢于如此无视对生活的设置。相反，我倒见过很多想要设置别人生活的人，还有对被设置的生活安之若素的人。因为这个原故，我一直怀念这只特立独行的猪。

（《一只特立独行的猪》，王小波，北方文艺出版社，2006年版）

思考与练习

1. 本文以猪为篇名，又以"特立独行"加以修饰，此处的"特立独行"应做何解呢？
2. 这头"特立独行"的猪具有什么样的象征意义？它引发了你怎样的现实思考？

4 给我的孩子们

丰子恺

题解

丰子恺（1898年～1975年），中国现代受人敬仰的漫画家、散文家、艺术教育家，被国际友人誉为"现代中国最像艺术家的艺术家"。他的绘画、文章在几十年的沧桑风雨中保持一贯的风格：雍容恬静，其漫画更是脍炙人口。

《给我的孩子们》写于1926年圣诞节，它是《子恺画集》的代序，散文以画集上的题材为内容，歌颂了纯洁的童心，可以说它是一首童真世界的赞歌。作者对童真世界的歌颂，实际上是他对美好的理想社会的追求。他在1925年写的随笔《东京某晚的事》中，有这样一段话："假如真能……有这样一个世界：天下如一家……那时陌路人就变成家庭……这是多么可憧憬的世界！"对于这样的理想世界，他感到十分渺茫，只好把一切寄托于对童真世界的赞美上。

我的孩子们！我憧憬于你们的生活，每天不止一次！我想委屈地说出来，使你们自己晓得。可惜到你们懂得我的话的意思的时候，你们将不复是可以使我憧憬的人了。这是何等可悲哀的事啊！

瞻瞻！你尤其可佩服。你是身心全部公开的真人。你什么事体都像拼命地用全副精力去对付。小小的失意，像花生米翻落地了，自己嚼了舌头了，小猫不肯吃糕了，你都要哭得嘴唇翻白，昏去一两分钟。外婆普陀去烧香买回来给你的泥人，你何等鞠躬尽瘁地抱他，喂他；有一天你自己失手把他打破了，你的号哭的悲哀，比大人们的破产，失恋，broken heart，丧考妣，全军覆没的悲哀都要真切。两把芭蕉扇做的脚踏车，麻雀牌堆成的火车，汽车，你何等认真地看待，挺直了嗓子叫"汪——""咕咕咕……"，来代替汽笛。宝姐姐讲故事给你听，说到"月亮姐姐挂下一只篮来，宝姐姐坐在篮里吊了上去，瞻瞻在下面看"的时候，你何等激昂地同她争，说"瞻瞻要上去，宝姐姐在下面看！"甚至哭到漫姑面前去求审判。我每次剃了头，你真心地疑我变了和尚，好几时不要我抱。最是今年夏天，你坐在我膝上发现了我腋下的长毛，当作黄鼠狼的时候，你何等伤心，你立刻从我身上爬下去，起初眼睁睁地对我端详，继而大失所望地号哭，看看，哭哭，如同对被判定了死罪的亲友一样。你要我抱你到车站里去，多多益善地要买香蕉，满满地擒了两手回来，回到门口时你已经熟睡在我的肩上，手里的香蕉不知落在哪里去了。这是何等可佩服的真率，自然，与热情！大人间的所谓"沉默""含蓄""深刻"的美德，比起你来，全是不自然的，病的，伪的！

你们每天做火车，做汽车，办酒，请菩萨，堆六面画，唱歌，全是自动的，创造创作的生活。大人们的呼号"归自然！""生活的艺术化！""劳动的艺术化！"在你们面前真是出丑得很了！依样画几笔画，写几篇文的人称为艺术家，创作家，对你们更要愧死！

你们的创作力，比大人真是强盛得多哩：瞻瞻！你的身体不及椅子的一半，却常常要搬动它，与它一同翻倒在地上；你又要把一杯茶横转来藏在抽斗里，要皮球停在壁上，要拉住火车的尾巴，要月亮出来，要天停止下雨。在这等小小的事件中，明明表示着你们的小弱的体力与智力不足以应付强盛的创作欲，表现欲的驱使，因而遭逢失败。然而你们是不受大自然的支配，不受人类社会的束缚的创造者，所以你的遭逢失败，例如火车尾巴拉不住，月亮呼不出来的时候，你们决不承认是事实的不可能，总以为是爹爹妈妈不肯帮你们办到，同不许你们弄自鸣钟同例，所以愤愤地哭了，你们的世界何等广大！

你们一定想：终天无聊地伏在案上弄笔的爸爸，终天闷闷地坐在窗下弄引线的妈妈，是何等无气性的奇怪的动物！你们所视为奇怪动物的我与你们的母亲，有时确实难为了你们，摧残了你们，回想起来，真是不安心得很：

阿宝！有一晚你拿软软的新鞋子，和自己脚上脱下来的鞋子，给凳子的脚穿了，划袜立在地上，得意地叫"阿宝两只脚，凳子四只脚"的时候，你母亲喊着"龌龊了袜子！"立刻擒你到藤榻上，动手毁坏你的创作。当你蹲在榻上注视你母亲动手毁坏的时候，你的小心里一定感到"母亲这种人，何等杀风景而野蛮"吧！

瞻瞻！有一天开明书店送了几册新出版的毛边的《音乐入门》来。我用小刀把书页一张一张地裁开来，你侧着头，站在桌边默默地看。后来我从学校回来，你已经在我的书架上拿了一本连史纸印的中国装的《楚辞》，把它裁破了十几页，得意地对我说："爸爸！瞻瞻也会裁了！"瞻瞻！这在你原是何等成功的欢喜，何等得意的作品！却被我一个惊骇的"哼！"字喊得你哭了。那时候你也一定抱怨"爸爸何等不明"吧！

软软！你常常要弄我的长锋羊毫，我看见了总是无情地夺脱你。现在你一定轻视我，想道："你终于要我画你的画集的封面！"

最不安心的，是有时我还要拉一个你们所最怕的陆露沙医生来，教他用他的大手来摸你们的肚子，甚至用刀来在你们臂上割几下，还要教妈妈和漫姑擒住了你们的手脚，捏住了你们的鼻子，把很苦的水灌到你们的嘴里去。这在你们一定认为是太无人道的野蛮举动吧！

孩子们！你们真果抱怨我，我倒欢喜；到你们的抱怨变为感激的时候，我的悲哀来了！

我在世间，永没有逢到像你们样出肺肝相示的人。世间的人群结合，永没有像你们样的彻底地真实而纯洁。最是我到上海去干了无聊的所谓"事"回来，或者去同不相干的人们做了叫做"上课"的一种把戏回来，你们在门口或车站旁等我的时候，我心中何等惭愧又欢喜！惭愧我为什么去做这等无聊的事，欢喜我又得暂时放怀一切地加入你们的真生活的团体。

但是，你们的黄金时代有限，现实终于要暴露的。这是我经验过来的情形，也是大人们谁也经验过的情形。我眼看见儿时的伴侣中的英雄，好汉，一个个退缩，顺从，妥协，屈服起来，到像绵羊的地步。我自己也是如此。"后之视今，亦犹今之视昔"，你们不久也要走这条路呢！

我的孩子们！憧憬于你们的生活的我，痴心要为你们永远挽留这黄金时代在这册子里。然这真不过像"蜘蛛网落花"略微保留一点春的痕迹而已。且到你们懂得我这片心情的时候，你们早已不是这样的人，我的画在世间已无可印证了！这是何等可悲哀的事啊！

（《给我的孩子们》，丰子恺，中国青年出版社，2012 年版）

思考与练习

1. 文中的孩子们具有哪些特点？成人是如何对待孩子们的这些举动的？孩子们眼中的成人是怎样的？作者眼中的成人又是什么样的？

2. 作者"给我的孩子们"什么呢？

5 小王子(节选)

圣埃克苏佩里

题解

安东尼·德·圣埃克苏佩里(1900 年～1944 年)，出生于法国里昂。他曾经有志于报考海军学院，未能如愿，却有幸成了空军的一员。凭借小说《南方邮件》和《夜航》的问世，在文学上声誉鹊起。二战期间，先后写出《空军飞行员》《给一个人质的信》《小王子》(1943 年)等作品。

《小王子》是圣埃克苏佩里为大人们写的童话故事，是作者通过虚幻的童话故事为成人们讲述自己的人生哲理。书中以一位飞行员作为故事叙述者，讲述了小王子从自己星球出发前往地球的过程中，所经历的各种历险。在《小王子》里，处处呈现着象征，这些象征看上去明确又隐晦，也正是这些象征使整部作品充满诗意，给人以忧伤和孤独之感，同时向人们传达着作者对人生的感悟。

就在这当儿,跑来了一只狐狸。

"你好。"狐狸说。

"你好。"小王子很有礼貌地回答道。他转过身来,但什么也没有看到。

"我在这儿,在苹果树下。"那声音说。

"你是谁?"小王子说,"你很漂亮。"

"我是一只狐狸。"狐狸说。

"来和我一起玩吧,"小王子建议道,"我很苦恼……"

"我不能和你一起玩,"狐狸说,"我还没有被驯服呢。"

"啊! 真对不起。"小王子说。

思索了一会儿,他又说道:

"什么叫'驯服'呀?"

"你不是此地人。"狐狸说,"你来寻找什么?"

"我来找人。"小王子说,"什么叫'驯服'呢?"

"人,"狐狸说,"他们有枪,他们还打猎,这真碍事! 他们唯一的可取之处就是,他们也养鸡,你是来寻找鸡的吗?"

"不,"小王子说,"我是来找朋友的。什么叫'驯服'呢?"

"这是已经早就被人遗忘了的事情,"狐狸说,"它的意思就是'建立联系'。"

"建立联系?"

"一点不错,"狐狸说。"对我来说,你还只是一个小男孩,就像其他千万个小男孩一样。我不需要你,你也同样用不着我。对你来说,我也不过是一只狐狸,和其他千万只狐狸一样。但是,如果你驯服了我,我们就互相不可缺少了。对我来说,你就是世界上唯一的了;我对你来说,也是世界上唯一的了。"

"我有点明白了。"小王子说,"有一朵花……我想,她把我驯服了……"

"这是可能的。"狐狸说,"世界上什么样的事都可能看到……"

"啊,这不是在地球上的事。"小王子说。

狐狸感到十分蹊跷。

"在另一个星球上?"

"是的。"

"在那个星球上,有猎人吗?"

"没有。"

"这很有意思。那么,有鸡吗?"

"没有。"

"没有十全十美的。"狐狸叹息地说道。

可是,狐狸又把话题拉回来:

"我的生活很单调。我捕捉鸡,而人又捕捉我。所有的鸡全都一样,所有的人也全都一样。因此,我感到有些厌烦了。但是,如果你要是驯服了我,我的生活就一定会是欢快的。我会辨认出一种与众不同的脚步声。其他的脚步声会使我躲到地下去,而你的脚步声就会像音乐一样让我从洞里走出来。再说,你看! 你看到那边的麦田没有? 我不吃面包,麦子对我来说,一点用也没有。我对麦田无动于衷。而这,真使人扫兴。但是,你有着金黄色的头发。那么,一旦你驯服了我,这就会十分美妙。麦子,是金黄色的。它就会使我想起你。而且,我甚至会喜欢那风吹麦浪的声音……"

狐狸沉默不语,久久地看着小王子。

"请你驯服我吧!"

"我是很愿意的。"小王子回答道,"可我的时间不多了。我还要去寻找朋友,还有许多事物要了解。"

"只有被驯服了的事物,才会被了解。"狐狸说,"人不会再有时间去了解任何东西的。他们总是到商人那里去购买现成的东西。因为,世界上还没有购买朋友的商店,所以人也就没有朋友,如果你想要一个朋友,那就驯服我吧!"

"那么应当做些什么呢?"小王子说。

"应当非常耐心。"狐狸回答道,"开始你就这样坐在草丛中,坐得离我稍微远些。我用眼角瞅着你,你什么也不要说。话语是误会的根源。但是,每天,你坐得靠我更近些……"

第二天,小王子又来了。

"最好还是在原来的那个时间来。"狐狸说道,"比如说,你下午四点钟来,那么从三点钟起,我就开始感到幸福。时间越临近,我就越感到幸福。到了四点钟的时候,我就会坐立不安;我就会发现幸福的代价。但是,如果你随便什么时候来,我就不知道在什么时候该准备好我的心情……应当有一定的仪式。"

"仪式是什么?"小王子问道。

"这也是一种早已被人忘却了的事。"狐狸说,"它就是使某一天与其他日子不同,使某一时刻与其他时刻不同。比如说,我的那些猎人就有一种仪式。他们每星期四都和村子里的姑娘们跳舞。于是,星期四就是一个美好的日子! 我可以一直散步到葡萄园去。如果猎人们什么时候都跳舞,天天又全都一样,那么我也就没有假日了。"

就这样,小王子驯服了狐狸。当出发的时刻就快要来到时:

"啊!"狐狸说,"我一定会哭的。"

"这是你的过错,"小王子说,"我本来并不想给你任何痛苦,可你却要我驯服你……"

"是这样的。"狐狸说。

"你可就要哭了!"小王子说。

"当然罗。"狐狸说。

"那么你什么好处也没得到。"

"由于麦子颜色的缘故,我还是得到了好处。"狐狸说。

然后,他又接着说。

"再去看看那些玫瑰花吧。你一定会明白,你的那朵是世界上独一无二的玫瑰。你回来和我告别时,我再赠送给你一个秘密。"

于是小王子又去看那些玫瑰。

"你们一点也不像我的那朵玫瑰,你们还什么都不是呢!"小王子对她们说。"没有人驯服过你们,你们也没有驯服过任何人。你们就像我的狐狸过去那样,它那时只是和千万只别的狐狸一样的一只狐狸。但是,我现在已经把它当成了我的朋友,于是它现在就是世界上独一无二的了。"

这时,那些玫瑰花显得十分难堪。

"你们很美,但你们是空虚的。"小王子仍然在对她们说,"没有人能为你们去死。当然罗,我的那朵玫瑰花,一个普通的过路人以为她和你们一样。可是,她单独一朵就比你们全体更重要,因为她是我浇灌的。因为她是我放在花罩中的。因为她是我用屏风保护起来的。因为她身上的毛虫(除了留下两三只为了变蝴蝶而外)是我除灭的。因为我倾听过她的怨艾和自诩,甚至有时我聆听着她的沉默。因为她是我的玫瑰。"

他又回到了狐狸身边。

"再见了。"小王子说道。

"再见。"狐狸说。"喏，这就是我的秘密。很简单：只有用心才能看得清。实质性的东西，用眼睛是看不见的。"

"实质性的东西，用眼睛是看不见的。"小王子重复着这句话，以便能把它记在心间。

"正因为你为你的玫瑰花费了时间，这才使你的玫瑰变得如此重要。"

"正因为你为你的玫瑰花费了时间……"小王子又重复着，要使自己记住这些。

"人们已经忘记了这个道理，"狐狸说，"可是，你不应该忘记它。你现在要对你驯服过的一切负责到底。你要对你的玫瑰负责……"

"我要对我的玫瑰负责……"小王子又重复着……

（节选自《小王子》，［法］圣埃克苏佩里，马振聘译，人民文学出版社，2003 年版）

思考与练习

1. 文中"驯服"的含义什么？
2. 谈谈文中"正因为你为你的玫瑰花费了时间，这才使你的玫瑰变得如此重要"的现实解读。

「第四单元」

一寸相思千万绪

"平生不会相思,才会相思,便害相思。"

相思,是"才下眉头、却上心头"却又无计可施的惆怅,是"行也思君、坐也思君"寝食难安的焦躁,是"为伊消得人憔悴"心甘情愿的付出,更是"此恨绵绵无绝期"情比金坚的笃定。相思一人,定会将他在脑中百转千回,贫穷富贵都寄予他一分,海角天涯都愿与他携手共行;相思一地,定会任其萦绕于心,踏遍青山寻找其踪影,终比不得那一缕淡淡的故乡情。

在本单元中,诗人们敞开了自己的心扉,将藏于心底的相思示于世人,有不轻言儿女之情的诗仙太白,有沉痛悼念亡妻的苏东坡,有深切挂念友人的黄庭坚,还有因思乡而生怨的游子李觏。

徐志摩,过早陨落的才子之星,留下了三段举世瞩目的爱情故事,也留下了后人难以望其项背的诗情才华,读了他的相思,才知道人间最难是情关。

读了史铁生写给自己母亲的散文《我与地坛》,才知道朴素平淡的相思最痛、血脉相连的相思最深。

《红楼梦》中,曹雪芹让绛珠仙草对神瑛侍者的相思从天界追随到人间,化作流不尽的眼泪和解不尽的误会;而在《罗密欧与朱丽叶》里,莎士比亚让两位年轻男女的相思如烈火般激涌迸发,遭遇重重阻碍后终在毁灭中收获圆满。这就是相思的力量,"生者可以死,死者可以生"。

1 诗词四首

秋 风 词

李 白

题解

　　李白(701年~762年)，字太白，号青莲居士，是唐代伟大的浪漫主义诗人，诗歌豪迈奔放，清新飘逸，想象丰富，意境奇妙。代表作品有《将进酒》《蜀道难》《梦游天姥吟留别》《静夜思》《望庐山瀑布》等等。《秋风词》是李白少有的爱情诗，是典型的悲秋之作，秋风、秋月、落月、寒鸦，烘托出悲凉的氛围，加上诗人奇丽的想象和对自己内心的完美刻画让整首诗显得凄婉动人。在这深秋的月夜，诗人望着高悬天空的明月，看着栖息在已经落完叶子的树上的寒鸦。此情此景不禁让诗人悲伤和无奈，那段情感和思念以及存留于心底的不可割舍，反而让诗人后悔当初的相识。

　　秋风清，秋月明。落叶聚还散[1]，寒鸦[2]栖复惊。相亲相见知何日，此时此夜难为情。入我相思门，知我相思苦。长相思兮长相忆，短相思兮无穷极。早知如此绊[3]人心，何如当初莫相识。

（《李白诗全译》，詹福瑞，河北人民出版社，1997年版）

乡 思

李 觏

题解

　　李觏(1009年~1059年)，字泰伯，北宋思想家。南城(今属江西)人，称为盱江先生，创盱江书院。著有《直讲李先生文集》(也叫《盱江文集》)。《乡思》是李觏创作的一首七言绝句。落日黄昏，最容易让远离家乡的游子触景生情，归思难收。这首诗正是抒写了游子在落日黄昏时候产生的浓浓乡思。与别的乡情诗的"愁"格调不同的是，它写的满是"怨"。

---

〔1〕　落叶聚还(huán)散：写落叶在风中时而聚集时而扬散的情景。
〔2〕　寒鸦："慈乌，北人谓之寒鸦，以冬日尤盛。"
〔3〕　绊(bàn)：牵绊，牵扯，牵挂。

人言落日是天涯，望极天涯不见家。

已恨碧山相阻隔，碧山还被暮云遮。

（《宋诗三百首全解》，李梦生，复旦大学出版社，2007 年版）

江城子(十年生死两茫茫)

苏 轼

题解

苏轼（1037 年～1101 年），字子瞻，又字和仲，号铁冠道人、东坡居士，世称苏东坡，"唐宋八大家"之一，北宋文学家、书法家、画家。其文纵横恣肆；其诗题材广阔，清新豪健；其词开豪放一派；其散文著述宏富，豪放自如，有《东坡七集》《东坡易传》《东坡乐府》等传世。这是一首悼亡词，作于宋神宗熙宁八年（1075 年），其时东坡正在密州任知州，时年四十。在其妻王氏逝去十年时间里，东坡结合自己十年来的宦海沉浮以及人世沧桑，写出了这首感情挚深的悼亡词，一为悼亡亡妻，二为悼亡自身在凡尘俗世中摸爬滚打的十年沧桑岁月，表达了对亡妻深深的思念与往事不堪言的无奈和沉痛。

十年生死两茫茫。不思量。自难忘。千里孤坟，无处话凄凉。纵使相逢应不识，尘满面，鬓如霜。夜来幽梦忽还乡。小轩窗。正梳妆。相顾无言，惟有泪千行。料得年年肠断处，明月夜，短松冈。

（《唐宋词鉴赏辞典》，吴中胜、黄鸣，崇文书局，2016 年版）

寄 黄 几 复 [1]

黄庭坚

题解

黄庭坚（1045 年～1105 年），字鲁直，号山谷道人，晚号涪翁，洪州分宁（今江西省修水县）人，北宋著名文学家、书法家，为盛极一时的江西诗派开山之祖，与杜甫、陈师道和陈与义素有"一祖三宗"（黄庭坚为其中一宗）之称。与张耒、晁补之、秦观都游学于苏轼门下，合称为"苏门四学士"。生前与苏轼齐名，世称"苏黄"，著有《山谷词》。这首诗作于宋神宗元丰八年（1085 年），此时黄庭坚监德州德平镇。诗人称赞自己的好友黄几复廉正、干练、好学，而对其垂老沉沦的处境，深表惋惜，抒发了思念友人的殷殷之情，寄寓了对友人怀才不遇的不平与愤慨，情真意厚，感人至深。

---

〔1〕 黄几复：名介，南昌人，是黄庭坚少年时的好友，时为广州四会（今广东四会市）县令。

我居北海君南海,寄雁传书谢不能。

桃李春风一杯酒,江湖夜雨十年灯。

持家但有四立壁[1],治病不蕲[2]三折肱[3]。

想得读书头已白,隔溪猿哭瘴溪[4]藤。

（《宋诗鉴赏辞典》,霍松林,上海辞书出版社,1987年版）

思考与练习

1. 分析总结这四首诗分别表达了诗人什么样的思想情怀?
2. 把握情感和节奏,有感情地背诵这四首诗词。

2 志摩诗两首

题解

徐志摩(1897年～1931年)现代诗人、散文家。名章垿,笔名南湖、云中鹤等。浙江海宁人。徐志摩是新月诗派的代表人物。他的诗歌柔美、清丽、音韵和谐,颂扬理想;表达对爱情、自由、美的追求;擅长细腻的心理捕捉、缠绵的情感刻画,深得青年人的喜爱,影响至今不衰。

《偶然》是徐志摩于1926年5月创作的一首诗歌。这首诗可以理解为是一首情诗,是写给一位偶然相爱一场而后又天各一方的情人的,也可看作是人生的感叹曲。人生的路途上,有着多少偶然的交会,又有多少美好的东西,仅仅是偶然的交会,永不重复。

大多数人认为,《忘了自己》是徐志摩写给林徽因的情诗,因为林徽因是徐志摩爱得火热却爱而不得的女人。也有的人认为,这是写给陆小曼的情诗,因为诗歌出自徐志摩过世后陆小曼为他整理的编选的《爱眉小札》,这本书将她和徐志摩之间那刻骨铭心的倾城之恋,完完整整地公之于世。

---

[1] 四立壁:家徒四壁之意。
[2] 蕲:同祈,祈求。
[3] 古语:"三折肱,知为良医。"意思是:一个人如果三次跌断胳膊,就可以成为一个好医生,因为他必然积累了治疗和护理的丰富经验。此句侧喻黄几复善"治国"。
[4] 瘴(zhàng)溪:旧传岭南边远之地多瘴气。

偶　　然

我是天空里的一片云，
偶尔投影在你的波心——
你不必讶异，
更无须欢喜——
在转瞬间消灭了踪影。
你我相逢在黑夜的海上，
你有你的，我有我的，方向；
你记得也好，
最好你忘掉，
在这交会时互放的光亮！

（《徐志摩诗集》，徐志摩，黄山书社，2009 年版）

忘 了 自 己

一生至少该有一次，
为了某个人而忘了自己，
不求有结果，
不求同行，
不求曾经拥有，
甚至不求你爱我，
只求在我最美的年华里，
遇到你。

（《爱眉小札》，徐志摩，中国友谊出版公司，2003 年版）

思考与练习

1. 关于诗歌题目《偶然》，你怎样理解？
2.《偶然》的第一段第二段各提到了一次"你""我"，所指有何不同？
3. 谈谈阅读这两首诗歌后，你的感受。

3 我与地坛〔1〕

史铁生

题解

史铁生(1951年~2010年),1951年生于北京。1969年赴延安插队,1972年双腿瘫痪回到北京。1974年始在某街道工厂做工,七年后因病情加重回家疗养。1979年开始发表文学作品。著有中短篇小说集《我的遥远的清平湾》《礼拜日》《往事》等;散文随笔集《自言自语》《我与地坛》等。

《我与地坛》是史铁生文学作品中,充满哲思又极为人性化的代表作之一。前三部分主要讲"生死",一位意气风发,风华正茂的青年,却因偶然的不幸而终身残疾,整日与轮椅做伴,失去了让自己轰轰烈烈走一遭的机会,如此的心理落差是任何一个人都决计承受不了的。作者压抑地进行生与死的思考,在痛苦、失落、麻木后选择了理智。地坛只是一个载体,而文章的本质却是一个绝望的人寻求希望的过程,以及对母亲的思念。

一

我在好几篇小说中都提到过一座废弃的古园,实际就是地坛。

许多年前旅游业还没有开展,园子荒芜冷落得如同一片野地,很少被人记起。

地坛离我家很近。或者说我家离地坛很近。总之,只好认为这是缘分。地坛在我出生前四百多年就坐落在那儿了,而自从我的祖母年轻时带着我父亲来到北京,就一直住在离它不远的地方——五十多年间搬过几次家,可搬来搬去总是在它周围,而且是越搬离它越近了。我常觉得这中间有着宿命的味道:仿佛这古园就是为了等我,而历尽沧桑在那儿等待了四百多年。

它等待我出生,然后又等待我活到最狂妄的年龄上忽地残废了双腿。四百多年里,它一面剥蚀了古殿檐头浮夸的琉璃,淡褪了门壁上炫耀的朱红,坍圮〔2〕了一段段高墙又散落了玉砌雕栏,祭坛四周的老柏树愈见苍幽,到处的野草荒藤也都茂盛得自在坦荡。

这时候想必我是该来了。十五年前的一个下午,我摇着轮椅进入园中,它为一个失魂落魄的人把一切都准备好了。那时,太阳循着亘古〔3〕不变的路途正越来越大,也越红。在满园弥漫的沉静光芒中,一个人更容易看到时间,并看见自己的身影。

自从那个下午我无意中进了这园子,就再没长久地离开过它。

我一下子就理解了它的意图。正如我在一篇小说中所说的:"在人口密聚的城市里,有这样一个宁静的去处,像是上帝的苦心安排。"

---

〔1〕 地坛:地坛又称方泽坛,是古都北京五坛中的第二大坛。地坛位于北京市东城区安定门外大街,占地37.4公顷。公园始建于明代嘉靖九年,是明清两朝帝王祭祀"皇地祇神"的场所,也是中国现存的最大的祭地之坛。
〔2〕 坍圮:倒塌,坍塌。
〔3〕 亘古:即终古,由古代到现代。

两条腿残废后的最初几年，我找不到工作，找不到去路，忽然间几乎什么都找不到了，我就摇了轮椅总是到它那儿去，仅为着那儿是可以逃避一个世界的另一个世界。我在那篇小说中写道："没处可去我便一天到晚耗在这园子里。跟上班下班一样，别人去上班我就摇了轮椅到这儿来。园子无人看管，上下班时间有些抄近路的人们从园中穿过，园子里活跃一阵，过后便沉寂下来。"

"园墙在金晃晃的空气中斜切下一溜荫凉，我把轮椅开进去，把椅背放倒，坐着或是躺着，看书或者想事，撅一权树枝左右拍打，驱赶那些和我一样不明白为什么要来这世上的小昆虫。""蜂儿如一朵小雾稳稳地停在半空；蚂蚁摇头晃脑捋着触须，猛然间想透了什么，转身疾行而去；瓢虫爬得不耐烦了，累了祈祷一回便支开翅膀，忽悠一下升空了；树干上留着一只蝉蜕，寂寞如一间空屋；露水在草叶上滚动，聚集，压弯了草叶轰然坠地摔开万道金光。"

"满园子都是草木竞相生长弄出的响动，窸窸窣窣片刻不息。"这都是真实的记录，园子荒芜但并不衰败。

除去几座殿堂我无法进去，除去那座祭坛我不能上去而只能从各个角度张望它，地坛的每一棵树下我都去过，差不多它的每一米草地上都有过我的车轮印。无论是什么季节，什么天气，什么时间，我都在这园子里呆过。有时候呆一会儿就回家，有时候就呆到满地上都亮起月光。记不清都是在它的哪些角落里了。我一连几小时专心致志地想关于死的事，也以同样的耐心和方式想过我为什么要出生。这样想了好几年，最后事情终于弄明白了：一个人，出生了，这就不再是一个可以辩论的问题，而只是上帝交给他的一个事实；上帝在交给我们这件事实的时候，已经顺便保证了它的结果，所以死是一件不必急于求成的事，死是一个必然会降临的节日。这样想过之后我安心多了，眼前的一切不再那么可怕。比如你起早熬夜准备考试的时候，忽然想起有一个长长的假期在前面等待你，你会不会觉得轻松一点？并且庆幸并且感激这样的安排？

剩下的就是怎样活的问题了，这却不是在某一个瞬间就能完全想透的、不是一次性能够解决的事，怕是活多久就要想它多久了，就像是伴你终生的魔鬼或恋人。所以，十五年了，我还是总得到那古园里去、去它的老树下或荒草边或颓墙旁，去默坐，去呆想、去推开耳边的嘈杂理一理纷乱的思绪，去窥看自己的心魂。

十五年中，这古园的形体被不能理解它的人肆意雕琢，幸好有些东西是任谁也不能改变它的。譬如祭坛石门中的落日，寂静的光辉平铺的一刻，地上的每一个坎坷都被映照得灿烂；譬如在园中最为落寞的时间，一群雨燕便出来高歌，把天地都叫喊得苍凉；譬如冬天雪地上孩子的脚印，总让人猜想他们是谁，曾在哪儿做过些什么、然后又都到哪儿去了；譬如那些苍黑的古柏，你忧郁的时候它们镇静地站在那儿，你欣喜的时候它们依然镇静地站在那儿，它们没日没夜地站在那儿从你没有出生一直站到这个世界上又没了你的时候；譬如暴雨骤临园中，激起一阵阵灼烈而清纯的草木和泥土的气味，让人想起无数个夏天的事件；譬如秋风忽至，再有一场早霜，落叶或飘摇歌舞或坦然安卧，满园中播散着熨帖[1]而微苦的味道。味道是最说不清楚的。味道不能写只能闻，要你身临其境去闻才能明了。味道甚至是难于记忆的，只有你又闻到它你才能记起它的全部情感和意蕴。所以我常常要到那园子里去。

二

现在我才想到，当年我总是独自跑到地坛去，曾经给母亲出了一个怎样的难题。

她不是那种光会疼爱儿子而不懂得理解儿子的母亲。她知道我心里的苦闷，知道不该阻止我出去

---

〔1〕熨帖：妥帖舒服。

走走,知道我要是老呆在家里结果会更糟,但她又担心我一个人在那荒僻的园子里整天都想些什么。我那时脾气坏到极点,经常是发了疯一样地离开家,从那园子里回来又中了魔似的什么话都不说。母亲知道有些事不宜问,便犹犹豫豫地想问而终于不敢问,因为她自己心里也没有答案。她料想我不会愿意她跟我一同去,所以她从未这样要求过,她知道得给我一点独处的时间,得有这样一段过程。她只是不知道这过程得要多久,和这过程的尽头究竟是什么。每次我要动身时,她便无言地帮我准备,帮助我上了轮椅车,看着我摇车拐出小院;这以后她会怎样,当年我不曾想过。

有一回我摇车出了小院;想起一件什么事又返身回来,看见母亲仍站在原地,还是送我走时的姿势,望着我拐出小院去的那处墙角,对我的回来竟一时没有反应。待她再次送我出门的时候,她说:"出去活动活动,去地坛看看书,我说这挺好。"许多年以后我才渐渐听出,母亲这话实际上是自我安慰,是暗自的祷告,是给我的提示,是求与嘱咐。只是在她猝然去世之后,我才有余暇设想。当我不在家里的那些漫长的时间,她是怎样心神不定坐卧难宁,兼着痛苦与惊恐与一个母亲最低限度的祈求。现在我可以断定,以她的聪慧和坚忍,在那些空落的白天后的黑夜,在那不眠的黑夜后的白天,她思来想去最后准是对自己说:"反正我不能不让他出去,未来的日子是他自己的,如果他真的要在那园子里出了什么事,这苦难也只好我来承担。"在那段日子里——那是好几年长的一段日子,我想我一定使母亲作过了最坏的准备了,但她从来没有对我说过:"你为我想想。"事实上我也真的没为她想过。那时她的儿子,还太年轻,还来不及为母亲想,他被命运击昏了头,一心以为自己是世上最不幸的一个,不知道儿子的不幸在母亲那儿总是要加倍的。她有一个长到二十岁上忽然截瘫了的儿子,这是她唯一的儿子;她情愿截瘫的是自己而不是儿子,可这事无法代替;她想,只要儿子能活下去哪怕自己去死呢也行,可她又确信一个人不能仅仅是活着,儿子得有一条路走向自己的幸福;而这条路呢,没有谁能保证她的儿子终于能找到。——这样一个母亲,注定是活得最苦的母亲。

有一次与一个作家朋友聊天,我问他学写作的最初动机是什么?他想了一会说:"为我母亲。为了让她骄傲。"我心里一惊,良久无言。回想自己最初写小说的动机,虽不似这位朋友的那般单纯,但如他一样的愿望我也有,且一经细想,发现这愿望也在全部动机中占了很大比重。这位朋友说:"我的动机太低俗了吧?"我光是摇头,心想低俗并不见得低俗,只怕是这愿望过于天真了。他又说:"我那时真就是想出名,出了名让别人羡慕我母亲。"我想,他比我坦率。我想,他又比我幸福,因为他的母亲还活着。而且我想,他的母亲也比我的母亲运气好,他的母亲没有一个双腿残废的儿子,否则事情就不这么简单。

在我的头一篇小说发表的时候,在我的小说第一次获奖的那些日子里,我真是多么希望我的母亲还活着。我便又不能在家里呆了,又整天整天独自跑到地坛去,心里是没头没尾的沉郁和哀怨,走遍整个园子却怎么也想不通:母亲为什么就不能再多活两年?为什么在她儿子就快要碰撞开一条路的时候,她却忽然熬不住了?莫非她来此世上只是为了替儿子担忧,却不该分享我的一点点快乐?她匆匆离我去时才只有四十九呀!有那么一会,我甚至对世界对上帝充满了仇恨和厌恶。后来我在一篇题为"合欢树"的文章中写道:"我坐在小公园安静的树林里,闭上眼睛,想,上帝为什么早早地召母亲回去呢?很久很久,迷迷糊糊的我听见了回答:'她心里太苦了,上帝看她受不住了,就召她回去。'我似乎得了一点安慰,睁开眼睛,看见风正从树林里穿过。"小公园,指的也是地坛。

只是到了这时候,纷纭的往事才在我眼前幻现得清晰,母亲的苦难与伟大才在我心中渗透得深彻。上帝的考虑,也许是对的。

摇着轮椅在园中慢慢走,又是雾罩的清晨,又是骄阳高悬的白昼,我只想着一件事:母亲已经不在了。在老柏树旁停下,在草地上在颓墙边停下,又是处处虫鸣的午后,又是鸟儿归巢的傍晚,我心里只默念着一句话:可是母亲已经不在了。把椅背放倒,躺下,似睡非睡挨到日没,坐起来,心神恍惚,呆呆地直坐到古祭坛上落满黑暗然后再渐渐浮起月光,心里才有点明白,母亲不能再来这园中找我了。

曾有过好多回，我在这园子里呆得太久了，母亲就来找我。她来找我又不想让我发觉，只要见我还好好地在这园子里，她就悄悄转身回去，我看见过几次她的背影。我也看见过几回她四处张望的情景，她视力不好，端着眼镜像在寻找海上的一条船，她没看见我时我已经看见她了，待我看见她也看见我了我就不去看她，过一会我再抬头看她就又看见她缓缓离去的背影。我单是无法知道有多少回她没有找到我。有一回我坐在矮树丛中，树丛很密，我看见她没有找到我；她一个人在园子里走，走过我的身旁，走过我经常呆的一些地方，步履茫然又急迫。我不知道她已经找了多久还要找多久，我不知道为什么我决意不喊她——但这绝不是小时候的捉迷藏，这也许是出于长大了的男孩子的倔强或羞涩？但这倔只留给我痛悔，丝毫也没有骄傲。我真想告诫所有长大了的男孩子，千万不要跟母亲来这套倔强，羞涩就更不必，我已经懂了可我已经来不及了。

儿子想使母亲骄傲，这心情毕竟是太真实了，以致使"想出名"这一声名狼藉的念头也多少改变了一点形象。这是个复杂的问题，且不去管它了罢。随着小说获奖的激动逐日暗淡，我开始相信，至少有一点我是想错了：我用纸笔在报刊上碰撞开的一条路，并不就是母亲盼望我找到的那条路。年年月月我都到这园子里来，年年月月我都要想，母亲盼望我找到的那条路到底是什么。

母亲生前没给我留下过什么隽永的哲言，或要我恪守的教诲，只是在她去世之后，她艰难的命运，坚忍的意志和毫不张扬的爱，随光阴流转，在我的印象中愈加鲜明深刻。

有一年，十月的风又翻动起安详的落叶，我在园中读书，听见两个散步的老人说："没想到这园子有这么大。"我放下书，想，这么大一座园子，要在其中找到她的儿子，母亲走过了多少焦灼的路。多年来我头一次意识到，这园中不单是处处都有过我的车辙，有过我的车辙的地方也都有过母亲的脚印。

（《我与地坛》，史铁生，人民文学出版社，2002 年版）

思考与练习

1. 作者通过哪几种方式来表现母爱的深挚？请结合有关段落作简要说明。
2. 作品中哪些地方具有象征性意蕴？

4 红楼梦(节选)

曹雪芹

题解

曹雪芹(约 1715 年～1763 年)，清代最伟大的小说家。代表作品：长篇名著《红楼梦》。《红楼梦》是他"披阅十载，增删五次""字字看来皆是血，十年辛苦不寻常"的产物。今传《红楼梦》120 回本，其中前

80回的绝大部分出于他的手笔,后40回则为他人所续。小说以贾、史、王、薛四大家族的兴衰为背景,以贾府的家庭琐事、闺阁闲情为脉络,以贾宝玉、林黛玉、薛宝钗的爱情婚姻故事为主线,通过家族悲剧、女儿悲剧及主人公的人生悲剧,揭示出封建末世的危机。

《诉肺腑》是曹雪芹小说《红楼梦》的一个选段,讲述的是贾宝玉和林黛玉互明心迹的故事。宝黛青梅竹马,日久生情,但彼此都无法直接吐露心声。因此,二人经常因小事发生争吵,实际上是在以这种特殊的方式试探对方的感情。下文所选的是最后一次试探,宝黛终于倾诉肺腑,吐露心声,表明他们的爱情已经成熟。

原来黛玉知道史湘云在这里,宝玉一定又赶来,说麒麟的原故。因心下忖度〔1〕着,近日宝玉弄来的外传野史,多半才子佳人,都因小巧玩物上撮合,或有鸳鸯,或有凤凰,或玉环金佩,或鲛帕鸾绦〔2〕,皆由小物而遂终身之愿。今忽见宝玉也有麒麟,便恐借此生隙,同湘云也做出那些风流佳事来。因而悄悄走来,见机行事,以察二人之意。不想刚走进来,正听见湘云说"经济"一事,宝玉又说:"林妹妹不说这些混帐话,要说这话,我也和他生分了。"黛玉听了这话,不觉又喜又惊,又悲又叹。所喜者,果然自己眼力不错,素日认他是个知己,果然是个知己。所惊者,他在人前一片私心称扬于我,其亲热厚密,竟不避嫌疑。所叹者,你既为我的知己,自然我亦可为你的知己;既你我为知己,又何必有"金玉"之论呢?既有"金玉"之论,也该你我有之,又何必来一宝钗呢?所悲者,父母早逝,虽有铭心刻骨之言,无人为我主张;况近日每觉神思恍惚,病已渐成,医者更云:"气弱血亏,恐致劳怯之症〔3〕。"我虽为你的知己,但恐不能久待;你纵为我的知己,奈我薄命何!想到此间,不禁泪又下来。待要进去相见,自觉无味,便一面拭泪,一面抽身回去了。

这里宝玉忙忙的穿了衣裳出来,忽见黛玉在前面慢慢的走着,似乎有拭泪之状,便忙赶着上来笑道:"妹妹往那里去?怎么又哭了?又是谁得罪了你了?"黛玉回头见是宝玉,便勉强笑道:"好好的,我何曾哭来。"宝玉笑道:"你瞧瞧,眼睛上的泪珠儿没干,还撒谎呢。"一面说,一面禁不住抬起手来,替她拭泪。黛玉忙向后退了几步,说道:"你又要死了!又这么动手动脚的。"宝玉笑道:"说话忘了情,不觉的动了手,也就顾不得死活。"黛玉道:"死了倒不值什么,只是丢下了什么'金',又是什么'麒麟',可怎么好呢!"一句话又把宝玉说急了,赶上来问道:"你还说这些话,到底是咒我还是气我呢?"黛玉见问,方想起前日的事来,遂自悔这话又说造次了,忙笑道:"你别着急,我原说错了。这有什么要紧,筋都叠暴起来,急的一脸汗!"一面说,一面也近前伸手替他拭面上的汗。

宝玉瞅了半天,方说道:"你放心。"黛玉听了,怔了半天,说道:"我有什么不放心的?我不明白你这个话。你倒说说,怎么放心不放心?"宝玉叹了一口气,问道:"你果然不明白这话?难道我素日在你身上的心都用错了?连你的意思若体贴不着,就难怪你天天为我生气了。"黛玉道:"我真不明白放心不放心的话。"宝玉点头叹道:"好妹妹,你别哄我。你真不明白这话,不但我素日白用了心,且连你素日待我的心也都辜负了。你皆因都是不放心的原故,才弄了一身的病了。但凡宽慰些,这病也不得一日重似一日了!"

黛玉听了这话,如轰雷掣电〔4〕,细细思之,竟比自己肺腑中掏出来的还觉恳切,竟有万句言语,满心要说,只是半个字也不能吐出,只管怔怔的瞅着他。此时宝玉心中也有万句言词,不知一时从那一句说起,却也怔怔的瞅着黛玉。两个人怔了半天,黛玉只咳了一声,眼中泪直流下来,回身便走。宝玉忙上前拉住道:"好妹妹,且略站住,我说一句话再走。"黛玉一面拭泪,一面将手推开,说道:"有什么可说的?你

〔1〕 忖度:推测,揣度。
〔2〕 鲛帕:精美的巾帕。鸾绦:束腰的丝带。
〔3〕 劳怯:病症名。阴虚内热性质的虚劳病症。《松崖医径》卷下:"劳怯者,多由气体虚弱,劳伤心肾,则阴虚而生内热所致。主在痰血水火不能既济故也。亦有外感六淫之气,失于怯散,以致乘虚入里,久不与治,遂成劳瘵。又有传疰而得者。其脉多弦虚细数。"
〔4〕 轰雷掣电:轰响的雷鸣,急骤的闪电。比喻突然出现的令人震惊的力量或情况。

的话我都知道了。"口里说着,却头也不回,竟去了。

宝玉望着,只管发起呆来。原来方才出来忙了,不曾带得扇子,袭人怕他热,忙拿了扇子赶来送给他,猛抬头看见黛玉和他站着。一时黛玉走了,他还站着不动,因而赶上来说道:"你也不带了扇子去,亏了我看见,赶着送来。"宝玉正出了神,见袭人和他说话,并未看出是谁,只管呆着脸说道:"好妹妹,我的这个心,从来不敢说,今日胆大说出来,就是死了也是甘心的!我为你也弄了一身的病,又不敢告诉人,只好捱着。等你的病好了,只怕我的病才得好呢。睡里梦里也忘不了你!"袭人听了,惊疑不止,又是怕,又是急,又是臊,连忙推他道:"这是那里的话?你是怎么着了?还不快去吗?"宝玉一时醒过来,方知是袭人。虽然羞的满面紫涨,却仍是呆呆的,接了扇子,一句话也没有,竟自走去。

(《红楼梦(校注本)》,曹雪芹,北京师范大学出版社,1987 年版)

思考与练习

1. 文中宝玉对黛玉说"你放心",这里的"放心"指的是什么?
2. 黛玉听了宝玉的话,神态有哪些表现?为什么会这样?

5 罗密欧与朱丽叶(第二幕第二场)

莎士比亚

题解

威廉·莎士比亚(1564 年～1616 年)是英国文学史上最杰出的戏剧家,也是欧洲文艺复兴时期最重要、最伟大的作家,全世界最卓越的文学家之一。

《罗密欧与朱丽叶》(1595 年)是莎士比亚早期创作的著名悲剧,它诗意盎然,洋溢着浓郁的浪漫气息和喜剧氛围。该剧讲述意大利贵族凯普莱特女儿朱丽叶与蒙太古的儿子罗密欧诚挚相爱,誓言相依,但因两家世代为仇恨而受到阻挠的故事。本文选自第二幕第二场,简称"阳台会",主要描写罗密欧借着爱的轻翼,翻越了凯普莱特家高高的围墙,在花园里和朱丽叶幽会的情景。莎士比亚充分利用外部环境描写来烘托当时神秘的夜色、静谧的花园、皎洁的月光、温馨的晨曦,这样就使得罗密欧与朱丽叶的爱情更加美丽、动人,因而富有魅力。

第二场 维洛那。凯普莱特家的花园

罗密欧:(轻声!)那边窗子里亮起来的是什么光?那就是东方,朱丽叶就是太阳!起来吧,美丽的太阳！那是我的意中人；啊！那是我的爱；唉，但愿她知道我在爱着她！她欲言又止，可是她的眼睛已经道出了她的心事。待我去回答她吧；不，我不要太鲁莽，她不是对我说话。天上两颗最灿烂的星，因为有事他去，请求她的眼睛替代它们在空中闪耀。要是她的眼睛变成了天上的星，天上的星变成了她的眼睛，那便怎样呢？她脸上的光辉会掩盖了星星的明亮，正像灯光在朝阳下黯然失色一样；在天上的她的眼睛，会在太空中大放光明，使鸟儿误认为黑夜已经过去而唱出它们的歌声。瞧！她用纤手托住了脸，那姿态是多么美妙！啊，但愿我是那一只手上的手套，好让我亲一亲她脸上的香泽！

朱丽叶：唉！

罗密欧：她说话了。啊！再说下去吧，光明的天使！因为我在这夜色之中仰视着你，就像一个尘世的凡人，张大了出神的眼睛，瞻望着一个生着翅膀的天使，驾着白云缓缓地驰过了天空一样。

朱丽叶：只有你的名字才是我的仇敌；你即使不姓蒙太古，仍然是这样的一个你。姓不姓蒙太古又有什么关系呢？它又不是手，又不是脚，又不是手臂，又不是脸，又不是身体上任何其他的部分。啊！换一个姓名吧！姓名本来是没有意义的；我们叫做玫瑰的这一种花，要是换了个名字，它的香味还是同样的芬芳；罗密欧要是换了别的名字，他的可爱的完美也决不会有丝毫改变。罗密欧，抛弃了你的名字吧；我愿意把我整个的心灵，赔偿你这一个身外的空名。

罗密欧：那么我就听你的话，你只要叫我做爱，我就重新受洗，重新命名；从今以后，永远不再叫罗密欧了。

朱丽叶：我的耳朵里还没有灌进从你嘴里吐出来的一百个字，可是我认识你的声音；你不是罗密欧，蒙太古家里的人吗？

罗密欧：不是，美人，要是你不喜欢这两个名字。

朱丽叶：告诉我，你怎么会到这儿来，为什么到这儿来？花园的墙这么高，是不容易爬上来的；要是我家里的人瞧见你在这儿，他们一定不让你活命。

罗密欧：我借着爱的轻翼飞过园墙，因为砖石的墙垣是不能把爱情阻隔的；爱情的力量所能够做到的事，它都会冒险尝试，所以我不怕你家里人的干涉。

朱丽叶：要是他们瞧见了你，一定会把你杀死的。

罗密欧：唉！你的眼睛比他们二十柄刀剑还厉害；只要你用温柔的眼光看着我，他们就不能伤害我的身体。

朱丽叶：我怎么也不愿让他们瞧见你在这儿。

罗密欧：朦胧的夜色可以替我遮过他们的眼睛。只要你爱我，就让他们瞧见我吧；与其因为得不到你的爱情而在这世上捱命，还不如在仇人的刀剑下丧生。

朱丽叶：谁叫你找到这儿来的？

罗密欧：爱情怂恿我探听出这一个地方；他替我出主意，我借给他眼睛。我不会操舟驾舵，可是倘使你在辽远辽远的海滨，我也会冒着风波寻访你这颗珍宝。

朱丽叶：幸亏黑夜替我罩上了一重面幕，否则为了我刚才被你听去的话，你一定可以看见我脸上羞愧的红晕。我真想遵守礼法，否认已经说过的言语，可是这些虚文俗礼，现在只好一切置之不顾了！你爱我吗？我知道你一定会说"是的"；我也一定会相信你的话；可是也许你起的誓只是一个谎，人家说，对于恋人们的寒盟背信，天神是一笑置之的。温柔的罗密欧啊！你要是真的爱我，就请你诚意告诉我；你要是嫌我太容易降心相从，我也会堆起怒容，装出倔强的神气，拒绝你的好意，好让你向我婉转求情，否则我是无论如何不会拒绝你的。俊秀的蒙太古啊，我真的太痴心了，所以也许你会觉得我的举动有点轻浮；可是相信我，朋友，总有一天你会知道我的忠心远胜过那些善于矜持作态的人。我必须承认，倘不是你趁我不备的时候偷听去了我的真情表白，我一定会更加矜持一点的；所以原谅我吧，是黑夜泄漏了我心底的秘密,不要把我的允诺看作无耻的轻狂。

罗密欧:姑娘,凭着这一轮皎洁的月亮,它的银光涂染着这些果树的梢端,我发誓——

朱丽叶:啊!不要指着月亮起誓,它是变化无常的,每个月都有盈亏圆缺;你要是指着它起誓,也许你的爱情也会像它一样无常。

罗密欧:那么我指着什么起誓呢?

朱丽叶:不用起誓吧;或者要是你愿意的话,就凭着你优美的自身起誓,那是我所崇拜的偶像,我一定会相信你的。

罗密欧:要是我的出自深心的爱情——

朱丽叶:好,别起誓啦。我虽然喜欢你,却不喜欢今天晚上的密约;它太仓促太轻率、太出人意料了,正像一闪电光,等不及人家开一声口,已经消隐了下去。好人,再会吧!这一朵爱的蓓蕾,靠着夏天的暖风的吹拂,也许会在我们下次相见的时候,开出鲜艳的花来。晚安,晚安!但愿恬静的安息同样降临到你我两人的心头!

罗密欧:啊!你就这样离我而去,不给我一点满足吗?

朱丽叶:你今夜还要什么满足呢?

罗密欧:你还没有把你的爱情的忠实的盟誓跟我交换。

朱丽叶:在你没有要求以前,我已经把我的爱给了你了;可是我倒愿意重新给你。

罗密欧:你要把它收回去吗?为什么呢,爱人?

朱丽叶:为了表示我的慷慨,我要把它重新给你。可是我只愿意要我已有的东西:我的慷慨像海一样浩渺,我的爱情也像海一样深沉;我给你的越多,我自己也越是富有,因为这两者都是没有穷尽的。(乳媪在内呼唤)我听见里面有人在叫;亲爱的,再会吧!——就来了,好奶妈!——亲爱的蒙太古,愿你不要负心。再等一会儿,我就会来的。(自上方下)

罗密欧:幸福的,幸福的夜啊!我怕我只是在晚上做了一个梦,这样美满的事不会是真实的。

朱丽叶:亲爱的罗密欧,再说三句话,我们真的要再会了。要是你的爱情的确是光明正大,你的目的是在于婚姻,那么明天我会叫一个人到你的地方来,请你叫他带一个信给我,告诉我你愿意在什么地方、什么时候举行婚礼;我就会把我的整个命运交托给你,把你当作我的主人,跟随你到天涯海角。

乳媪(在内):小姐!

朱丽叶:就来。——可是你要是没有诚意,那么我请求你——

乳媪(在内):小姐!

朱丽叶:等一等,我来了。——停止你的求爱,让我一个人独自伤心吧。明天我就叫人来看你。

罗密欧:凭着我的灵魂——

朱丽叶:一千次的晚安!(自上方下)

罗密欧:晚上没有你的光,我只有一千次的心伤!恋爱的人去赴他情人的约会,像一个放学归来的儿童;可是当他和情人分别的时候,却像上学去一般满脸懊丧。(退后)

朱丽叶自上方重上。

朱丽叶:嘘!罗密欧!嘘!唉!我希望我会发出呼鹰的声音,招这只鹰儿回来。我不能高声说话,否则我要让我的喊声传进厄科(注:希腊神话中的回声女妖)的洞穴,让她的无形的喉咙因为反复叫喊着我的罗密欧的名字而变成嘶哑。

罗密欧:那是我的灵魂在叫喊着我的名字。恋人的声音在晚间多么清婉,听上去就像最柔和的音乐!

朱丽叶:罗密欧!

罗密欧：我的爱！

朱丽叶：明天我应该在什么时候叫人来看你？

罗密欧：就在九点钟吧。

朱丽叶：我一定不失信；挨到那个时候，该有二十年那么长久！我记不起为什么要叫你回来了。

罗密欧：让我站在这儿，等你记起了告诉我。

朱丽叶：你这样站在我的面前，我一心想着多么爱跟你在一块儿，一定永远记不起来了。

罗密欧：那么我就永远等在这儿，让你永远记不起来，忘记除了这里以外还有什么家。

朱丽叶：天快要亮了；我希望你快去；可是我就好比一个淘气的女孩子，像放松一个囚犯似的让她心爱的鸟儿暂时跳出她的掌心，又用一根丝线把它拉了回来，爱的私心使她不愿意给它自由。

罗密欧：我但愿我是你的鸟儿。

朱丽叶：好人，我也但愿这样；可是我怕你会死在我的过分的爱抚里。晚安！晚安！离别是这样甜蜜的凄清，我真要向你道晚安直到天明！

罗密欧：但愿睡眠合上你的眼睛！但愿平静安息我的心灵！我如今要去向神父求教，把今宵的艳遇诉他知晓。

（《罗密欧与朱丽叶》，[英]莎士比亚，朱生豪译，云南人民出版社，2015年版）

思考与练习

1. 罗密欧把朱丽叶的窗户比作东方，把朱丽叶比作太阳，请解释这几句话的内涵。
2. 文中为什么说"道服"是"惨绿色的"，其中包含怎样的象征意义？

扫眉才子笔玲珑

女性文学最早可上溯至周朝的《诗经》，其中收录了不少出自女性手笔的诗歌；至五四时期正式确立。在中国几千年的文化长河中，涌现出了许多优秀的女作家，她们以其细腻的手法、独到的视角为中华文化的繁荣添上了浓墨重彩的一笔，成为不可或缺的一部分。

从父系社会确立，男尊女卑的封建思想使女性饱受压迫的悲惨命运延续千年。独立人格的丧失、传统观念的束缚、封建道德的禁锢，使得大多数女性诗人、词人局限于深闺庭院中，止步于对无法控制的命运的哀怨、对不能自主的婚姻的控诉和对不能挽回的负心汉的愤慨，唯有"千古第一才女"的李清照表现出了深切的国家情怀，将自我命运与家国命运紧密相连。

直至五四运动冲破封建禁锢，男女平等的思潮袭来，越来越多女性文学作家开始在文坛崭露头角，她们对女性几千年来深受的偏见和压迫感同身受，对社会生活有着深刻的观察和理解，试图通过文学创作唤醒女性自我意识的觉醒。她们从最贴近生活的爱情婚姻入手，追求纯粹、圣洁、高尚、平等的爱情，希冀通过爱情中的势均力敌实现男女人格上的平等，这一思想贯穿古今，联通中外。无论是舒婷笔下的木棉，还是夏洛蒂·勃朗特笔下的简·爱，亦或是西西笔下的入殓师，无不是这一思想的化身。另一方面，饱受旧道德和旧礼教的荼毒，女性人格丧失，身心都遭到了残酷的摧残和蹂躏，林海音笔下的秀贞、妞儿正是这一旧时代的受害者，书写着一生的不幸与痛苦。

随着时代的进步、社会的发展，越来越多的女性文学作家脱颖而出。她们冲破千年传统观念的羁绊，呐喊女性自我的解放，值得我们细细研读。

1 李清照词三首

题解

李清照(1084年~1155年),号易安居士,宋代女词人,婉约词派代表,有"千古第一才女"之称。著有词集《漱玉词》,她的词被称为"易安体"。

李清照的词以靖康之难为界,分前后期。前期词悠闲风雅,主要表现她贵族少女、少妇的幸福生活,也有伤春、别情之作,表现出悠闲风雅的情调。大胆地表现了一个贵族少女对自然的热爱,以及幽居离别的相思之苦。后期词凄婉悲怆,主要写靖康之难以后,尝尽了国破、家亡、夫死以及颠沛流离的苦痛,词的主要内容也多抒写她对国家的忧思和生活沦落的痛苦,心境凄凉而孤寂,其中融入了极深的爱国之情,词风凄婉悲怆。前期的词大抵不过哀而不伤,与后期词的哀伤痛哭、悲痛欲绝迥然不同。形式上善用白描手法,自辟途径,语言清丽。论词强调协律,崇尚典雅,提出"词别是一家"之说,反对以作诗文之法作词。

声声慢(寻寻觅觅)

寻寻觅觅[1],冷冷清清,凄凄惨惨戚戚[2]。乍暖还寒[3]时候,最难将息[4]。三杯两盏淡酒,怎敌他[5]、晚来风急？雁过也,正伤心,却是旧时相识。

满地黄花堆积。憔悴损[6],如今有谁堪[7]摘？守着窗儿,独自怎生[8]得黑？梧桐更兼细雨[9],到黄昏、点点滴滴。这次第[10],怎一个、愁字了得!

一剪梅(红藕香残玉簟秋)

红藕香残玉簟[11]秋。轻解罗裳,独上兰舟。云中谁寄锦书来？雁字[12]回时,月满西楼。

花自飘零水自流。一种相思,两处闲愁。此情无计可消除,才下眉头,却上心头。

[1] 寻寻觅觅:意谓想把失去的一切都找回来,表现空虚怅惘、迷茫失落的心态。
[2] 凄凄惨惨戚戚:忧愁苦闷的样子。
[3] 乍暖还寒:指秋天的天气,忽然变暖,又转寒冷。
[4] 将息:旧时方言,休养调理之意。
[5] 怎敌他:对付,抵挡。
[6] 损:表示程度极高。
[7] 堪:可。
[8] 怎生:怎样的。生:语助词。
[9] 梧桐更兼细雨:暗用白居易《长恨歌》"秋雨梧桐叶落时"的诗意。
[10] 这次第:这光景、这情形。
[11] 玉簟:光华如玉的席子。
[12] 雁字:指雁群飞时排成"一"或"人"形。相传雁能传书。

醉花阴(薄雾浓云愁永昼)

薄雾浓云愁永昼。瑞脑[1]消金兽[2]。佳节又重阳,玉枕纱厨,半夜凉初透。

东篱[3]把酒黄昏后,有暗香[4]盈袖。莫道不销魂,帘卷西风[5],人比黄花瘦。

(《李清照诗词选》,诸葛忆兵,中华书局,2005年版)

思考与练习

1. 这三首词创作于李清照的前期还是后期？ 表现了词人怎样的思想感情？
2. 背诵全文。

2 致橡树

舒　婷

题解

　　舒婷(1952年～　　),原名龚佩瑜,中国当代女诗人,朦胧诗派的代表人物。她的诗歌充盈着浪漫主义和理想的色彩,对祖国、对人生、对爱情、对土地的爱,既温馨平和又富于激情。她的诗擅长运用比喻、象征、联想等艺术手法表达内心感受,在朦胧的氛围中流露出理性的思考,朦胧而不晦涩,是浪漫主义和现代主义风格相结合的产物。

　　《致橡树》是舒婷创作于1977年3月的爱情诗,是朦胧诗派的代表作之一。全诗不仅体现了舒婷的爱情观,更是新时期的女性独立观,希冀能够从思想禁锢的现实转向开放的现代,对传统人格文化进行挑战,大胆张扬女性独立和人格自尊的现代意识。

---

〔1〕 瑞脑：一种薰香名。又称龙脑,即冰片。消：一本作"销",《花草粹编》等作"喷"。

〔2〕 金兽：兽形的铜香炉。

〔3〕 东篱：泛指采菊之地。陶渊明《饮酒诗》："采菊东篱下,悠悠见南山。"为古今艳称之名句,故"东篱"亦成为诗人惯用之咏菊典故。唐无可《菊》："东篱摇落后,密艳被寒吹。夹雨惊新拆,经霜忽尽开。"

〔4〕 暗香：这里指菊花的幽香。《古诗十九首·庭中有奇树》："攀条折其荣,将以遗所思。馨香盈怀袖,路远莫致之。"这里用其意。

〔5〕 西风：秋风。

我如果爱你——
绝不像攀援的凌霄花，
借你的高枝炫耀自己；
我如果爱你——
绝不学痴情的鸟儿，
为绿荫重复单调的歌曲；
也不止像泉源，
常年送来清凉的慰藉；
也不止像险峰，
增加你的高度，
衬托你的威仪。
甚至日光，
甚至春雨。
不，这些都还不够，
我必须是你近旁的一株木棉，
作为树的形象和你站在一起。
根，紧握在地下；
叶，相触在云里。
每一阵风过，
我们都互相致意，
但没有人，
听懂我们的言语。
你有你的铜枝铁干，
像刀，像剑，也像戟；
我有我红硕的花朵，
像沉重的叹息，
又像英勇的火炬。
我们分担寒潮、风雷、霹雳；
我们共享雾霭、流岚、虹霓。
仿佛永远分离，
却又终身相依。
这才是伟大的爱情，
坚贞就在这里：
爱——
不仅爱你伟岸的身躯，
也爱你坚持的位置，
足下的土地。

（《致橡树》，舒婷，江苏文艺出版社，2003 年版）

![flower icon] **思考与练习**

1. 诗中使用了哪些意象来表情达意？这些意象各有什么特点？
2. 诗中"橡树"与"木棉"的关系传达出作者怎样的爱情观？

3 城南旧事

林海音

![flower icon] **题解**

林海音(1918 年～2001 年)，原名林含英，小名英子。中国现代著名女作家，被称为台湾文学"祖母级的人物"。她的作品被译为多种文字，她的一生荣获众多文学奖项，在 1998 年"第三届世界华文作家大会"中荣获"终身成就奖"。

《城南旧事》是林海音最具影响力的成名作，是以其七岁到十三岁的生活为背景的一部自传体短篇小说集，由《惠安馆的传奇》《我们看海去》《兰姨娘》《驴打滚儿》《爸爸的花儿落了》五个独立的短篇小说组成的短篇小说集，以小英子的视角、散文化的叙事手法，整体地构成了小英子的童年生活及北京平民生活圈。本文节选了第一部分《惠安馆的传奇》，描写了小英子与秀贞和妞儿之间的故事，道出了惠安馆一户普通人家的悲凄。

我从被里爬出来，轻手轻脚地下了地，头很重，又咳嗽了，但是因为太紧张，这回并没有觉到胸口痛。我走到五屉橱的前面站住了，犹豫了一会儿，终于大胆地拉开了妈妈放衣服的那个抽屉，在最里面，最下面，是妈妈的首饰匣。妈妈开首饰匣只挑爸爸不在家的时候，她并不瞒我和宋妈的。

首饰匣果然在衣服底下压着，我拿了出来打开，妈妈新打的那只金镯在里面！我心有点儿跳，要拿的时候，不免向窗外看了一眼，玻璃窗外黑漆漆的，没有人张望，但我可以照到自己的影子，我看见我怎样拿出金镯子，又怎样把首饰匣放回衣服底下，推阖了抽屉，我的手是抖的。我要给秀贞她们做盘缠，妈妈说，二两金子值好多好多钱，可以到天津，到上海，到日本玩一趟，那么不是更可以够秀贞和妞儿到惠安去找思康三叔吗？这么一想，我觉得很有理，便很放心地把金镯子套在我的胳膊上面了。

我再转过头，忽然看玻璃窗上，我的影子清楚了，不！吓了我一跳，原来是妞儿！她在向我招手，我赶快跑了出去，妞儿头发湿了，手上也有水，她小声对我说：

"我怕你真在横胡同等我，我吃完饭就偷偷跑出来了。我等了你一会儿，想着你不来了，我刚要回去，听见你妈跟宋妈过去了，好像说给谁买药去，我不放心你，来看看，你们家的大门倒是没拴上，我就进来了。"

"那咱们就去吧！"

"上哪儿去？就是你白天说的什么秀贞呀？"

我笑着向她点了头。

"瞧你笑得怕人劲儿！你病糊涂了吧！"

"哪里！"我挺起胸脯来，立刻咳嗽了，赶快又弯下身子来才好些，我把手搭在她的肩上说："你一去就知道了，她多惦记你啊！比着我的身子给你做了好些衣服。对了，妞儿，你心里想着你亲妈是什么样儿？"

"她呀，我心里常常想，她要思念我，也得像我这么瘦，脸是白白净净的……"

"是的，是的，你说得一点儿都没错儿。"我俩一边说着，一边向门外去，门洞黑乎乎的，我摸着开了门，有一阵风夹着雨吹进来，吹开了我的短裤子，肚皮上又凉又湿，我仍是对她说：

"你妈妈，她薄薄的嘴唇，一笑，眼底下就有两个泪坑，一哭，那眼睛毛又湿又长，她说：小英子，我千托万托你……"

"嗯。"

"她说，小桂子可是我们俩的命根子呀！"

"嗯。"

"她第一天见着我，就跟我说，见着小桂子，就叫她回来，饭不吃，衣服也不穿，就往外跑，急着找她爹去……"

"嗯。"

"她说，叫她回来，我们娘儿俩一块儿去，就说我不骂她……"

"嗯。"

我们已经走到惠安馆门口了，妞儿听我说，一边"嗯，嗯"地答着，一边她就抽答着哭了，我搂着她，又说：

"她就是……"我想说疯子，停住了，因为我早就不肯称呼她是疯子了，我转了话口说："人家都说她想你想疯啦！妞儿，你别哭，我们进去。"

妞儿这时好像什么都不顾了，都要我给她做主意，她只是一边走，一边靠在我的肩头哭，她并没有注意这是什么地方。

上了惠安馆的台阶，我轻轻地一推，那大门就开了。秀贞说，惠安馆的门，前半夜都不拴上，因为有的学生回来得很晚，一扇门用杠子顶住，那一半就虚关着。我轻声对妞儿说：

"别出声。"

我们轻轻地，轻轻地走进去，经过门房的窗下，碰到了房檐下的水缸盖子，有了响，里面是秀贞的妈，问：

"谁呀？"

"我，小英子！"

"这孩子！黑了还要找秀贞，在跨院里呢！可别玩太晚了，听见没有？"

"嗯。"我答应着，搂着妞儿向跨院走去。

我从没有黑天以后来这里，推开跨院的门，吱咽咽地一声响，像用一根针划过我的心，怎么那么不舒服！雨地里，我和妞儿迈步，我的脚碰着一个东西，我低头看是我早晨捉的那瓶吊死鬼，我拾起来，走到门边的时候，顺手把它放在窗台上。

里屋点着灯，但不亮。我开开门，和妞儿进去，就站在通里屋的门边。我拉着妞儿的手，她的手也直抖。

秀贞没理会我们进来，她又在床前整理那口箱子，背向着我们，她头也没回地说：

"妈，您不用催我，我就回屋睡去，我得先把思康的衣服收拾好呀！"

秀贞以为进来的是她的妈妈，我听了也没答话，我不知道怎么办好了，我想说话，但抽了口气，话竟说不出口，只愣愣地看着秀贞的后背，辫子甩到前面去了，她常常喜欢这样，说是思康三叔喜欢她这样打扮，喜欢她用手指绕着辫梢玩的样子，也喜欢她用嘴咬辫梢想心事的样子。

大概因为没有听见我的答话吧？秀贞猛地回转身来"哟！"地喊了一声，"是你，英子，这一身水！"她跑过来，妞儿一下子躲到我身后去了。

秀贞蹲下来，看见我身后的影子，她瞪大了眼睛，慢慢地，慢慢地，侧着头向我身后看，我的脖子后面吹过来一口一口的热气，是妞儿紧挨在我背后的缘故，她的热气一口比一口急，终于哇地一声哭出来，秀贞这时也哑着嗓子喊叫了一声：

"小桂子！是我苦命的小桂子！"

秀贞把妞儿从我身后拉过去，搂起她，一下就坐在地上，搂着，亲着，摸着妞儿。妞儿傻了，哭着回头看我，我退后两步倚着门框，想要倒下去。

秀贞好一会儿才松开妞儿，又急急地站起来，拉着妞儿到床前去，急急地说道：

"这一身湿，换衣服，咱们连夜地赶，准赶得上，听！"是静静的雨夜里传过来一声火车的汽笛声，尖得怕人。秀贞仰头听着想了一下又接着说："八点五十有一趟车上天津，咱们再赶天津的大轮船，快快快！"

秀贞从床上拿出包袱，打开来，里面全是妞儿，不，小桂子，不，妞儿的衣服。秀贞一件一件一件给妞儿穿上了好多件。秀贞做事那样快，那样急，我还是第一回看见。她又忙忙叨叨地从梳头匣子里取出了我送给小桂子的手表，上了上弦给妞儿戴上。妞儿随秀贞摆弄，但眼直望着秀贞的脸，一声也不响，好像变呆了。我的身子朝后一靠，胳膊碰着墙，才想起那只金镯子。我撩起袖子，从胳膊上把金镯子取下来，走到床前递给秀贞说：

"给你做盘缠。"

秀贞毫不客气地接过去，立刻套在她的手腕上，也没说声谢谢，妈妈说人家给东西都要说谢谢的。

秀贞忙了好一阵子，乱七八糟的东西塞了一箱子，然后提起箱子，拉着妞儿的手，忽然又放下来，对妞儿说道："你还没叫我呢，叫我一声妈。"秀贞蹲下来，搂着妞儿，又扳过妞儿的头，撩开妞儿的小辫子看她的脖子后头，笑道："可不是我那小桂子，叫呀！叫妈呀！"

妞从进来还没说过一句话，她这时被秀贞搂着，问着，竟也伸出了两手，绕着秀贞的脖子，把脸贴在秀贞的脸上，轻轻而难为情地叫：

"妈！"

我看见她们两个人的脸，变成一个脸，又分成两个脸，觉得眼花，立刻闭住眼扶住床栏，才站住了。我的脑筋糊涂了一会儿，没听见她们俩又说了什么，睁开眼，秀贞已经提起箱子了，她拉起妞儿的手，说："走吧！"妞儿还有点认生，她总是看着我的行动，并伸出手来要我，我便和她也拉了手。

我们轻手轻脚地走出去，外面的雨小些了，我最后一个出来，顺手又把窗台上的那瓶吊死鬼拿在手里。

出了跨院门，顺着门房的廊檐下走，这么轻，脚底下也还是噗哎噗哎的有些声音。屋里秀贞的妈妈又说话了：

"是英子呀？还是回家去吧！赶明再来玩。"

"嗳。"我答应了。

走出惠安馆的大门，街上漆黑一片，秀贞虽提着箱子拉着妞儿，但是她们竟走得那样快，秀贞还直说：

"快走，快走，赶不上火车了。"

出了椿树胡同，我追不上她们了，手扶着墙，轻轻地喊：

"秀贞！秀贞！妞儿！妞儿！"

远远的有一辆洋车过来了,车旁暗黄的小灯照着秀贞和妞儿的影子,她俩不顾我还在往前跑。秀贞听我喊,回过头来说:"英子,回家吧,我们到了就给你来信,回家吧! 回家吧……"

(《城南旧事》,林海音,当代中国出版社,2004 年版)

思考与练习

1. 本文打破了传统单一的叙事模式,结构更加完整真实,试分析本文的叙事艺术。
2. 秀贞与妞儿最终离开惠安馆去天津了吗? 是什么酿成了这场悲剧?

4 像我这样的一个女子(节选)

西 西

题解

西西(1938 年～),原名张彦,当代香港女作家。在香港现代主义创作大潮中,西西是取得突出成绩的一位,她锐意创新,想象丰富,视野开阔。她的作品多是富有魔幻现实主义色彩和实验性的作品,例如《我城》《肥土镇的故事》。

《像我这样的一个女子》创作于 1982 年,是一部具有写实倾向的作品。这部作品在 1983 年获台湾《联合报》第八届小说奖之联副短篇小说推荐奖,现在它更已成为中国现当代文学中的经典之作。小说运用意识流的手法,通过一名遗体化妆师的内心独白,从惶恐不安到平静坦然的情绪变化过程,向我们展现了社会特殊职业人群的真实内心写照与人际交往生活。作者通过人物内心独白的设置,向读者全方位地展示人物特征与形象,同时又在人物自我独白的过程中和不同人群的对比中,加深其对自身职业、爱情、死亡和勇气的理解,从而逐步完成自我心理的梳理。

像我这样的一个女子,其实是不适宜与任何人恋爱的。但我和夏之间的感情发展到今日这样的地步,使我自己也感到吃惊。我想,我所以会陷入目前的不可自拔的处境,完全是由于命运对我作了残酷的摆布,对于命运,我是没有办法反击的。听人家说,当你真的喜欢一个人,只要静静地坐在一个角落,看着他即使是非常随意的一个微笑,你也会忽然地感到魂飞魄散。对于夏,我的感觉正是这样。所以,当夏问我,你喜欢我吗的时候,我就毫无保留地表达了我的感情。我是一个不懂得保护自己的人,我的举止和语言,都会使我永远成为别人的笑柄。和夏一起坐在咖啡室里的时候,我看来是那么地快乐,但我的心中充满隐忧,我其实是极度地不快乐的,因为我已经预知命运会把我带到什么地方,而那完全是由于我的过错。一开始的时候,我就不应该答应和夏一起到远方去探望一位久别了的同学,而后来,我又没有拒绝和他一起经常看电影。对于这些事情，后悔已经太迟了，而事实上，后悔或者不后悔，分别也变得不太重要。此刻我坐在咖啡室的一角等夏，我答应了带他到我工作的地方去参观，而一切也将在那个时刻结束。当我和夏认识的那个季节，我已经从学校里出来很久了，所以当夏问我是在做事了吗，我就说我已经出外工作许多年了。

那么，你的工作是什么呢？

他问。

替人化妆。

我说。

啊，是化妆。

他说。

但你的脸却是那么朴素。

他说。

他说他是一个不喜欢女子化妆的人，他喜欢朴素的脸容。他所以注意到我的脸上没有任何的化妆，我想，并不是由于我对他的询问提出了答案而引起了联想，而是由于我的脸比一般的人都显得苍白。我的手也是这样。我的双手和我的脸都比一般的人要显得苍白，这是我的工作造成的后果。我知道当我把我的职业说出来的时候，夏就像我曾经有过的其他的每一个朋友一般直接地误解了我的意思。在他的想象中，我的工作是一种为了美化一般女子的容貌的工作，譬如，在婚礼的节日上，为将出嫁的新娘端丽她们的颜面；所以，当我说我的工作并没有假期，即使是星期天也常常是忙碌的，他就更加信以为真了。星期天或者假日，总有那么多的新娘。但我的工作并非为新娘化妆，我的工作是为那些已经没有了生命的人作最后的修饰，使他们在将离人世的最后一刻显得心平气和与温柔。在过往的日子里，我也曾经把我的职业对我的朋友提及，当他们稍有误会时我立刻加以更正辨析，让他们了解我是怎样的一个人，但我的诚实使我失去了几乎所有的朋友，是我使他们害怕了，仿佛坐在他们对面喝着咖啡的我竟也是他们心目中恐惧的幽灵了。这我是不怪他们的，对于生命中不可知的神秘面我们天生就有原始的胆怯。我没有对夏的问题提出答案时加以解释，一则是由于我怕他会因此惊惧，我是不可以再由于自己的奇异职业而使我周遭的朋友感到不安的，这样我将更不能原谅我自己；其次是由于我原是一个不懂得表达自己的意思的人，而且长期以来，我同时习惯了保持沉默。

但你的脸却是那么朴素。

他说。

当夏这样说的时候，我已经知道这就是我们之间感情路上不祥的预兆了。但那时候，夏是那么地快乐，因为我是一个不为自己化妆的女子而快乐，但我的心中充满了忧愁。我不知道，在这个世界上，谁将是为我的脸化妆的一个人，是怡芬姑母吗？我和怡芬姑母一样，我们共同的愿望乃是在我们有生之年，不要为我们自己至爱的亲人化妆。我不知道在不祥的预兆冒升之后，我为什么继续和夏一起常常漫游，也许，我毕竟是一个人，我是没有能力控制自己而终于一步一步走向命运所指引我走的道路上去；对于我的种种行为，我实在无法作出一个合理的解释，我想，人难道不是这样子的吗，人的行为有许多都是令自己也莫名其妙的。

可以参观一下你的工作吗？

夏问。

应该没有问题。

我说。

她们会介意吗？

他问。

恐怕没有一个会介意的。

我说。

夏所以说要参观一下我的工作,是因为每一个星期日的早上我必须回到我的工作的地方去工作,而他在这个日子里并没有任何的事情可以做。他说他愿意陪我上我工作的地方,既然去了,为什么不留下来看看呢。他说他想看看那些新娘和送嫁的女子们热闹的情形,也想看看我怎样把她们打扮得花容月貌,或者化妍为丑。我毫不考虑地答应了。我知道命运已经把我带向起步跑的白线前面,而这注定是必会发生的事情,所以,我在一间小小的咖啡室里等夏来,然后我们一起到我工作的地方去。到了那个地方,一切就会明白了。夏就会知道他一直以为我为他而洒的香水,其实不过是附在我身体上的防腐剂的气味罢了;他也会知道,我常常穿素白的衣服,并不是因为这是我特意追求纯洁的表征,而是为了方便我出入我工作的那个地方。附在我身上的一种奇异的药水气味,已经在我的躯体上蚀骨了,我曾经用过种种的方法把它们驱除,直到后来,我终于放弃了我的努力,我甚至不再闻得那股特殊的气息。夏却是一无所知的,他曾经对我说:你用的是多么奇特的一种香水。但一切不久就会水落石出。我一直是一名能够修理一个典雅发型的技师,我也是个能束一个美丽出色的领结的巧手,但这些又有什么用呢,看我的双手,它们曾为多少沉默不语的人修剪过发髻,又为多少严肃庄重的颈项整理过他们的领结。这双手,夏能容忍我为他理发吗,能容忍我为他细意打一条领带吗? 这样的一双手,本来是温暖的,但在人们的眼中已经变成冰冷,这样的一双手,本来适合怀抱新生的婴儿的,但在人们的眼中已经成接抚骷髅的白骨了。

(《像我这样的一个女子》,西西,广西师范大学出版社,2010 年版)

思考与练习

1. 为什么课文开头写道"像我这样的一个女子,其实是不适宜与任何人恋爱的"?
2. 社会对入殓师有所误解,请你谈谈对入殓师的认识。

5 简·爱(节选)

夏洛蒂·勃朗特

题解

夏洛蒂·勃朗特(1816 年～1855 年),英国女作家。她与两个妹妹,即艾米莉·勃朗特和安妮·勃朗特,在英国文学史上有"勃朗特三姐妹"之称。勃朗特三姐妹生活在荒原的边缘地带,从来都是生活在想象的文学世界,姐姐夏洛蒂的《简·爱》、妹妹安妮的《艾格妮丝·格雷》和艾米莉的《呼啸山庄》在1847年同年出版,震惊当时的英国文坛。

《简·爱》自出版以来,至今已逾170年。在历史的长河里,《简·爱》作为一部经典的文学作品,在世界范围内受到广泛的接受和好评。《简·爱》以带有自传色彩的口吻讲述了女主人公简·爱的人生历程,折射出的爱情主题、女性意识主题、宗教思想主题、殖民主义主题一直受到国内外学者的广泛关注,这一思想的复杂性也反映了其深刻性,彰显了它的思想价值,奠定了它在文学史上不可撼动的地位。

"离开桑菲尔德我很伤心,我爱桑菲尔德——我爱它是因为我在这里过着充实而愉快的生活——至少有一段时间。我没有遭人践踏,也没有弄得古板僵化,没有混迹于志向低下的人之中,也没有被排斥在同光明、健康、高尚的心灵交往的一切机会之外。我已面对面同我所敬重的人、同我所喜欢的人,——同一个独特、活跃、博大的心灵交谈过。我已经熟悉你,罗切斯特先生,硬要让我永远同你分开,使我感到恐惧和痛苦。我看到非分别不可,就像看到非死不可一样。"

"在哪儿看到的呢?"罗切斯特先生猛地问道。

"哪儿?你,先生,已经把这种必要性摆在我面前了。"

"什么样的必要性?"

"就是英格拉姆小姐那模样,一个高尚而漂亮的女人——你的新娘。"

"我的新娘!什么新娘呀?我没有新娘!"

"但你会有的。"

"是的,我会!我会!"他咬紧牙齿。

"那我得走——你自己已经说了。"

"不,你非留下不可!我发誓——我信守誓言。"

"我告诉你我非走不可!"我回驳着,感情很有些冲动。"你难道认为,我会留下来甘愿做一个对你来说无足轻重的人?你以为我是一架机器?——一架没有感情的机器?能够容忍别人把一口面包从我嘴里抢走,把一滴生命之水从我杯子里泼掉?难道就因为我一贫如洗、默默无闻、长相平庸、个子瘦小,就没有灵魂,没有心肠了?——你不是想错了吗?——我的心灵跟你一样丰富,我的心胸跟你一样充实!要是上帝赐予我一点姿色和充足的财富,我会使你同我现在一样难分难舍,我不是根据习俗、常规,甚至也不是血肉之躯同你说话,而是我的灵魂同你的灵魂在对话,就仿佛我们两人穿过坟墓,站在上帝脚下,彼此平等——本来就如此!"

"本来就如此!"罗切斯特先生重复道——"所以,"他补充道,一面用胳膊把我抱住,搂到怀里,把嘴唇贴到我的嘴唇上。"所以是这样,简?"

"是呀,所以是这样,先生,"我回答,"可是并没有这样。因为你已结了婚——或者说无异于结了婚,跟一个远不如你的人结婚——一个跟你并不意气相投的人——我才不相信你真的会爱她,因为我看到过,也听到过你讥笑她。对这样的结合我会表示不屑,所以我比你强——让我走!"

"上哪儿,简?去爱尔兰?"

"是的——去爱尔兰。我已经把心里话都说了,现在上哪儿都行了。"

"简,冷静些,别这样拼命挣扎,像个绝望中的野鸟儿,在疯狂地撕碎自己的羽毛似的。"

"我不是鸟,也没有陷入罗网。我是一个具有独立意志的自由人,现在我要行施自己的意志,离开你。"

我再一挣扎便脱了身,在他跟前昂首而立。

"你的意志可以决定你的命运,"他说。"我把我的手,我的心和我的一份财产都献给你。"

"你在上演一出闹剧,我不过一笑置之。"

"我请求你在我身边度过余生——成为我的另一半,世上最好的伴侣。"

"那种命运,你已经作出了选择,那就应当坚持到底。"

"简,请你平静一会儿,你太激动了,我也会平静下来的。"

一阵风吹过月桂小径,穿过摇曳着的七叶树枝,飘走了——走了——到了天涯海角——消失了。夜莺的歌喉成了这时唯一的声响,听着它我再次哭了起来。罗切斯特先生静静地坐着,和蔼而严肃地瞧着我。过了好一会他才开口。最后他说:"到我身边来,简,让我们解释一下,相互谅解吧。"

"我再也不会回到你身边了,我已经被拉走,不可能回头了。"

"不过,简,我唤你过来做我的妻子,我要娶的是你。"

我没有吭声,心里想他在讥笑我。

"过来,简——到这边来。"

"你的新娘阻挡着我们。"

他站了起来,一个箭步到了我跟前。

"我的新娘在这儿,"他说着,再次把我往身边拉,"因为与我相配的人在这儿,与我相像的人,简,你愿意嫁给我吗?"

我仍然没有回答,仍然要挣脱他,因为我仍然不相信。

"你怀疑我吗,简?"

"绝对怀疑。"

"你不相信我?"

"一点也不信。"

"你看我是个爱说谎的人吗?"他激动地问。"疑神疑鬼的小东西,我一定要使你信服。我同英格拉姆小姐有什么爱可言? 没有,那你是知道的。她对我有什么爱? 没有,我已经想方设法来证实。我放出了谣言,传到她耳朵里,说是我的财产还不到想象中的三分之一,然后我现身说法,亲自去看结果,她和她母亲对我都非常冷淡。我不愿意——也不可能——娶英格拉姆小姐。你——你这古怪的——你这近乎是精灵的家伙——我像爱我自己的肉体一样爱你。你——虽然一贫如洗、默默无闻、个子瘦小、相貌平庸——我请求你把我当作你的丈夫。"

"什么,我!"我猛地叫出声来。出于他的认真,尤其是粗鲁的言行,我开始相信他的诚意了。"我,我这个人除了你,世上没有一个朋友,——如果你是我朋友的话。除了你给我的钱,一个子儿也没有。"

"就是你,简。我得让你属于我——完全属于我。你肯吗? 快说'好'呀。"

"罗切斯特先生,让我瞧瞧你的脸。转到朝月光的一边去。"

"为什么?"

"因为我要细看你的面容,转呀!"

"那儿,你能看到的无非是撕皱了的一页,往下看吧,只不过快些,因为我很不好受。"

他的脸焦急不安,涨得通红,五官在激烈抽动,眼睛射出奇怪的光芒。

"呵,简,你在折磨我!"他大嚷道。"你用那种犀利而慷慨可信的目光瞧着我,你在折磨我!"

"我怎么会呢? 如果你是真的,你的提议也是真的,那么我对你的感情只会是感激和忠心——那就不可能是折磨。"

"感激!"他脱口喊道,并且狂乱地补充道——"简,快接受我吧。说,爱德华——叫我的名字——爱德华,我愿意嫁你。"

"你可当真? ——你真的爱我? ——你真心希望我成为你的妻子?"

"我真的是这样。要是有必要发誓才能使你满意,那我就以此发誓。"

"那么,先生,我愿意嫁给你。"

"叫爱德华——我的小夫人。"

"亲爱的爱德华!"

"到我身边来——完完全全过来。"他说,把他的脸颊贴着我的脸颊,用深沉的语调对着我耳朵补充说,"使我幸福吧——我也会使你幸福。"

"上帝呀,宽恕我吧!"他不久又添了一句,"还有人呀,别干涉我,我得到了她,我要紧紧抓住她。"

"没有人会干涉,先生。我没有亲人来干预。"

"不——那再好不过了。"他说。要是我不是那么爱他,我会认为他的腔调,他狂喜的表情有些粗野。但是我从离别的恶梦中醒来,被赐予天作之合,坐在他身旁,光想着啜饮源源而来的幸福的清泉。他一再问,"你幸福吗,简?"而我一再回答"是的"。随后他咕哝着,"会赎罪的,——会赎罪的。我不是发现她没有朋友,得不到抚慰,受到冷落吗?我不是会保护她,珍爱她,安慰她吗?我心里不是有爱,我的决心不是始终不变吗?那一切会在上帝的法庭上得到赎罪。我知道造物主会准许我的所作所为。至于世间的评判——我不去理睬。别人的意见——我断然拒绝。"

可是,夜晚发生什么变化了?月亮还没有下沉,我们已全湮没在阴影之中了。虽然主人离我近在咫尺,但我几乎看不清他的脸。七叶树受了什么病痛的折磨?它扭动着,呻吟着,狂风在月桂树小径咆哮,直向我们扑来。

(《简·爱》,[英]夏洛蒂·勃朗特,吴钧燮译,人民文学出版社,1990年版)

思考与练习

1. 你认为夏洛蒂·勃朗特所塑造的简·爱是一个什么样的女性?

2. 通过对简·爱这一形象的塑造,折射出作者怎样的爱情观?

「第六单元」

千古兴亡多少事

镇江，在历史上曾是英雄用武和建功立业之地，八百多年前，却成了与金人对垒的第二道防线。任职镇江知府的辛弃疾，每当登临镇江北固亭时，触景生情，不禁大声疾呼：何处望神州？满眼风光北固楼。千古兴亡多少事？悠悠。不尽长江滚滚流。

一句"千古兴亡多少事"，道尽了文人墨客的喟叹、英雄豪杰的悲情。拂去历史的烟尘，一幕幕家国兴亡的大剧从未落幕。

大江东去浪淘尽，千古风流人物。从东周都城洛邑周边有感于家国兴亡的《黍离》，南唐后主被囚汴京的亡国之泪，北宋苏东坡赤壁怀古的"一樽还酹江月"，到余秋雨长途跋涉的"文化苦旅"，历史从来都不会因为你的或同情，或怜悯，或感叹，或遗憾而停下绝尘离去的脚步。

我们需要做的，唯有翻开那一页页尚有余温的历史书册，再一次慢慢品读。

1 国风·王风·黍离

题解

《诗经》是中国最早的一部诗歌总集，原称"诗"或"诗三百"，收集了西周初年至春秋中叶(公元前11世纪至公元前6世纪)的诗歌，共305篇，反映了周初至周晚期约500年间的社会面貌，是周代社会生活的一面镜子，被誉为古代社会的人生百科全书。依据音乐特点，《诗经》分风、雅、颂三部分；赋、比、兴是《诗经》常用的三种表现手法。

《国风·王风·黍离》是东周都城洛邑周边地区的民歌，是一首有感于家国兴亡的诗歌。全诗三章，每章十句。此诗由物及情，寓情于景，情景相谐，在空灵抽象的情境中传递出闵意情怀，蕴含着主人公绵绵不尽的故国之思和凄怆无已之情。《毛诗序》："黍离，闵宗周也。周大夫行役，至于宗周，过故宗庙宫室，尽为禾黍。闵周室之颠覆，彷徨不忍去，而作是诗也。"

彼黍离离[1]，彼稷[2]之苗。行迈靡靡[3]，中心摇摇[4]。知我者，谓我心忧，不知我者，谓我何求。悠悠[5]苍天！此何人哉？

彼黍离离，彼稷之穗。行迈靡靡，中心如醉[6]。知我者，谓我心忧，不知我者，谓我何求。悠悠苍天！此何人哉？

彼黍离离，彼稷之实。行迈靡靡，中心如噎[7]。知我者，谓我心忧，不知我者，谓我何求。悠悠苍天！此何人哉？

(《十三经注疏》，阮元，中华书局，1980年版)

思考与练习

1. 诗中"知我者，谓我心忧，不知我者，谓我何求"有何意义？你是如何理解的？
2. 试分析和体会"悠悠苍天，此何人哉"在诗中的表达效果。

---

[1] 黍：北方的一种农作物，形似小米，有黏性。离离：行列。
[2] 稷：古代一种粮食作物，指粟或黍属。
[3] 行迈：行走。靡靡：行步迟缓。
[4] 中心：心中。摇摇：心神不定的样子。
[5] 悠悠：遥远的样子。
[6] 行迈靡靡，中心如醉：讲的是一位周朝的大夫路过故宫，看见满目衰败景象时的心情。这位大夫经过的故宫指的是今天的西安。
[7] 噎：堵塞。此处以食物卡在食管比喻忧深气逆难以呼吸。

2 浪淘沙令[1]（帘外雨潺潺）

李　煜

题解

李煜(937年～978年)，字重光，号钟隐，别号莲峰居士，南唐中主李璟第六子，祖籍彭城(今江苏徐州)，南唐最后一位国君。开宝八年(975年)，宋军攻破金陵，李煜被迫降宋，被俘至汴京(今河南开封)，封为右千牛卫上将军、违命侯。太平兴国三年(978年)，李煜死于汴京，世称南唐后主、李后主。李煜精书法、工绘画、通音律，诗文均有一定造诣，尤以词的成就最高，在晚唐五代词中别树一帜，对后世词坛影响深远，被称为"千古词帝"。有代表作《虞美人》《浪淘沙》《乌夜啼》等词。

《浪淘沙令》(帘外雨潺潺)这首词作于李煜被囚汴京期间，抒发了其由天子降为臣虏后难以排遣的失落感，以及对南唐故国故都的深切眷念。全词情真意切、哀婉动人，深刻地表现了词人的亡国之痛和囚徒之悲，生动地刻画了一个亡国之君的艺术形象。

帘外雨潺潺[2]，春意阑珊[3]。罗衾[4]不耐[5]五更寒。梦里不知身是客[6]，一晌[7]贪欢[8]。
独自莫凭栏[9]，无限江山[10]。别时容易见时难。流水落花春去也，天上人间。

（《李璟李煜词校注》，詹安泰，上海古籍出版社，2015年版）

思考与练习

1. 试分析"帘外雨潺潺，春意阑珊"所传达出来的神韵。
2. 概括"梦里不知身是客，一晌贪欢"的表达作用。

---

[1] 此词原为唐教坊曲，又名"卖花声"等。唐人多用七言绝句入曲，南唐李煜始演为长短句。双调，五十四字(宋人有稍作增减者)，平韵，此调又由柳永、周邦彦演为长调"浪淘沙漫"，是别格。
[2] 潺潺：形容雨声。
[3] 阑珊：衰残。一作"将阑"。
[4] 罗衾：绸被子。
[5] 不耐：受不了。一作"不暖"。
[6] 身是客：指被拘汴京，形同囚徒。
[7] 一晌：一会儿，片刻。一作"饷"。
[8] 贪欢：指贪恋梦境中的欢乐。
[9] 凭栏：靠着栏杆。
[10] 江山：指南唐河山。

3 念奴娇·赤壁怀古 [1]

苏 轼

题解

苏轼(1037年～1101年),字子瞻,号东坡居士,世称苏东坡。北宋眉州眉山(今四川省眉山市)人,祖籍河北栾城,北宋著名文学家、书法家、画家。苏轼是宋代文学最高成就的代表,并在诗、词、散文、书、画等方面取得了很高的成就。其诗题材广阔,清新豪健,善用夸张比喻,独具风格,与黄庭坚并称"苏黄";其词开豪放一派,与辛弃疾同是豪放派代表,并称"苏辛";其散文著述宏富,豪放自如,与欧阳修并称"欧苏",为"唐宋八大家"之一。苏轼亦善书,为"宋四家"之一。有《东坡七集》《东坡易传》《东坡乐府》等传世。

《念奴娇·赤壁怀古》借古抒怀,雄浑苍凉,大气磅礴,笔力道劲,境界宏阔,将写景、咏史、抒情融为一体,给人以撼魂荡魄的艺术力量,曾被誉为"古今绝唱"。

大江[2]东去,浪淘[3]尽、千古风流人物[4]。故垒[5]西边,人道是,三国周郎[6]赤壁。乱石穿空,惊涛拍岸,卷起千堆雪[7]。江山如画,一时多少豪杰。

遥想[8]公瑾当年,小乔初嫁了[9],雄姿英发[10]。羽扇纶巾[11],谈笑间,樯橹[12]灰飞烟灭。故国神游[13],多情应笑我,早生华发[14]。人生如梦,一尊还酹江月[15]。

(《苏东坡词全编》,曾枣庄,四川文艺出版社,2007年版)

〔1〕 念奴娇:词牌名。又名"百字令""酹江月"等。赤壁:此指黄州赤壁,一名"赤鼻矶",在今湖北黄冈西。而三国古战场的赤壁,文化界认为在今湖北赤壁市蒲圻县西北。
〔2〕 大江:指长江。
〔3〕 淘:冲洗,冲刷。
〔4〕 风流人物:指杰出的历史名人。
〔5〕 故垒:过去遗留下来的营垒。
〔6〕 周郎:指三国时吴国名将周瑜,字公瑾,少年得志,二十四为中郎将,掌管东吴重兵,吴中皆呼为"周郎"。下文中的"公瑾",即指周瑜。
〔7〕 雪:比喻浪花。
〔8〕 遥想:形容想得很远,回忆。
〔9〕 小乔初嫁了:《三国志·吴志·周瑜传》载,周瑜从孙策攻皖,得桥公两女,皆国色也。策自纳大桥,瑜纳小桥。"乔",本作"桥"。其时距赤壁之战已经十年,此处言"初嫁",是言其少年得意,倜傥风流。
〔10〕 雄姿英发:谓周瑜体貌不凡,言谈卓绝。英发:谈吐不凡,见识卓越。
〔11〕 羽扇纶巾:古代儒将的便装打扮。羽扇:羽毛制成的扇子。纶巾:青丝制成的头巾。
〔12〕 樯橹:这里代指曹操的水军战船。樯:挂帆的桅杆。橹:一种摇船的桨。"樯橹"一作"强虏",又作"樯橹"。《宋集珍本丛刊》之《东坡乐府》,元延祐刻本,作"强虏"。延祐本原藏杨氏海源阁,历经季振宜、顾广圻、黄丕烈等名家收藏,卷首有黄丕烈题词,述其源流甚详,实今传各版之祖。
〔13〕 故国神游:"神游故国"的倒文。故国:这里指旧地,当年的赤壁战场。神游:于想象、梦境中游历。
〔14〕 多情应笑我,早生华发:"应笑我多情,早生华发"的倒文。华发:花白的头发。
〔15〕 一尊还酹江月:古人以酒浇在地上祭奠。这里指洒酒酬月,寄托自己的感情。尊:通"樽",酒杯。

思考与练习

1. 词的上阕写景,写出了赤壁景色的哪些特点?
2. 这首词主要运用了怎样的写作手法,抒发了作者怎样的思想感情?

4 道士塔

余秋雨

题解

余秋雨(1946 年～),浙江余姚人,我国当代著名艺术理论家、文化史学者、散文家,以其独特而又深刻的历史文化散文享誉文坛。曾任上海戏剧学院院长、教授,上海写作学会会长。主要著作有《戏剧理论史稿》《艺术创造工程》《文化苦旅》《文明的碎片》《秋雨散文》《山居笔记》等。

余秋雨打破了传统散文的束缚,创造了新的意与思相结合的文化散文,借山水风物、区域历史,来寻求中国文化的巨大内涵与意蕴,以及人格的构成与人生的真谛。他用冰冷的手笔但并不冰冷的文字将地理写成了历史,将历史写成了文学,又将文学写成了最最直白的感受(曾一《余味:跟随余秋雨品中国文化》语)。

一

莫高窟大门外,有一条河,过河有一溜空地,高高低低建着几座僧人圆寂塔。塔呈圆形,状近葫芦,外敷白色。从几座坍弛的来看,塔心竖一木桩,四周以黄泥塑成,基座垒以青砖。历来住持莫高窟的僧侣都不富裕,从这里也可找见证明。夕阳西下,朔风凛冽,这个破落的塔群更显得悲凉。

有一座塔,由于修建年代较近,保存得较为完整。塔身有碑文,移步读去,猛然一惊,它的主人,竟然就是那个王圆箓!

历史已有记载,他是敦煌石窟的罪人。

我见过他的照片,穿着土布棉衣,目光呆滞,畏畏缩缩,是那个时代到处可以遇见的一个中国平民。他原是湖北麻城的农民,逃荒到甘肃,做了道士。几经周折,不幸由他当了莫高窟的家,把持着中国古代最灿烂的文化。他从外国冒险家手里接过极少的钱财,让他们把难以计数的敦煌文物一箱箱运走。今天,敦煌研究院的专家们只得一次次屈辱地从外国博物馆买取敦煌文献的微缩胶卷,叹息一声,走到放大机前。

完全可以把愤怒的洪水向他倾泻。但是,他太卑微,太渺小,太愚昧,最大的倾泻也只是对牛弹琴,换得一个漠然的表情。让他这具无知的躯体全然肩起这笔文化重债,连我们也会觉得无聊。

这是一个巨大的民族悲剧。王道士只是这出悲剧中错步上前的小丑。一位年轻诗人写道,那天傍晚,当冒险家斯坦因装满箱子的一队牛车正要启程,他回头看了一眼西天凄艳的晚霞。那里,一个古老民族的伤口在滴血。

<h1 style="text-align:center">二</h1>

真不知道一个堂堂佛教圣地,怎么会让一个道士来看管。中国的文官都到哪里去了,他们滔滔的奏折怎么从不提一句敦煌的事由?

其时已是20世纪初年,欧美的艺术家正在酝酿着新世纪的突破。罗丹正在他的工作室里雕塑,雷诺阿、德加、塞尚已处于创作晚期,马奈早就展出过他的《草地上的午餐》。他们中有人已向东方艺术家投来羡慕的眼光,而敦煌艺术,正在王道士手上。

王道士每天起得很早,喜欢到洞窟里转转,就像一个老农,看看他的宅院。他对洞窟里的壁画有点不满,暗乎乎的,看着有点眼花。亮堂一点多好呢,他找了两个帮手,拎来一桶石灰。草扎的刷子装上一个长把,在石灰桶里蘸一蘸,开始他的粉刷。第一遍石灰刷得太薄,五颜六色还隐隐显现,农民做事就讲个认真,他再细细刷上第二遍。这儿空气干燥,一会儿石灰已经干透。什么也没有了,唐代的笑容,宋代的衣冠,洞中成了一片净白。道士擦了一把汗憨厚地一笑,顺便打听了一下石灰的市价。他算来算去,觉得暂时没有必要把更多的洞窟刷白,就刷这几个吧,他达观地放下了刷把。

当几面洞壁全都刷白,中座的雕塑就显得过分惹眼。在一个干干净净的农舍里,她们婀娜的体态过于招摇,她们柔柔的浅笑有点尴尬。道士想起了自己的身份,一个道士,何不在这里搞上几个天师、灵官菩萨?他吩咐帮手去借几个铁锤,让原先几座雕塑委屈一下。事情干得不赖,才几下,婀娜的体态变成碎片,柔美的浅笑变成了泥巴。听说邻村有几个泥匠,请了来,拌点泥,开始堆塑他的天师和灵官。泥匠说从没干过这种活计,道士安慰道,不妨,有那点意思就成。于是,像顽童堆造雪人,这里是鼻子,这里是手脚,总算也能稳稳坐住。行了,再拿石灰,把他们刷白。画一双眼,还有胡子,像模像样。道士吐了一口气,谢过几个泥匠,再作下一步筹划。

今天我走进这几个洞窟,对着惨白的墙壁、惨白的怪像,脑中也是一片惨白。我几乎不会言动,眼前直晃动着那些刷把和铁锤。"住手!"我在心底痛苦地呼喊,只见王道士转过脸来,满眼迷惑不解。是啊,他在整理他的宅院,闲人何必喧哗?我甚至想向他跪下,低声求他:"请等一等,等一等……"但是等什么呢?我脑中依然一片惨白。

<h1 style="text-align:center">三</h1>

1900年5月26日清晨,王道士依然早起,辛辛苦苦地清除着一个洞窟中的积沙。没想到墙壁一震,裂开一条缝,里边似乎还有一个隐藏的洞穴。王道士有点奇怪,急忙把洞穴打开,呵,满满实实一洞的古物!

王道士完全不能明白,这天早晨,他打开了一扇轰动世界的门户。一门永久性的学问,将靠着这个洞穴建立。无数才华横溢的学者,将为这个洞穴耗尽终生。中国的荣耀和耻辱,将由这个洞穴吞吐。

现在，他正衔着旱烟管，扒在洞窟里随手翻检。他当然看不懂这些东西，只是觉得事情有点蹊跷。为何正好我在这儿时墙壁裂缝了呢？或许是神对我的酬劳。趁下次到县城，捡了几个经卷给县长看看，顺便说说这桩奇事。

县长是个文官，稍稍掂出了事情的分量。不久甘肃学台叶炽昌也知道了，他是金石专家，懂得洞窟的价值，建议藩台把这些文物运到省城保管。但是东西很多，运费不低，官僚们又犹豫了。只有王道士一次次随手取一点出来的文物，在官场上送来送去。

中国是穷，但只要看看这些官僚豪华的生活排场，就知道绝不会穷到筹不出这笔运费。中国官员也不是没有学问，他们也已在窗明几净的书房里翻动出土经卷，推测着书写朝代了。但他们没有那付赤肠，下个决心，把祖国的遗产好好保护一下。他们文雅地摸着胡须，吩咐手下："什么时候，叫那个王道士再送几件来！"已得的几件，包装一下，算是送给哪位京官的生日礼品。

就在这时，欧美的学者、汉学家、考古家、冒险家，却不远万里、风餐露宿，朝敦煌赶来。他们愿意变卖自己的全部财产，充作偷运一两件文物回去的路费。他们愿意吃苦，愿意冒着葬身沙漠的危险，甚至作好了被打、被杀的准备，朝这个刚刚打开的洞窟赶来。他们在沙漠里燃起了股股炊烟，而中国官员的客厅里，也正茶香缕缕。

没有任何关卡，没有任何手续，外国人直接走到了那个洞窟跟前。洞窟砌了一道砖、上了一把锁，钥匙挂在了王道士的裤腰带上。外国人未免有点遗憾，他们万里冲刺的最后一站，没有遇到森严的文物保护官邸，没有碰见冷漠的博物馆馆长，甚至没有遇到看守和门卫，一切的一切，竟是这个肮脏的王道士。他们只得幽默地耸耸肩。

略略交谈几句，就知道了道士的品位。原先设想好的种种方案纯属多余，道士要的只是一笔最轻松的小买卖。就像用两枚针换一只鸡，一颗纽扣换一篮青菜。要详细地复述这笔交换账，也许我的笔会不太沉稳，我只能简略地说：1905年10月，俄国人勃奥鲁切夫用一点点随身带着的俄国商品，换取了一大批文书经卷；1907年5月，匈牙利人斯坦因用一叠银元换取了24大箱经卷、5箱织绢和绘画；1908年7月，法国人伯希和又用少量银元换去了10大车、6 000多卷写本和画卷；1911年10月，日本人吉川小一郎和橘瑞超用难以想象的低价换取了300多卷写本和两尊唐塑；1914年，斯坦因第二次又来，仍用一点银元换去5大箱、600多卷经卷……

道士也有过犹豫，怕这样会得罪了神。解除这种犹豫十分简单，那个斯坦因就哄他说，自己十分崇拜唐僧，这次是倒溯着唐僧的脚印，从印度到中国取经来了。好，既然是洋唐僧，那就取走吧，王道士爽快地打开了门。这里不用任何外交辞令，只需要几句现编的童话。

一箱子，又一箱子。一大车，又一大车。都装好了，扎紧了，呀——，车队出发了。

没有走向省城，因为老爷早就说过，没有运费。好吧，那就运到伦敦，运到巴黎，运到彼得堡，运到东京。

王道士频频点头，深深鞠躬，还送出一程。他恭敬地称斯坦因为"司大人讳代诺"，称伯希和为"贝大人讳希和"。他的口袋里有了一些沉甸甸的银元，这是平常化缘很难得到的。他依依惜别，感谢司大人、贝大人的"布施"。车队已经驶远，他还站在路口。沙漠上，两道深深的车辙。

斯坦因他们回到国外，受到了热烈的欢迎。他们的学术报告和探险报告，时时激起如雷的掌声。他们在叙述中常常提到古怪的王道士，让外国听众感到，从这么一个蠢人手中抢救出这笔遗产，是多么重要。他们不断暗示，是他们的长途跋涉，使敦煌文献从黑暗走向光明。

他们是富有实干精神的学者，在学术上，我可以佩服他们。但是，他们的论述中遗忘了一些极基本的前提。出来辩驳为时已晚，我心头浮现出一个当代中国青年的几行诗句，那是他写给火烧圆明园的额尔金勋爵的：

我好恨

恨我没早生一个世纪

使我能与你对视着站立在

阴森幽暗的古堡

晨光微露的旷野

要么我拾起你扔下的白手套

要么你接住我甩过去的剑

要么你我各乘一匹战马

远远离开遮天的帅旗

离开如云的战阵

决胜负于城下

对于这批学者,这些诗句或许太硬。但我确实想用这种方式,拦住他们的车队。对视着,站立在沙漠里。他们会说,你们无力研究;那么好,先找一个地方,坐下来,比比学问高低。什么都成,就是不能这么悄悄地运走祖先给我们的遗赠。

我不禁又叹息了,要是车队果真被我拦下来了,然后怎么办呢?我只得送缴当时的京城,运费姑且不计。但当时,洞窟文献不是确也有一批送京的吗?其情景是,没装木箱,只用席子乱捆,沿途官员伸手进去就取走一把,在哪儿歇脚又得留下几捆,结果,到京城已零零落落,不成样子。

偌大的中国,竟存不下几卷经文!比之于被官员大量糟践的情景,我有时甚至想狠心说一句:宁肯存放于伦敦博物馆里!这句话终究说得不太舒心。被我拦住的车队,究竟应该驶向哪里?这里也难,那里也难,我只能让它停驻在沙漠里,然后大哭一场。

我好恨!

四

不止是我在恨。敦煌研究院的专家们,比我恨得还狠。他们不愿意抒发感情,只是铁板着脸,一钻几十年,研究敦煌文献。文献的胶卷可以从外国买来,越是屈辱越是加紧钻研。

我去时,一次敦煌学国际学术讨论会正在莫高窟举行。几天会罢,一位日本学者用沉重的声调作了一个说明:"我想纠正一个过去的说法。这几年的成果已经表明,敦煌在中国,敦煌学也在中国!"

中国的专家没有太大的激动,他们默默地离开了会场,走过了王道士的圆寂塔前。

(《文化苦旅》,余秋雨,东方出版中心,2002年版)

思考与练习

1. 分析文中"王道士"的人物形象。
2. "他们的论述中遗忘了一些极基本的前提",这些"极基本的前提"是什么?

「第七单元」

是非成败转头空

　　生死问题是一个不可回避的问题,也是人类的终极关怀问题。对于死亡的空洞、死亡的未知、死亡的无解,无人不感到困惑,无人不感到迷茫。生死这一千古谜题牵动着万千世人的心,也成为古往今来、古今中外的名人大师驻足停留、苦思冥想的关注点。为了破解这一世界难题,探寻这一未知领域,让世人从如醉方醒的漩涡中解脱出来,庄子提出了生死幻化、物我两忘的"物化观";波德莱尔认为死是生之延续,是另一种"新生",正如古希腊圣贤苏格拉底在临终前所说——"有绝大理由相信死亡是件好事",从而告诫世人:死亡不足惧,死亡不应畏。

　　死亡既是人生的必经阶段,那么"如何活着? 为什么活着? 如何看待生命? 生命的意义何在?"便是值得我们不断追寻的远方,不断叩问的内心。"没有比活着更美好的事,也没有比活着更艰难的事!"人生而在世,短短数十年。唯有断恶修善、奋力前行、完善自我,才能不枉人间一走,不负世人所托。老子的辩证法思想、孔子的"君子"论和契诃夫的人性探究无不在给予我们生之指导,通过前人千百年来沉积下来的智慧,指引我们现世的生活,让我们在有限的生命长河中彰显出无限的人生价值,站在前人的肩膀上让生命之光大放异彩,让生命之火熊熊燃烧,点燃生之希望,驱散死之恐惧。

　　"生是偶然,死是必然"——与其恐惧、逃避死亡,倒不如先想明白,怎样才算活着。或许我们每个人,都要努力去爱,去珍惜,去好好活着。

1 老子(节选)

题解

老子(约公元前600年~公元前470年),原名李耳,字伯阳,春秋时代的哲学家和思想家,道家学派创始人。著有《道德经》存世,其学说对中国哲学发展具有深刻影响。

《道德经》又称《道德真经》《老子》《五千言》《老子五千文》,是道家哲学思想的重要来源。《道德经》分上下两篇,《道经》37章在前,第38章之后为《德经》,共81章,是中国历史上首部完整的哲学著作。文本以哲学意义之"道德"为纲宗,论述修身、治国、用兵、养生之道,而多以政治为旨归,乃所谓"内圣外王"之学,文意深奥,包涵广博,被华夏先辈誉为"万经之王"。据联合国教科文组织统计,《道德经》是除了《圣经》以外被译成外国文字发行量最多的文化名著。本文节选了最能代表老子思想的5章。

天下皆知美之为美,斯恶矣;皆知善之为善,斯不善矣。故有无相生,难易相成,长短相形,高下相倾,音声相和,前后相随[1]。是以圣人处[2]无为之事,行不言之教[3]。(《老子》第2章)

上善[4]若水。水善利万物而不争,处众人之所恶[5],故几[6]于道。居善地[7],心善渊[8],与善仁,言善信[9],正[10]善治,事善能,动善时。夫唯不争,故无尤[11]。(《老子》第8章)

曲则全,枉则直,洼则盈,敝则新,少则得,多则惑[12]。是以圣人抱一为天下式[13]。不自见,故明;不自是,故彰;不自伐,故有功;不自矜[14],故长[15]。夫唯[16]不争,故天下莫能与之争。(《老子》第22章)

其政闷闷[17],其民淳淳[18]。其政察察[19],其民缺缺[20]。祸兮福之所倚,福兮祸之所伏。孰知其

---

〔1〕 故有无相生,难易相成,长短相形,高下相倾,音声相和,前后相随:所以有和无是相互依存的,难和易是相互促成的,长和短互为比较,高和下互为方向,声响和回音相呼应,前边与后边相伴随。
〔2〕 处:做,处理。
〔3〕 教:教导、教训、教育,说教。
〔4〕 上善:不是一般的善,最好的善。
〔5〕 处众人之所恶:即居处于众人所不愿去的地方。
〔6〕 几:接近。
〔7〕 地:天高地下,至下谓之地。
〔8〕 渊:沉静的深水,注焉而不满,酌焉而不竭。
〔9〕 信:河水汛期即至,叫作信水。这里指人说话要有诚信。
〔10〕 正:同"政"。
〔11〕 尤:过失,差错。
〔12〕 曲则全,枉则直,洼则盈,敝则新,少则得,多则惑:委屈反而可以保全,弯曲反而可以伸直,低下反而可以盈满,破旧反而可以更新,少了反而可以得到,多了反而变得疑惑。
〔13〕 圣人抱一为天下式:圣人以"一"为观察天下万物的工具。一:这里指老子所说的"道"。式:模式,法则。
〔14〕 矜:矜持。
〔15〕 长:领导者。
〔16〕 唯:原因,因为。
〔17〕 闷闷:昏昏昧昧的状态,有宽厚的意思。
〔18〕 淳淳:淳朴厚道。
〔19〕 察察:严厉、苛刻。
〔20〕 缺缺:狡黠,抱怨,不满足之意。

极,其无正〔1〕。正复为奇,善复为妖〔2〕。人之迷其日固久〔3〕。是以圣人方而不割,廉而不刿,直而不肆,光而不耀〔4〕。(《老子》第 58 章)

图难于其易〔5〕,为大于其细〔6〕。天下难事必作〔7〕于易;天下大事必作于细。是以圣人终不为大,故能成其大。(《老子》第 63 章)

(《老子注译及评介》,陈鼓应,中华书局,2009 年版)

思考与练习

1. 试论述老子思想中的辩证法思想。
2. 结合实际,谈谈你对"天下难事必作于易,天下大事必作于细"的理解。

2 庄子(节选)

庄　子

题解

　　庄子(约公元前 369 年～公元前 286 年),原名庄周,字子休,东周战国中期著名的思想家、哲学家和文学家,先秦庄子学派的创始人,是继老子之后,战国时期道家学派的代表人物,与老子哲学并称为"老庄哲学"。庄子的想象力极为丰富,语言功底深厚,灵活多变,擅长把一些微妙难言的哲理说得引人入胜。他的作品被称为"文学的哲学,哲学的文学"。

　　《庄子》又名《南华经》,与《老子》《周易》合称"三玄",反映了庄子的批判哲学、艺术、美学、审美观,涉及政治、社会等诸多方面。对于死亡之后的漆黑,无人会不感到困惑恐惧,但在庄子看来,死亡是生命中不可缺少的一部分,是由于气之散,不过是一种"物化"。生死完全是一种相对的幻灭现象。人的初始本来就是没有形体的,而形体的形成以至于复归消解,这一变化过程实在是不足悲的。

〔1〕　正:标准、确定。
〔2〕　正复为奇,善复为妖:正的变为邪的,善的变成恶的。正:方正、端正。奇:反常、邪。善:善良。妖:邪恶。
〔3〕　人之迷其日固久:人的迷惑于祸、福之门,而不知其循环相生之理者,其为时日必已久矣。
〔4〕　方而不割,廉而不刿,直而不肆,光而不耀:方正而不割伤人,锐利而不伤害人,直率而不放肆,光亮而不刺眼。
〔5〕　图难于其易:打算克服困难,要在它还容易的时候着手。
〔6〕　为大于其细:实现伟大的事业,要在它还微小的时候入手。
〔7〕　作:开始。

一

　　物无非彼，物无非是[1]。自彼则不见，自是[2]则知之。故曰：彼出于是，是亦因彼。彼是方生[3]之说也。虽然，方生方死，方死方生[4]；方可方不可[5]，方不可方可；因是因非，因非因是[6]。是以圣人不由而照之于天[7]，亦因是也。是亦彼也，彼亦是也。彼亦一是非，此亦一是非，果且有彼是乎哉？果且无彼是乎哉？彼是莫得其偶[8]，谓之道枢[9]。枢始得其环中[10]，以应无穷。是亦一无穷，非亦一无穷也。故曰：莫若以明。

二

　　庄子妻死，惠子吊之，庄子则方箕踞鼓盆而歌[11]。惠子曰："与人居，长子老身[12]，死不哭亦足矣，又鼓盆而歌，不亦甚乎！"

　　庄子曰："不然。是其始死也[13]，我独何能无概[14]然！察其始而本无生[15]，非徒无生也而本无形，非徒无形也而本无气。杂乎芒芴[16]之间，变而有气，气变而有形，形变而有生，今又变而之死，是相与为春秋冬夏四时行也。人且偃然寝于巨室[17]，而我噭噭然[18]随而哭之，自以为不通乎命，故止也。"

三

　　昔者庄周梦为胡蝶，栩栩[19]然胡蝶也，自喻适志与[20]，不知周也。俄然觉，则蘧蘧然[21]周也。不

---

〔1〕是：此。下同。
〔2〕自是：原作"自知"，依严灵峰说改。
〔3〕方生：并生，指彼与此的概念相依相对一起产生。
〔4〕方生方死，方死方生：这是惠施的命题，揭示了生与死的对立统一关系，认为事物是可以互相转化的。但在论述中忽略了事物发展过程中的相对稳定性和转化的必要条件，因而带有较大的局限性。
〔5〕可：即"是"。不可：即"非"。
〔6〕因是因非，因非因是：对的就任它对，错的也任它错，对的错的都不计较。
〔7〕不由：指不取彼此是非之途。天：自然。
〔8〕偶：匹偶，指对立关系。
〔9〕道枢：道的枢纽，道的关键。
〔10〕环中：指环圈。
〔11〕箕踞：盘腿而坐，其形如簸箕，故而得名，古人是屈膝跪地，臀部坐在脚跟上，为标准坐态。盘腿而坐是比较随便的坐式。鼓盆：敲击瓦盆作歌唱之拍节。
〔12〕长子老身：倒装句式，孩子长大，身体老迈。
〔13〕是：此，指庄子之妻。始死：刚刚死的时候。
〔14〕概：意为慨，慨叹、哀伤之意。
〔15〕无生：未曾生。庄子认为生死不过是物象幻化，本没有什么分别，生也是未曾生。
〔16〕杂乎芒芴：一种恍惚迷离、亦真亦幻的神秘状态，是从无到有转化的中间环节，也是天地万物的起点。
〔17〕且：假如。偃然：安息的样子。巨室：比喻天地之间。
〔18〕噭噭然：哀哭声。
〔19〕栩栩：形容轻盈畅快的样子。一本作"翩翩"，形容蝴蝶飞来飞去的样子。
〔20〕喻：晓，觉得。适志：快意。与：通"欤"。
〔21〕蘧蘧然：僵直的样子。一说悠然自得的样子。

知周之梦为胡蝶与？胡蝶之梦为周与？周与胡蝶，则必有分矣。此之谓物化〔1〕。

（《庄子》，庄子，中华书局，2007 年版）

思考与练习

1. 简要阐释庄子的物化观。
2. 谈谈庄子对于生死的悬解。

3 论语（节选）

孔 子

题解

孔子（约公元前 551 年～公元前 479 年），原名孔丘，字仲尼，我国古代著名思想家、教育家、政治家，他兴办私学，倡导仁、义、礼、智、信，是儒家学派创始人，晚年修订六经。相传他有弟子三千，其中贤人七十二。被后世统治者尊为孔圣人、至圣、至圣先师、万世师表。其儒家思想对中国和世界都有深远的影响，孔子被列为"世界十大文化名人"之首。

《论语》是由孔子弟子及再传弟子编写而成，主要记录孔子及其弟子的言行，较为集中地反映了孔子的思想，是儒家学派的经典著作之一。在《论语》中，孔子多次提到君子。可以说《论语》就是围绕着对"君子"的推崇和称颂而展开的。

子曰："富而〔2〕可求也，虽执鞭之士〔3〕，吾亦为之。如不可求，从吾所好。"（《论语·述而》）

子曰："饭疏食〔4〕饮水〔5〕，曲肱〔6〕而枕〔7〕之，乐亦在其中矣。不义而富且贵，于我如浮云。"（《论语·述而》）

---

〔1〕 物化：万物浑然同化，指物我及人我达到无差别的境界。
〔2〕 而：用法同"如"，假设连词。但是用在句中的多，即有用在句首的，那句也多半和上一句有密切的关联，独立地用在句首的极少见。
〔3〕 执鞭之士：根据周礼，有两种人拿着皮鞭，一种是古代天子以及诸侯出入之时，有二至八人拿着皮鞭使行路之人让道。一种是市场的守门人，手执皮鞭来维持秩序。这里讲的是求财，市场是财富所聚集之处，因此译为"市场的守门卒"。
〔4〕 疏食：有两个解释——（甲）粗粮。古代以稻粱为细粮，以稷为粗粮。（乙）糙米。
〔5〕 水：古代常以"汤"和"水"对言，"汤"的意义是热水，"水"就是冷水。
〔6〕 肱：音宫，胳膊。
〔7〕 枕：这里用作动词，旧读去声。

子曰:"富与贵,是人之所欲也;不以其道得之,不处也。贫与贱,是人之所恶也;不以其道得之〔1〕,不去也。君子去仁,恶乎〔2〕成名?君子无终食之间违〔3〕仁,造次必于是,颠沛必于是。"(《论语·里仁》)

在陈绝粮,从者病,莫能兴。子路愠见曰:"君子亦有穷乎?"子曰:"君子固穷,小人穷斯滥矣。"(《论语·卫灵公》)

子曰:"君子周而不比〔4〕,小人比而不周。"(《论语·为政》)

子曰:"君子和而不同,小人同而不和〔5〕。"(《论语·子路》)

子曰:"君子矜而不争,群而不党〔6〕。"(《论语·卫灵公》)

子曰:"君子成人之美,不成人之恶。小人反是。"(《论语·颜渊》)

子贡问曰:"何如斯可谓之士矣?"子曰:"行己有耻,使于四方,不辱君命,可谓士矣。"

曰:"敢问其次。"曰:"宗族称孝焉,乡党称弟焉。"

曰:"敢问其次。"曰:"言必信,行必果,硁硁然小人哉!——抑亦可以为次矣。"

曰:"今之从政者何如?"子曰:"噫!斗筲之人〔7〕,何足算也?"(《论语·子路》)

子曰:"君子贞〔8〕而不谅。"(《论语·卫灵公》)

子贡曰:"管仲非仁者与?桓公杀公子纠,不能死,又相之。"子曰:"管仲相桓公,霸诸侯,一匡天下,民到于今受其赐。微〔9〕管仲,吾其被〔10〕发左衽矣。岂若匹夫匹妇之为谅也,自经〔11〕于沟渎而莫之知也?"(《论语·宪问》)

子路曰:"桓公杀公子纠,召忽死之,管仲不死〔12〕。"曰:"未仁乎?"子曰:"桓公九合〔13〕诸侯,不以兵车,管仲之力也。如其仁,如其仁。"(《论语·宪问》)

有子曰:"信近于义,言可复〔14〕也。恭近于礼,远〔15〕耻辱也。因〔16〕不失其亲,亦可宗〔17〕也。"(《论语·学而》)

子夏曰:"小人之过也必文。"(《论语·子张》)

子贡曰:"君子之过也,如日月之食焉;过也,人皆见之;更也,人皆抑之。"(《论语·子张》)

---

〔1〕 贫与贱……不以其道得之:"富与贵"可以说"得之","贫与贱"却不是人人想"得之"的。这里也讲"不以其道得之","得之"应该改为"去之"。译文只就这一整段的精神加以诠释,这里为什么也讲"得之",可能是古人的不经意处,我们不必再在这上面做文章了。
〔2〕 恶乎:恶音乌,何处。"恶乎"即"于何处",译文为"怎样"。
〔3〕 违:离开。
〔4〕 周、比:"周"是以当时所谓道义来团结人。"比"则是以暂时共同利害互相勾结,旧读去声 bì。
〔5〕 和、同:"和"与"同"是春秋时代的两个常用术语。"和"如五味的调和,八音的和谐,一定要有水、火、酱、醋各种不同的材料才能调和滋味;一定要有高下、长短、疾徐各种不同的声调才能使乐曲和谐。晏子说:"君臣亦然。君所谓可,而有否焉,臣献其否以成其可;君所谓否,而有可焉,臣献其可以去其否。"因此史伯也说:"以他平他谓之和。""同"就不如此,用晏子的话说:"君所谓可,据亦曰可;君所谓否,据亦曰否。若以水济水。谁能食之?若琴瑟之专一,谁能听之?'同'之不可也如是。"杨伯峻认为这个"和"字与"礼之用和为贵"的"和"有相通之处。
〔6〕 群而不党:包含着"周而不比"以及"和而不同"两个意思。
〔7〕 斗筲之人:斗是古代的量名,筲音梢,shāo,古代的饭筐,能容五升。斗筲喻指度量和见识的狭小。有人说,"斗筲之人"也可以译为"车载斗量之人",言其不足为奇。
〔8〕 贞:大信。
〔9〕 微:假若没有的意思,只用于和既成事实相反的假设句之首。
〔10〕 被:同"披"。
〔11〕 自经:自缢。
〔12〕 管仲不死:齐桓公和公子纠都是齐襄公的弟弟。齐襄公无道,两人都怕牵连,桓公便由鲍叔牙侍奉逃亡莒国,公子纠也由管仲和召忽侍奉逃亡鲁国。襄公被杀以后,桓公先入齐国,立为君,便兴兵伐鲁,逼迫鲁国杀了公子纠,召忽自杀以殉,管仲却做了桓公的宰相。这段历史可看左传庄公八年和九年。
〔13〕 九合:齐桓公纠合诸侯共计十一次,这一"九"字实是虚数,不过表示其多罢了。
〔14〕 复:实践诺言。
〔15〕 远:去声,音院,yuàn,动词,使动用法,使之远离的意思。此处亦可译为避免。
〔16〕 因:依靠,凭借。
〔17〕 宗:主,可靠。

子曰:"君子不重,则不威;学则不固。主忠信[1],无友不如己者。过,则勿惮改。"(《论语·学而》)

子曰:"主忠信,毋友不如己者,过则勿惮改。"(《论语·子罕》)

子曰:"德之不修,学之不讲,闻义不能徙,不善不能改,是吾忧也。"(《论语·述而》)

陈司败[2]问昭公知礼乎,孔子曰:"知礼。"

孔子退,揖巫马期[3]而进之,曰:"吾闻君子不党,君子亦党乎?君取于吴[4],为同姓[5],谓之吴孟子。君而知礼,孰不知礼?"

巫马期以告。子曰:"丘也幸,苟有过,人必知之。"(《论语·述而》)

子曰:"过而不改,是谓过矣。"(《论语·卫灵公》)

孔子曰:"君子有三畏:畏天命,畏大人[6],畏圣人之言。小人不知天命而不畏也,狎大人,侮圣人之言。"(《论语·季氏》)

（《论语译注》,杨伯峻,中华书局,2006 年版）

思考与练习

1. 孔子认为"何为君子"?
2. 孔子认为君子和小人的区别是什么?

4 恶之花(节选)

波德莱尔

题解

夏尔·皮埃尔·波德莱尔(1821 年～1867 年),法国 19 世纪最著名的现代派诗人,法国象征派诗歌的先驱,现代主义的创始人之一。代表作品有《恶之花》《巴黎的忧郁》《美学管窥》等,还翻译过爱伦坡的《怪异故事集》和《怪异故事续集》。

《恶之花》被誉为法国"伟大的传统业已消失,新的传统尚未形成的过渡时期里开放出来的一丛奇异

---

[1] 忠信:道德。
[2] 陈司败:人名。有人说"司败"是官名,也有人说是人名,今不可考。
[3] 巫马期:孔子的学生,姓巫马,名施,字期,小孔子三十岁。
[4] 君取于吴:"取"这里用作"娶"字。吴,当时的国名,拥有今天淮水、泗水以南以及浙江的嘉兴、湖州等地。哀公时,为越王勾践所灭。
[5] 为同姓:鲁为周公之后,姬姓;吴为太伯之后,也是姬姓。
[6] 大人:古代对于在高位的人叫"大人";对于有道德的人也可以叫"大人"。这里的"大人"是指在高位的人,而"圣人"则是指有道德的人。

的花。"全书由一百多首诗歌组成，被精心安排为《忧郁与理想》《巴黎风光》《酒》《恶之花》《叛逆》《死亡》和《增补诗》七个部分，不以写作年代为序，而是根据内容和主题分组，是一本有逻辑、有结构、浑然一体的诗集。波德莱尔曾在一封信中明确地写道："我对于这本书所企望得到的唯一的赞扬就是人们承认它不是单纯的一本诗集，而是一本有头有尾的书。"本文选取了《死亡》中的四首诗进行解读。

情侣的死亡〔1〕

我们将有充满清香的床，
像坟墓一样深的长沙发，
在棚架上将为我们开放
另一座洞天的异卉奇花。

两颗心竞相把余热耗尽，
变成了两个巨大的火炬，
两个灵魂合成一对明镜，
双重光在镜中辉映成趣。

蔷薇色、神秘的蓝色之夜，
我们将互射唯一的电光，
像一声充满离愁的叹息；

随后，将有天使排闼入房，〔2〕
忠实愉快地使熄灭的火
和灰暗的镜子重新复活。

穷人们的死亡〔3〕

是死亡给人安慰，唉！使人活下去；
它是人生的目的，是唯一的希望，
它像琼浆一样，使我们陶醉、鼓舞，
给我们坚持走到日暮时的胆量；

它是透过严霜和雪，透过暴风雨，
在黑暗的地平线上颤动的光明；

---

〔1〕 本诗最初发表于1851年4月9日的《议会通讯》，为《冥府》诗篇之一。这首名诗曾由德彪西谱曲。
〔2〕 此处令人想到维尼《汪达》第八节中的诗句："不久……死亡天使将会来把我们载在她的翅膀上，把我们一起带往温暖的碧空。"
〔3〕 本诗发表于初版《恶之花》。有1852年的原稿手迹。本诗将死亡看成天使，将世人从现世的痛苦中解放而导入天国。曾由莫里斯·罗利纳谱曲。

它是记在书册〔1〕中的著名的逆旅，
可以在那里吃吃睡睡、安然栖身；

它是个天使，她那有磁力的手指〔2〕
把握着睡眠和迷人之梦的赠礼，
她替光身的穷人们再铺好卧床；

它是诸神的光荣，是神秘的粮仓，
它是穷人的钱袋和古老的家乡，
它是通往未知的新天国的柱廊！

艺术家们的死亡〔3〕

阴惨的漫画啊〔4〕，我需要多少次
摇我的铃铛〔5〕，吻你低贱的额角？
为了要射中神秘本质的标的，
箭筒啊，需要多少箭让我消耗？

我们筹划妙策，将把心机用尽，
还要把许多沉重的骨架〔6〕敲毁，
那时才能看到伟大的创造品，
这悲惨的愿望真使我们泪垂！

有的从未认识到自己的偶像〔7〕，
这种倒霉的雕刻家，受辱蒙羞，
不断地捶胸、敲打自己的额头，
奇怪阴暗的殿堂〔8〕！只剩下希望：
让死亡高悬天空，像新的太阳，
使他们头脑里面的百花开放。

〔1〕 书册，此处指《圣经》。《路加福音》第十章："有一个人……落在强盗手中，他们剥去他的衣裳，把他打个半死，就丢下他走了……唯有一个撒玛利亚人，行路来到那里，看见他就动了慈心……带到店里去照应他。"
〔2〕 有磁力的手指：指动物磁气说。这是德籍医生梅斯麦(1734年～1815年)施行的一种类似催眠术的医疗方法。
〔3〕 本诗最初发表于1851年4月9日的《议会通讯》(《冥府》诗篇之一)。但该诗与后来收入初版《恶之花》集中的本诗大不相同。本诗为难解之诗，评论家常有异议。它的含意大概是：很多艺术家在生前不能到达美的化境，只能做出这种神秘的"美"的漫画，只有死亡才能消除他们在艺术创造上的绝望。本诗被称为波德莱尔诗中最神秘、最马拉美式的诗。
〔4〕 与艺术家的理想相对而言，不理想的作品只是漫画而已。
〔5〕 摇我的铃铛：小丑表演滑稽时的摇铃动作。
〔6〕 骨架：雕塑艺术上的术语，指雕像的内部骨架，供制作雕像时用。
〔7〕 自己的偶像：指理想的美。
〔8〕 殿堂：指罗马卡皮托利山上的朱庇特神殿。古代凯旋者的战车可以光荣地升上该处。此处象征艺术的殿堂。

一 天 的 结 束 [1]

无耻而喧嚷的浮生，
在微弱的光线下面，
没来由地奔跳折腾。
因此，当快乐的夜晚

一升到地平线之上，
连饥饿也都被赶跑，
连耻辱也全部消亡。
诗人就自语道："好了！"

"我的精神，我的背脊，
都热烈地祈求休息；
我的心受恶梦侵扰。"

"我要仰面朝天卧倒，
裹在你的夜幕里面，
哦，多么凉爽的黑暗！"

（《恶之花·巴黎的忧郁》，[法] 波德莱尔，人民文学出版社，1991 年版）

思考与练习

1. 诗人认为"情侣的死亡""穷人们的死亡"和"艺术家们的死亡"有何区别？
2. 通读四首诗，论述诗人对"死亡"之花的情感。

---

[1] 本诗最初收入 1861 年 2 月再版的《恶之花》。发表在 1867 年 1 月 1 日的《十九世纪评论》上的诗与本诗稍有不同。本诗描写诗人从白天的劳碌与烦恼中获得解放后，在凉爽的夜晚到来时的心情。

5　小公务员之死

契诃夫

题解

　　安东·巴甫洛维奇·契诃夫(1860 年～1904 年)俄罗斯短篇小说巨匠,是俄罗斯 19 世纪末期最后一位批判现实主义艺术大师,杰出的小说家和剧作家,与法国作家莫泊桑和美国作家欧·亨利并称为"世界三大短篇小说家"。他的文学创作主张是"越短越好",认为"写作的艺术就是提炼的艺术"。因此,他享有"世界现实主义短篇小说之王"的美誉。

　　短篇小说《小公务员之死》是契诃夫创作于 1883 年的一篇早期著名的代表作之一。描写了一个普通庶务官伊凡·德米特里·切尔维亚科夫在剧院看戏时不小心打喷嚏冒犯了一位将军而自导自演了一出令人啼笑皆非的悲剧,最终被"吓死"的荒谬故事。其折射的时代背景及人性变化具有深刻的社会意义,值得我们仔细品味。

　　一个美好的晚上,一位心情美好的庶务官伊凡·德米特里·切尔维亚科夫,坐在剧院第二排座椅上,正拿着望远镜观看轻歌剧《科尔涅维利的钟声》[1]。他看着演出,感到无比幸福。但突然间……小说里经常出现这个"但突然间"。作家们是对的:生活中确实充满了种种意外事件。但突然间,他的脸皱起来,眼睛往上翻,呼吸停住了……他放下望远镜,低下头,便……阿嚏一声!!! 他打了个喷嚏,你们瞧。无论何时何地,谁打喷嚏都是不能禁止的。庄稼汉打喷嚏,警长打喷嚏,有时连达官贵人也在所难免。人人都打喷嚏。切尔维亚科夫毫不慌张,掏出小手绢擦擦脸,而且像一位讲礼貌的人那样,举目看看四周:他的喷嚏是否溅着什么人了? 但这时他不由得慌张起来。他看到,坐在他前面第一排座椅上的一个小老头,正用手套使劲擦他的秃头和脖子,嘴里还嘟哝着什么。切尔维亚科夫认出这人是三品文官布里扎洛夫将军,他在交通部门任职。

　　"我的喷嚏溅着他了!"切尔维亚科夫心想,"他虽说不是我的上司,是别的部门的,不过这总不妥当。应当向他赔个不是才对。"

　　切尔维亚科夫咳嗽一声,身子探向前去,凑着将军的耳朵小声说:

　　"务请大人原谅,我的唾沫星子溅着您了……我出于无心……"

　　"没什么,没什么……"

　　"看在上帝份上,请您原谅。要知道我……我不是有意的……"

　　"哎,请坐下吧! 让人听嘛!"

　　切尔维亚科夫心慌意乱了,他傻笑一下,开始望着舞台。他看着演出,但已不再感到幸福。他开始惶惶不安起来。幕间休息时,他走到布里扎洛夫跟前,在他身边走来走去,终于克制住胆怯心情,嗫嚅道:

　　"我溅着您了,大人……务请宽恕……要知道我……我不是有意的……"

---

〔1〕　法国作曲家普朗盖特(1847 年～1903 年)作的轻歌剧。

"哎,够了! ……我已经忘了,您怎么老提它呢!"将军说完,不耐烦地撇了撇下嘴唇。

"他说忘了,可是他那眼神多凶!"切尔维亚科夫暗想,不时怀疑地瞧他一眼。"连话都不想说了。应当向他解释清楚,我完全是无意的……这是自然规律……否则他会认为我故意啐他。他现在不这么想,过后肯定会这么想的! ……"

回家后,切尔维亚科夫把自己的失态告诉了妻子。他觉得妻子对发生的事过于轻率。她先是吓着了,但后来听说布里扎洛夫是"别的部门的",也就放心了。

"不过你还是去一趟赔礼道歉的好,"她说,"他会认为你在公共场合举止不当!"

"说得对呀! 刚才我道歉过了,可是他有点古怪……一句中听的话也没说。再者也没有时间细谈。"

第二天,切尔维亚科夫穿上新制服,刮了脸,去找布里扎洛夫解释……走进将军的接待室,他看到里面有许多请求接见的人。将军也在其中,他已经开始接见了。询问过几人后,将军抬眼望着切尔维亚科夫。

"昨天在'阿尔卡吉亚'剧场,倘若大人还记得的话,"庶务官开始报告,"我打了一个喷嚏,无意中溅了……务请您原……"

"什么废话! ……天知道怎么回事!"将军扭过脸,对下一名来访者说:"您有什么事?"

"他不想说!"切尔维亚科夫脸色煞白,心里想道,"看来他生气了……不行,这事不能这样放下……我要跟他解释清楚……"

当将军接见完最后一名来访者,正要返回内室时,切尔维亚科夫一步跟上去,又开始嗫嚅道:

"大人! 倘若在下胆敢打搅大人的话,那么可以说,只是出于一种悔过的心情……我不是有意的,务请您谅解,大人!"

将军做出一副哭丧脸,挥一下手。

"您简直开玩笑,先生!"将军说完,进门不见了。

"这怎么是开玩笑?"切尔维亚科夫想,"根本不是开玩笑! 身为将军,却不明事理! 既然这样,我再也不向这个好摆架子的人赔不是了! 去他的! 我给他写封信,再也不来了! 真的,再也不来了!"

切尔维亚科夫这么思量着回到家里。可是给将军的信却没有写成。想来想去,怎么也想不出这信该怎么写。只好次日又去向将军本人解释。

"我昨天来打搅了大人,"当将军向他抬起疑问的目光,他开始嗫嚅道,"我不是如您讲的来开玩笑的。我来是向您赔礼道歉,因为我打喷嚏时溅着您了,大人……说到开玩笑,我可从来没有想过。在下胆敢开玩笑吗? 倘若我们真开玩笑,那样的话,就丝毫谈不上对大人的敬重了……谈不上……"

"滚出去!!"忽然间,脸色发青、浑身打颤的将军大喝一声。

"什么,大人?"切尔维亚科夫小声问道,他吓呆了。

"滚出去!!"将军顿着脚,又喊了一声。

切尔维亚科夫感到肚子里什么东西碎了。什么也看不见,什么也听不着,他一步一步退到门口。他来到街上,步履艰难地走着……他懵懵懂懂地回到家里,没脱制服,就倒在长沙发上,后来就……死了。

(《小公务员之死:契诃夫中短篇小说选》,[俄]契诃夫,沈念驹译,立信会计出版社,2012年版)

思考与练习

1. 分析小公务员的心理变化历程。

2. 分析小公务员之死的原因。

「第八单元」

劝君惜取少年时

　　两千多年前，孔子面对东流而去的江水感叹"逝者如斯夫，不舍昼夜"。时间向后推一百多年，孟子愤而慨之"生于忧患，死于安乐"。隔了两千多年，不止齐鲁大地，所有这片广袤而深厚的土地上，"孔孟"思想仿佛那亘古的钟声悠扬回响，依然散发出璀璨而华丽的光芒。

　　在仰望的那座高山，俯瞰的那条深渊前，一位伟人铿锵吟诵："不登高山，不知天之高也；不临深溪，不知地之厚也。"这句话成了后人世世代代追求进步、勇攀高峰的精神力量。

　　"故不积跬步，无以至千里；不积小流，无以成江海。骐骥一跃，不能十步；驽马十驾，功在不舍。锲而舍之，朽木不折；锲而不舍，金石可镂。"

　　时至今日，他们的思想之光依然指引着无数有志之士披荆斩棘，奋勇向前。

1 白马篇〔1〕

曹 植

题解

曹植(192年~232年),字子建,三国时期曹魏著名文学家,建安文学的代表人物。代表作有《洛神赋》《白马篇》《七哀诗》等。后人因其文学上的造诣而将他与曹操、曹丕合称为"三曹"。其诗以笔力雄健和词采华美见长;其散文同样也具有"情兼雅怨,体被文质"的特色,加上其作品种类的丰富多样,使他在这方面也取得了卓越的成就。谢灵运赞其"天下才有一石,曹子建独占八斗"。钟嵘亦赞其"骨气奇高,词彩华茂,情兼雅怨,体被文质,粲溢今古,卓尔不群"。

《白马篇》是曹植前期的代表作品。此诗以曲折动人的情节描写边塞游侠儿捐躯赴难、奋不顾身的英勇行为,塑造了边疆地区一位武艺高超、渴望卫国立功甚至不惜牺牲生命的游侠少年形象,表达了诗人建功立业的强烈愿望。诗中的英雄形象,既是诗人的自我写照,又凝聚和闪耀着时代的光辉。

白马饰金羁〔2〕,连翩〔3〕西北驰。
借问谁家子? 幽并〔4〕游侠儿。
少小去乡邑〔5〕,扬声沙漠垂〔6〕。
宿昔秉〔7〕良弓,楛矢何参差〔8〕!
控弦破左的〔9〕,右发摧月支〔10〕。
仰手接飞猱〔11〕,俯身散马蹄〔12〕。
狡捷〔13〕过猴猿,勇剽若豹螭〔14〕。
边城多警急,虏骑数迁移〔15〕。
羽檄〔16〕从北来,厉马〔17〕登高堤。

〔1〕白马篇:又名"游侠篇",是曹植创作的乐府新题,属《杂曲歌·齐瑟行》,以开头二字名篇。
〔2〕金羁:金饰的马笼头。
〔3〕连翩:连续不断,原指鸟飞的样子,这里用来形容白马奔驰的俊逸形象。
〔4〕幽并:幽州和并州。在今河北、山西、陕西一带。
〔5〕去乡邑:离开家乡。
〔6〕扬声:扬名。垂:同"陲",边境。
〔7〕宿昔:早晚。秉:执、持。
〔8〕楛矢:用楛木做成的箭。何:多么。参差:长短不齐的样子。
〔9〕控弦:开弓。的:箭靶。
〔10〕摧:毁坏。月支:箭靶的名称。左、右是互文见义。
〔11〕接:接射。飞猱:飞奔的猿猴。猱,猿的一种,行动轻捷,攀缘树木,上下如飞。
〔12〕散:射碎。马蹄:箭靶的名称。
〔13〕狡捷:灵活敏捷。
〔14〕勇剽:勇敢剽悍。螭:传说中形状如龙的黄色猛兽。
〔15〕虏骑:指匈奴、鲜卑的骑兵。数迁移:指经常进兵入侵。数:经常。
〔16〕羽檄:军事文书,插鸟羽以示紧急,必须迅速传递。
〔17〕厉马:扬鞭策马。

长驱蹈[1]匈奴,左顾凌鲜卑[2]。

弃身[3]锋刃端,性命安可怀[4]?

父母且不顾,何言子与妻?

名编壮士籍[5],不得中顾私[6]。

捐躯赴[7]国难,视死忽如归。

（《三曹诗选》,余冠英,人民文学出版社,1979 年版）

思考与练习

1."控弦破左的……勇剽若豹螭"六句运用了哪些修辞方法? 有什么作用?

2.全诗是从哪几个方面塑造游侠儿这个艺术形象的? 抒发了一种什么样的思想感情?

2　致大海

普希金

题解

亚历山大·谢尔盖耶维奇·普希金(1799 年～1837 年),19 世纪俄罗斯的伟大诗人。俄罗斯积极浪漫主义文学的开创者,也是批判现实主义文学的奠基人。在诗歌、小说、戏剧乃至童话等文学领域都给俄罗斯文学提供了典范,代表作诗体小说《叶甫盖尼·奥涅金》。普希金对俄罗斯文学的发展有很大的影响,被高尔基誉为"俄国文学之始祖"。

《致大海》是普希金的一首政治抒情诗,全诗通过海之恋、海之思、海之念的"三部曲",表达了诗人反抗暴政,反对独裁,追求光明,讴歌自由的思想感情。

再见吧,自由奔放的大海!

这是你最后一次在我的眼前,

---

[1]　长驱:向前奔驰不止。蹈:践踏。

[2]　顾:看。凌:压制。鲜卑:中国东北方的少数民族,东汉末成为北方强族。

[3]　弃身:舍身。

[4]　怀:爱惜。

[5]　籍:名册。

[6]　中顾私:心里想着个人的私事。中:内心。

[7]　捐躯:献身。赴:奔赴。

翻滚着蔚蓝色的波浪，
和闪耀着娇美的容光。

好像是朋友忧郁的怨诉，
好像是他在临别时的呼唤，
我最后一次在倾听
你悲哀的喧响，你召唤的喧响。

你是我心灵的愿望之所在呀！
我时常沿着你的岸旁，
一个人静悄悄地，茫然地徘徊，
还因为那个隐秘的愿望而苦恼心伤！

我多么热爱你的回音，
热爱你阴沉的声调，你的深渊的音响，
还有那黄昏时分的寂静，
和那反复无常的激情！

渔夫们的温顺的风帆，
靠了你的任性的保护，
在波涛之间勇敢地飞航；
但当你汹涌起来而无法控制时，
大群的船只就会覆亡。

我曾想永远地离开
你这寂寞和静止不动的海岸，
怀着狂欢之情祝贺你，
并任我的诗歌顺着你的波涛奔向远方，
但是我却未能如愿以偿！

你等待着，你召唤着……而我却被束缚住；
我的心灵的挣扎完全归于枉然：
我被一种强烈的热情所魅惑，
使我留在你的岸旁……

有什么好怜惜呢？现在哪儿
才是我要奔向的无忧无虑的路径？
在你的荒漠之中，有一样东西
它曾使我的心灵为之震惊。

那是一处峭岩，一座光荣的坟墓……
在那儿，沉浸在寒冷的睡梦中的，
是一些威严的回忆；
拿破仑就在那儿消亡。

在那儿，他长眠在苦难之中。
而紧跟他之后，正像风暴的喧响一样，
另一个天才，又飞离我们而去，
他是我们思想上的另一个君主。

为自由之神所悲泣着的歌者消失了，
他把自己的桂冠留在世上。
阴恶的天气喧腾起来吧，激荡起来吧：
哦，大海呀，是他曾经将你歌唱。

你的形象反映在他的身上，
他是用你的精神塑造成长：
正像你一样，他威严、深远而深沉，
正像你一样，什么都不能使他屈服投降。

世界空虚了，大海呀，
你现在要把我带到什么地方？
人们的命运到处都是一样：
凡是有着幸福的地方，那儿早就有人在守卫：
或许是开明的贤者，或许是暴虐的君王。

哦，再见吧，大海！
我永远不会忘记你庄严的容光，
我将长久地，长久地
倾听你在黄昏时分的轰响。

我整个心灵充满了你，
我要把你的峭岩，你的海湾，
你的闪光，你的阴影，还有絮语的波浪，
带进森林，带到那静寂的荒漠之乡。

（《普希金诗集》，[俄]普希金，戈宝权译，北京出版社，1987 年版）

思考与练习

1. 诗人为什么如此热爱大海？大海的象征意义是什么？
2. 面对大海,诗人为什么会感到悲伤痛苦？试做分析。

3 劝学

荀　子

题解

荀子(约公元前313年～公元前238年),名况,字卿,战国末期赵国人。著名思想家、文学家、政治家,时人尊称"荀卿"。荀子是一位儒学大师,在吸收法家学说的同时发展了儒家思想。他尊王道,也称霸力;崇礼义,又讲法治;在"法先王"的同时,又主张"法后王"。孟子创"性善"论,强调养性;荀子主"性恶"论,强调后天的学习。他还提出了人定胜天,反对宿命论,万物都循着自然规律运行变化等朴素唯物主义观点。著有《荀子》一书传世。

《劝学》是《荀子》一书的首篇,较为系统地论述了学习的理论和方法。荀子认为,学习首先需要修养品德气质,保持专一的品质,学一速成,然后持之以恒、坚持不懈,才是正确的学习方向;要善始善终,切忌半途而废,以期达到完全而纯粹的精神境界。

君子〔1〕曰:学不可以已〔2〕。

青,取之于蓝,而青于蓝〔3〕;冰,水为之,而寒于水。木直中绳〔4〕,𫐓以为轮〔5〕,其曲中规〔6〕。虽有槁暴〔7〕,不复挺〔8〕者,𫐓使之然也。故木受绳〔9〕则直,金〔10〕就砺〔11〕则利,君子博学而日参省乎己,

---

〔1〕 君子:指有学问有修养的人。
〔2〕 学不可以已:学习不能停止。"可以"是古今异义。可:可以。以:用来。
〔3〕 青于蓝:靛青,从蓝草中取得。青,靛青,一种染料。蓝,蓼蓝。蓼蓝:一年生草本植物,茎红紫色,叶子长椭圆形,干时呈暗蓝色。花淡红色,穗状花序,结瘦果,黑褐色。叶子含蓝汁,可以做蓝色染料。于:从。青于蓝:比蓼蓝(更)深。
〔4〕 中绳:(木材)合乎拉直的墨线。绳:墨线。
〔5〕 𫐓:通"煣",使……煣。煣:古代用火烤使木条弯曲的一种工艺。以为:把……当作。然:这样。
〔6〕 规:圆规,画圆的工具。
〔7〕 虽有槁暴:即使又晒干了。有:通"又"。槁:枯。暴:同"曝",晒干。槁暴:枯干。
〔8〕 挺:直。
〔9〕 受绳:用墨线量过。
〔10〕 金:指金属制的刀剑等。
〔11〕 就砺:拿到磨刀石上去磨。砺:磨刀石。就:动词,接近,靠近。

则知明而行无过矣〔1〕。

故不登高山，不知天之高也；不临深溪，不知地之厚也；不闻先王之遗言〔2〕，不知学问之大也。干、越、夷、貉之子，生而同声，长而异俗，教使之然也。诗曰："嗟尔君子，无恒安息。靖共尔位，好是正直。神之听之，介尔景福。"神莫大于化道，福莫长于无祸。

吾尝终日而思矣〔3〕，不如须臾之所学也〔4〕；吾尝跂〔5〕而望矣，不如登高之博见〔6〕也。登高而招〔7〕，臂非加长也，而见者远〔8〕；顺风而呼，声非加疾〔9〕也，而闻者彰〔10〕。假舆〔11〕马者，非利足〔12〕也，而致〔13〕千里；假舟楫〔14〕者，非能水〔15〕也，而绝〔16〕江河。君子生〔17〕非异也，善假于物也〔18〕。

南方有鸟焉，名曰蒙鸠，以〔19〕羽为〔20〕巢，而编之以发，系之苇苕，风至苕〔21〕折〔22〕，卵破子死。巢非〔23〕不完也，所系者然〔24〕也。西方有木焉，名曰射干，茎长四寸，生于高山之上，而临百仞之渊，木茎非能长也，所立者然也。蓬生麻中，不扶而直；白沙在涅，与之俱黑〔25〕。兰槐之根是为芷，其渐之滫〔26〕，君子不近，庶人不服〔27〕。其质〔28〕非不美也，所渐者然也〔29〕。故君子居必择乡，游必就士，所以防邪辟〔30〕而近中正〔31〕也。

物类之起，必有所始。荣辱之来，必象其德。肉腐出虫，鱼枯生蠹〔32〕。怠慢忘身，祸灾乃作。强自取柱〔33〕，柔自取束〔34〕。邪秽在身，怨之所构。施薪若一，火就燥也，平地若一，水就湿也。草木畴生，禽兽群焉，物各从其类也。是故质的张，而弓矢至焉；林木茂，而斧斤至焉；树成荫，而众鸟息焉。醯酸，而蚋聚焉。故言有招祸也，行有招辱也，君子慎其所立乎！

---

〔1〕　日参省乎己：每天对照反省自己。参：一译检验，检查；二译同"叁"，多次。省：省察。乎：介词，于。博学：广泛地学习。日：每天。知：通"智"，智慧。明：明达。行无过：行为没有过错。
〔2〕　遗言：犹古训。
〔3〕　吾尝终日而思矣：我曾经整日地思考。尝：曾经。
〔4〕　须臾之所学也：在极短的时间内所学到的东西。须臾：片刻，一会儿。
〔5〕　跂：踮起脚后跟。
〔6〕　博见：看见的范围广，见得广。
〔7〕　招：招手。
〔8〕　而见者远：意思是远处的人也能看见。而：表转折。
〔9〕　疾：声音洪大。
〔10〕　彰：明显，清楚。这里指听得更清楚。
〔11〕　假：凭借，利用。舆：车厢，这里指车。
〔12〕　利足：脚走得快。
〔13〕　致：达到。
〔14〕　楫：桨。
〔15〕　水：游泳。
〔16〕　绝：横渡。
〔17〕　生（xìng）非异：本性（同一般人）没有差别。生：通"性"，天赋，资质。
〔18〕　善假于物也：善于借助外物。于：向。物：外物，指各种客观条件。
〔19〕　以：用。
〔20〕　为：作为。
〔21〕　苕：芦苇的穗。
〔22〕　折：折断。
〔23〕　非：并非。
〔24〕　然：表原因。
〔25〕　蓬生麻中，不扶而直；白沙在涅，与之俱黑：草长在麻地里，不用扶持也能挺立住，白沙混进了黑土里，就会变得和土一样黑。蓬：蓬草。麻：麻丛。涅：黑色染料。比喻生活在好的环境里，也能成为好人。
〔26〕　滫：泔水，已酸臭的淘米水。
〔27〕　服：穿戴。
〔28〕　质：本质。
〔29〕　所渐者然也：被熏陶、影响的情况就是这样的。然：这样。
〔30〕　邪辟：品行不端的人。
〔31〕　中正：正直之士。
〔32〕　蠹：蛀蚀器物的虫子。
〔33〕　强自取柱：谓物性过硬则反易折断。
〔34〕　柔自取束：柔弱的东西自己导致约束。

积土成山，风雨兴[1]焉[2]；积水成渊[3]，蛟[4]龙生焉；积善成德，而神明自得，圣心备焉[5]。故不积跬[6]步，无以[7]至千里；不积小流，无以成江海。骐骥[8]一跃，不能十步；驽马十驾[9]，功在不舍[10]。锲[11]而舍之，朽木不折；锲而不舍，金石可镂[12]。蚓无爪牙之利，筋骨之强，上食埃土，下饮黄泉，用心一也[13]。蟹六跪[14]而二螯[15]，非蛇鳝之穴无可寄托者，用心躁也[16]。

是故无冥冥之志者，无昭昭之明；无惛惛[17]之事者，无赫赫之功。行衢[18]道者不至，事两君者不容。目不能两视而明，耳不能两听而聪。螣蛇无足而飞，鼫鼠[19]五技而穷。《诗》曰："尸鸠在桑，其子七兮。淑人君子，其仪一兮。其仪一兮，心如结兮！"故君子结于一也[20]。

（《荀子》，荀子，上海古籍出版社，2001 年版）

思考与练习

1. 在古代汉语中，有些词语从形式上说，同现代汉语的某个词语相同，但含义却大不一样，对于这种词法现象，我们称之为"古今异义"，请解释下列各句中加点词语的古义和今义。

（1）輮以为轮

（2）君子博学而日参省乎己

（3）蚓无爪牙之利

（4）非蛇鳝之穴无可寄托者

2. 本文题目《劝学》的含义是什么？请结合对文章的理解，谈谈你的看法。

---

[1] 兴：起。
[2] 焉：于之，在那里。
[3] 渊：深水。
[4] 蛟：一种似龙的生物。
[5] 积善成德，而神明自得，圣心备焉：积累善行而养成品德，达到很高的境界，通明的思想（也就）具备了。得：获得。而：表因果关系。
[6] 跬：古代的半步。古代称跨出一脚为"跬"，跨两脚为"步"。
[7] 无以：没有用来……的办法。
[8] 骐骥：骏马，千里马。
[9] 驽马十驾：劣马拉车连走十天，也能到达。驽马：劣马。驾：马拉车一天所走的路程叫"一驾"。
[10] 功在不舍：（它的）成功在于不停止。舍：停。
[11] 锲：用刀雕刻。
[12] 金：金属。石：石头。镂：原指在金属上雕刻，泛指雕刻。
[13] 用心一也：（这是）因为用心专一（的缘故）。
[14] 六跪：六条腿。蟹实际上是八条腿。跪：蟹脚。一说，海蟹后面的两条腿只能划水，不能用来走路或自卫，所以不能算在"跪"里面。
[15] 螯：螃蟹的大钳子。
[16] 用心躁也：因为用心不专一。躁：浮躁，不专心。
[17] 惛惛：精神昏暗，神志不清。
[18] 衢：四通八达的道路。
[19] 鼫鼠：也称飞鼠或飞虎，是对松鼠科下的一个族的物种的统称，称为鼯鼠族。
[20] 故君子结于一也：所以君子的意志坚定专一。

4 致诸弟·学问总以有恒为主

曾国藩

题解

　　曾国藩(1811年～1872年),字伯涵,号涤生,中国近代政治家、战略家、理学家、文学家。与李鸿章、左宗棠、张之洞并称"晚清四大名臣"。他一生勤奋读书,推崇儒家学说,讲求经世致用的实用主义,成为继孔子、孟子、朱熹之后又一个"儒学大师";革新桐城派的文学理论,其诗歌散文主持了道光、咸丰、同治三朝文坛,可谓道德文章冠冕一代。主要作品有《治学论道之经》《持家教子之术》《冰鉴》《曾国藩家书》。

　　《曾国藩家书》内容广博,既有治军为政之道,又有人生处世之谈,自1879年初刊以来,广为流传,是研究其本人及这一时期历史的重要资料。曾氏家书行文从容镇定,形式自由,随想而至,挥笔自如,在平淡的家常事中蕴含真知良言,是后世学习之范本。本文选自《曾国藩家书·修生劝学篇》。

　　四位老弟足下:前月寄信,想已接到。余蒙祖宗遗泽[1],祖父教训,幸得科名,内顾无所忧,外遇无不如意,一无所缺矣。所望者,再得诸弟强立,同心一力,何患令名不显,何愁家运之不兴。欲别立课程,多讲规条,使诸弟遵而行之,又恐诸弟习见而生厌心;欲默默而不言,又非长兄督责之道。是以往年常示诸弟以课程,近来则只教以有恒二字。所望于诸弟者,但将诸弟每月功课,写明告我,则我心大慰矣!

　　乃诸弟每次写信,从不将自己之业写明,乃好言家事及京中诸事;此时家中重庆[2],外事又有我照料,诸弟一概不管可也。以后写信,但将每月作诗几首,作文几首,看书几卷,详细告我,则我欢喜无量!诸弟或能为科名中人,或能为学问中人,其父母之令子一也,我之欣喜一也。慎弗以科名稍迟,而遂谓无可自力也。如霞仙今日之身分,则比等闲之秀才高矣。若学问愈进,身分愈高,则等闲之举人进士,又不足论矣。

　　学问之道无穷,而总以有恒为主,兄往年极无恒,近年略好,而犹未纯熟。自七月初一起,至今则无一日间断,每日临帖百字,抄书百字,看书少须满二十页,多则不论。自七月起,至今已看过《王荆公[3]全集》百卷,《归震川[4]文集》四十卷,《诗经大全》二十卷,《后汉书》百卷,皆朱笔加圈批。虽极忙,亦须了本日功课,不以昨日耽搁,而今日补做,不以明日有事,而今日预做。诸弟若能有恒如此,则虽四弟中等之资,亦当有所成就,况六弟九弟上等之资乎?

　　明年肄业之所,不知已有定否?或在家,或在外,无不可者,谓在家不好用功,此巧于卸责者也。吾争在京,日日事务纷冗,而犹可以不间断,况家中万万不可及此间之纷冗乎?

　　树堂均仙自十月起,每十日作文一首,每日看书十五页,亦极有恒。诸弟试将《朱子纲目》过笔圈点,定以有恒,不过数月,即圈完矣。若看注疏[5],每经不过数月即完,切勿以家中有事,而间断看书之事,又勿以考试将近,而间断看书之课。虽走路之日,到店亦可看,考试之日,出场亦可看也。兄日夜悬望,

---

〔1〕遗泽:祖辈遗留下来的恩泽。
〔2〕重庆:旧时指祖父母、父母健在。
〔3〕王荆公:宋代政治家王安石。
〔4〕归震川:明代学者归有光。
〔5〕注疏:后人对前代文章典籍所作注解、疏证。

独此有恒二字告诸弟,伏愿诸弟刻刻留心。兄国藩手草。

道光二十四年十一月廿一日。

(《曾国藩家书》,曾国藩,吉林大学出版社,2011年版)

思考与练习

1. 通过广泛搜集资料,了解历史名人曾国藩。
2. 文章中提出读书须"有恒"的观点,你是怎么理解的?

5 谈时间

梁实秋

题解

梁实秋(1903年~1987年),原名梁治华,字实秋,浙江杭县(今杭州)人。笔名子佳、秋郎、程淑等。中国著名的现当代散文家、学者、文学批评家、翻译家,国内第一个研究莎士比亚的权威。一生给中国文坛留下了两千多万字的著作,其散文集创造了中国现代散文著作出版的最高纪录。代表作《雅舍小品》《莎士比亚全集》(译作)等。

《谈时间》是一篇议论性随笔,以希腊哲学家第欧根尼的故事开篇,广征博引苏轼、梁任公、嵇康、刘伶、华兹华斯、济慈等古今中外名人对待时间的深刻体悟,论述了"惜阴"和"用时"的时间问题。

希腊哲学家第欧根尼经常睡在一只瓦缸里,有一天亚力山大皇帝走去看他,以皇帝的惯用的口吻问他:"你对我有什么请求吗?"这位玩世不恭的哲人翻了翻白眼,答道:"我请求你走开一点,不要遮住我的阳光。"

这个家喻户晓的小故事,究竟含义何在,恐怕见仁见智,各有不同的看法。我们通常总是觉得那位哲人视尊荣犹敝屣,富贵如浮云,虽然皇帝驾到,殊无异于等闲之辈,不但对他无所希冀,而且亦不必特别的假以颜色。可是约翰逊博士另有一种看法,他认为应该注意的是那阳光,阳光不是皇帝所能赐予的,所以请求他不要把他所不能赐予的夺了去。这个请求不能算奢,却是用意深刻。因此约翰逊博士由"光阴"悟到"时间",时间也者虽然也是极为宝贵,而也是常常被人劫夺的。

"人生不满百",大致是不错的。当然,老而不死的人,不是没有,不过期颐以上不是一般人所敢想望的,数十寒暑当中,睡眠去了很大一部分。苏东坡所谓"睡眠去其半",稍嫌有点夸张,大约三分之一左右总是有的。童蒙一段时期,说它是天真未凿也好,说它是昏昧无知也好,反正是浑浑噩噩,不知不觉;及至寿登耄耋,老悖聋瞑,比死人多一口气,也没有多少生趣可言。掐头去尾,人生所余无几。就是这短暂的一生,时间亦不见得能由我们自己支配。约翰逊博士所抱怨的那些不速之客,动辄登门拜访,不管你正在怎样忙碌,他觉得宾至如归,这种情形固然令人啼笑皆非,我觉得究竟不能算是怎样严重的"时间之贼"。他只是在我们的有限的资本上抽取一点捐税而已。我们的时间之大宗的消耗,怕还是要由我们自己负责。

有人说:"时间即生命。"也有人说:"时间即金钱。"二说均是,因为有人根本认为金银即生命。不过细想一下,有命斯有财,命之不存,财于何有? 有钱不要命者,固然实繁有徒,但是舍财不舍命,仍然是较聪明的办法。所以《淮南子》说:"圣人不贵尺之璧而重寸之阴,时难得而易失也。"我们幼时,谁没有作过"惜阴说"之类的课艺? 可是谁又能趁早体会到时间之"难得而易失"? 我小的时候,家里请了一位教师,书房桌上有一座钟,我和我的姊姊常乘教师不注意的时候把时针往前拨快半个钟头,以便提早放学,后来被老师觉察了,他用朱笔在窗户纸上的太阳阴影划一痕记,作为放学的时刻,这才息了逃学的念头。

时光不断在流转,任谁也不能攀住它停留片刻。"逝者如斯夫,不舍昼夜!"我们每天撕一张日历,日历越来越薄,快要撕完的时候便不免矍然以惊,惊的是又临岁晚,假使我们把几十册日历装为合订本,那便象征我们的全部的生命,我们一页一页地往下扯,该是什么样的滋味呢? "冬天一到,春天还会远吗?"可是你一共能看见几次冬尽春来呢?

不可挽住的就让它去罢! 问题在,我们所能掌握的尚未逝去的时间,如何去打发它。梁启超先生最恶闻"消遣"二字,只有活得不耐烦的人才忍心的去"杀时间"。他认为一个人要做的事太多,时间根本不够用,哪里还有时间可供消遣? 不过打发时间的方法,亦人各不同,士各有志。乾隆皇帝下江南,看见运河上舟楫往来,熙熙攘攘,顾问左右:"他们都在忙些什么?"和珅侍卫在侧,脱口而出:"无非名利二字。"这答案相当正确,我们不可以人废言。不过三代以下唯恐其不好名,大概名利二字当中还是利的成分大些。"人为财死,鸟为食亡。"

时间即金钱之说仍属不诬。诗人华兹华斯有句:

尘世耗用我们的时间太多了,夙兴夜寐,赚钱挥霍,把我们的精力都浪费掉了。

所以有人宁可循迹山林,享受那清风明月,"侣鱼虾而友麋鹿",过那高蹈隐逸的生活。诗人济慈宁愿长时间地守着一株花,看那花苞徐徐展瓣,以为那是人间至乐。嵇康在大树底下扬槌打铁,"浊酒一杯,弹琴一曲";刘伶"止则操卮执觚,动则挈榼提壶",一生中无思无虑其乐陶陶。这又是一种颇不寻常的方式。最彻底的超然的例子是《传灯录》所记载的"南泉和尚问陆亘曰:'大夫十二时中作么生?'陆云:'寸丝不挂!'"寸丝不挂即是了无挂碍之谓,"原来无一物,何处染尘埃?"这境界高超极了,可以说是"以天地为一朝,万期为须臾",根本不发生什么时间问题。

人,诚如波斯诗人莪漠伽耶玛所说,来不知从何处来,去不知向何处去,来时并非本愿,去时亦未征得同意,胡里胡涂地在世间逗留一段时间。在此期间内,我们是以心为形役呢,还是立德立功立言以求不朽呢? 还是参究生死直超三界呢? 这大主意需要自己拿。

（《生活的艺术》,梁实秋,陕西师范大学出版社,2008年版）

思考与练习

1. 作者围绕时间提出了哪些观点?

2. 文中"时间是人类发展的空间"这句话如何理解?

「第九单元」

天生我材必有用

　　每个人都有自己活着的价值和意义，每个人的一生都在追逐着自己向往的成功，但成功不会主动敲门，你的努力决定了你的高度。成功之路布满荆棘，理想是明灯，信念是勇气，对于平凡的你我而言，只有用勤奋和坚持才可以书写出最灿烂辉煌的人生。本单元的主题是励志，鼓励大家都要树立自己的远大的志向，因为有了明确的努力方向，我们才可以追寻到更好的自我，才能超越更高的自我。

　　纵横家苏秦，游说秦王，书十上而不为用，潦倒而归，发愤读书，引锥刺股。后卒合齐、楚、燕、赵、魏、韩抗秦，佩六国相印。

　　平凡世界里，"一个平凡而普通的人，时时都会感到被生活的波涛巨浪所淹没"。然而孙少平一家不屈于命运的抗争使我们懂得：你是否会被巨浪淹没，取决你是否甘心就此而沉沦！

　　在当下社会竞争异常激烈的氛围中，很多人容易在竞争中迷失，被自卑的阴霾掩盖，忽略自己的"材"，因此要经常提醒自己"我很重要"，为什么呢？因为世上"没有人能够替代我，就像我不能替代别人"。

　　生活，是无畏者的殿堂，它教会了我们如何去感恩，如何在荆棘与弯曲中去探索，如何在昨日、今日以及明日里去证明存在的意义。就如汪国真所说，只要明天还在，我们就不能悲哀。海伦·凯勒以自己的亲身经历告诉我们，即使站在生命的终点，生命的火花即将灭亡，也要在命运面前绽放奇葩。

　　"材"需发掘，进而塑造，遂能成就。不要再东张西望，朝着你的目标，前进！

1 只要明天还在

汪国真

题解

汪国真(1956年~2015年),生于北京,当代诗人、书画家。1982年毕业于暨南大学中文系。1984年发表第一首比较有影响的诗《我微笑着走向生活》。1985年起将业余时间集中于诗歌创作,其间一首打油诗《学校一天》刊登在《中国青年报》上。1990年开始,汪国真担任《辽宁青年》《中国青年》《女友》的专栏撰稿人,掀起一股"汪国真热"。

《只要明天还在》全诗共三节,诗人分别从春天、生命、明天这三个方面来感悟生命的内涵和人生的追求。

只要春天还在,
我就不会悲哀。
纵使黑夜吞噬了一切,
太阳还可以重新回来。
只要生命还在,
我就不会悲哀。
纵使陷身茫茫沙漠,
还有希望的绿洲存在。
只要明天还在,
我就不会悲哀。
冬雪终会慢慢消融,
春雷定将滚滚而来。

(《汪国真精选集》,汪国真,北京燕山出版社,2015年版)

思考与练习

1. 这首诗歌成功地运用了象征手法,请选取几种典型的形象,写出它们分别象征了什么?
2. 这首诗表达了主人公怎样的思想感情?

2 苏秦[1] 始将连横

战国策

题解

《战国策》是一部有关记言的史料汇编,主要记录战国时期策士游说各国诸侯时陈谋献策或互相辩论的言辞。《战国策》反映了纵横家重功利重实用的价值观、人生观。

何谓"纵横"? 所谓"横",乃"连横"之简称,即以秦国为中心,分别联合山东任何一国,东西连成一条横线,攻击其他各国。所谓"纵",乃"合纵"之简称,即山东六国从燕到楚,南北合成一条直线,联合抗秦,在强秦虎视眈眈之下,图谋自存。

本文选自《战国策·秦策》,讲述了苏秦以"连横"说秦未成,备受打击,最终发奋苦学,脱胎换骨,思得"合纵"之术,以"合纵"游说赵王,终于一举成名,身佩六国相印,傲世天下的励志故事。注解有部分改动。

苏秦始将连横说秦惠王曰:"大王之国,西有巴、蜀、汉中之利[2],北有胡貉、代马[3]之用,南有巫山、黔中之限[4],东有肴、函之固。田肥美,民殷富,战车万乘,奋击百万,沃野千里,蓄积饶多,地势形便,此所谓天府,天下之雄国也。以大王之贤,士民之众,车骑之用,兵法之教,可以并诸侯,吞天下,称帝而治。愿大王少留意,臣请奏其效[5]。"

秦王曰:"寡人闻之,毛羽不丰满者,不可以高飞,文章不成者,不可以诛罚[6],道德不厚者,不可以使民,政教不顺[7]者,不可以烦大臣。今先生俨然[8]不远千里而庭教之,愿以异日[9]。"

苏秦曰:"臣固疑大王之不能用也。昔者神农伐补遂[10],黄帝伐涿鹿而禽蚩尤[11],尧伐驩兜[12],舜伐三苗[13],禹伐共工[14],汤伐有夏[15],文王伐崇[16],武王伐纣[17],齐桓任战而伯天下[18]。由此观之,

---

〔1〕 苏秦(? ～前284年),字季子,雒阳(今河南洛阳)人,战国时期著名的纵横家、外交家和谋略家。苏秦与张仪同出自鬼谷子门下,跟随鬼谷子学习纵横之术。曾提出合纵六国以抗秦的战略思想,使秦十五年不敢出函谷关。
〔2〕 巴、蜀:今四川、重庆地区。汉中:今陕西省南部地区。
〔3〕 貉:兽名,皮可制裘。代马:今山西省北部代县等地所产的马。
〔4〕 限:古籍中通"险",险隘。
〔5〕 奏:恭述、奏明。效:效验、验证。
〔6〕 文章:法令也,指国家法令。诛罚:杀罚也,指刑罚实施。
〔7〕 政教:这里指国政方面的教化或主张。不顺:不合时宜,行不通,有阻力。
〔8〕 俨然:矜庄貌,郑重其事地。庭教之:庭上指教。
〔9〕 愿以异日:希望改日再领教。
〔10〕 神农:传说中的炎帝名号。补遂:部落名。
〔11〕 黄帝:传说中的古帝名,号轩辕氏,建国于有熊。涿鹿:山名,在今河北省涿鹿县西南。蚩尤:九黎部落之酋长,与黄帝作战,为黄帝所诛。
〔12〕 尧:传说中的古帝名,姓姬,名放勋,国号唐。传位于舜。驩兜:尧臣,因作乱被放逐。
〔13〕 舜:传说中的古帝名,姓姚,名重华,国号虞。传位于禹。三苗:即古代的苗族,在今湖南省溪洞一带。
〔14〕 禹:古帝名。本舜臣,治水有功,受舜禅,即帝位,国号夏。共工:古之水官名,极横暴,为禹所放逐。
〔15〕 汤:商朝开国的王,本为夏朝诸侯。夏王桀无道,汤起兵攻桀,建立商朝。有夏:指夏王桀。古时于朝代上加"有",有夏即夏朝。
〔16〕 文王:即周文王,姓姬名昌,殷纣时为西方诸侯首领,又称西伯。崇:国名,崇侯虎,助纣为恶,为文王所诛。
〔17〕 武王:即周武王,文王之子,名发,灭纣后,即天子位,国号周。纣:即殷纣王,暴虐之君。
〔18〕 齐桓:齐桓公,齐国国君,名小白。他联合诸侯,抵抗外族侵扰,为诸侯盟主。任战:即肯战。伯:同"霸"。霸天下,即为诸侯盟主。

恶有不战者乎？古者使车毂击驰[1]，言语相结[2]，天下为一，约从连横[3]，兵革不藏。文士并饬[4]，诸侯乱惑，万端俱起，不可胜理。科条[5]既备，民多伪态[6]，书策稠浊[7]，百姓不足[8]。上下相愁，民无所聊[9]，明言章理，兵甲愈起。辩言伟服[10]，战攻不息，繁称文辞[11]，天下不治。舌弊耳聋[12]，不见成功，行义约信，天下不亲。于是乃废文任武，厚养死士，缀甲厉兵，效胜于战场。夫徒处[13]而致利，安坐而广地，虽古五帝三王五伯[14]，明主贤君，常欲坐而致之，其势不能。故以战续之，宽则两军相攻，迫则杖戟相橦，然后可建大功。是故兵胜于外，义强于内，威立于上，民服于下。今欲并天下，凌[15]万乘，诎[16]敌国，制[17]海内，子元元[18]，臣[19]诸侯，非兵不可。今不嗣主，忽于至道，皆惛于教，乱于治，迷于言，惑于语，沈于辩，溺于辞。以此论之，王固不能行也。"

说秦王书十上而说不行，黑貂之裘弊[20]，黄金百斤尽，资用乏绝，去秦而归，羸滕履蹻[21]，负书担橐[22]，形容枯槁，面目犁黑，状有愧色。归至家，妻不下纴[23]，嫂不为炊。父母不与言。苏秦喟叹曰："妻不以我为夫，嫂不以我为叔，父母不以我为子，是皆秦之罪也。"乃夜发书，陈箧数十，得太公阴符之谋，伏而诵之，简练以为揣摩[24]。读书欲睡，引锥自刺其股，血流至足，曰："安有说人主，不能出其金玉锦绣，取卿相之尊者乎？"期年，揣摩成，曰："此真可以说当世之君矣！"

于是乃摩燕乌集阙，见说赵王于华屋之下，抵掌[25]而谈，赵王大悦，封为武安君。受相印，革车百乘，锦绣千纯[26]，白璧百双，黄金万溢[27]，以随其后，约从散横，以抑强秦。故苏秦相于赵而关不通。

当此之时，天下之大，万民之众，王侯之威，谋臣之权，皆欲决苏秦之策。不费斗粮，未烦一兵，未战一士，未绝一弦，未折一矢，诸侯相亲，贤于兄弟。夫贤人在而天下服，一人用而天下从，故曰：式于政不式于勇；式于廊庙之内，不式于四境之外。当秦之隆，黄金万溢为用，转毂连骑，炫煌于道，山东之国从风而服，使赵大重。且夫苏秦，特穷巷掘门桑户棬枢之士耳，伏轼撙衔，横历天下，廷说诸侯之王，杜左右之口，天下莫之能伉。

将说楚王，路过洛阳，父母闻之，清宫除道，张乐设饮，郊迎三十里。妻侧目而视，倾耳而听。嫂蛇行

---

〔1〕古者使：古人使者；使，于此非作使动词。车辆来往奔驰，车毂互相撞击，形容车辆之多，奔驰之急。毂：车轮中心突出部分。
〔2〕言语相结：商谈结盟。
〔3〕约：约定。从：此为古"纵"的通假字。连：结交。南北曰纵，东西曰横；此处"约纵连横"属于泛指，古意为邦交、结盟于四方诸国之事。"约纵连横"另一层意思为：既邀约自己势力范围内的力量(或称为同盟)，亦联接争取自己势力范围之外的力量。
〔4〕饬：巧辨也。指各国使臣或文人说客均用巧饰的语言游说于诸侯之前。
〔5〕科条：规章制度；
〔6〕伪态：虚伪态度，即非真心来履行。
〔7〕书策：法令。稠浊：繁乱。
〔8〕百姓不足：百姓(却)很贫困。
〔9〕上下相愁，民无所聊：君臣上下相互仇怨，百姓无以聊生。
〔10〕辨言：言辞巧辩。伟服：服装壮观。
〔11〕繁称：称谓繁琐。文辞：美饰言辞。
〔12〕弊：指疲困、劳累。本句话喻指说得舌头疲累，听得耳朵发聋。
〔13〕徒处：指置身空守，与下句"坐"，均谓不劳坐守。
〔14〕五帝：一般指太昊、神农、黄帝、少昊、颛顼。三王：三代的王，指夏禹、商汤和周代的文王、武王。五伯：指齐桓公、晋文公、宋襄公、秦穆公、楚庄王。
〔15〕凌：凌驾、统帅。
〔16〕诎：屈服、使屈服。
〔17〕制：整治。
〔18〕元元：指百姓。子元元：即纳天下百姓为子孙。
〔19〕臣：使臣服。弊：坏，坏损。
〔20〕裘：皮衣，弊：坏，坏损。
〔21〕羸：通"缧"，缠绕。滕：绑腿布；此"滕"应为"藤"的假借字。履：穿。蹻：草鞋。此句大概意思为：扎系藤蔓，足穿草鞋。
〔22〕橐：无底囊，有底曰囊。
〔23〕纴：织布机。
〔24〕摩：近而过之。
〔25〕抵掌：击掌，表示高兴。
〔26〕纯：束。
〔27〕溢：同"镒"，古代二两为镒。

匍伏,四拜自跪而谢。苏秦曰:"嫂何前倨而后卑也?"嫂曰:"以季子[1]之位尊而多金。"苏秦曰:"嗟乎!贫穷则父母不子,富贵则亲戚畏惧。人生世上,势位富厚,盖可忽乎哉?"

《战国策译注》,孟庆祥,黑龙江人民出版社,1986年版)

思考与练习

1. 苏秦失意归家及挂相印,过洛阳,两事中妻嫂、父母对其持怎样的态度? 说明了什么?
2. 对苏秦发奋自励,你是怎样看的?

3 我很重要

毕淑敏

题解

毕淑敏,女,祖籍山东,1952年生于新疆,长于北京。国家一级作家,内科主治医师,注册心理咨询师。从事医学工作20年后,开始专业写作。在文学写作中以犀利的目光、批判的意识著称,被人称为"文学的白衣天使"。处女作《昆仑殇》;第一部长篇小说《红处方》;代表作有《不会变形的金刚》《女人之约》《预约死亡》等。

本文是作者书写的一篇散文化的议论文,或者说是一篇议论化的散文,以生动形象的语言,从宏观历史到微观个人,对个体与群体的关系及"我"的价值和意义进行了深刻的探讨,文章并没有单独说理或抒情,而是将"理"与"情"融会在一起,以理服人,以情动人,明晰阐释了"我很重要"这一命题。阅读时请仔细体会。

当我说出"我很重要"这句话的时候,颈项后面掠过一阵战栗。我知道这是把自己的额头裸露在弓箭之下了,心灵极容易被别人的批判洞伤。许多年来,没有人敢在光天化日之下表示自己"很重要"。我们从小受到的教育都是——"我不重要"。

作为一名普通士兵,与辉煌的胜利相比,我不重要。

作为一个单薄的个体,与浑厚的集体相比,我不重要。

作为一位奉献型的女性,与整个家庭相比,我不重要。

作为随处可见的人的一分子,与宝贵的物质相比,我们不重要。

---

[1]　季子:一说苏秦的字。《史记·索隐》,"呼小叔为季子,未必即其字"。

我们——简明扼要地说，就是每一个单独的"我"——到底重要还是不重要？

我是由无数星辰日月草木山川的精华汇聚而成的。只要计算一下我们一生吃进去多少谷物，饮下了多少清水，才凝聚成一具美轮美奂的躯体，我们一定会为那数字的庞大而惊讶。平日里，我们尚要珍惜一粒米、一叶菜，难道可以对亿万粒菽粟亿万滴甘露濡养出的万物之灵，掉以丝毫的轻心吗？

当我在博物馆里看到北京猿人窄小的额和前凸的吻时，我为人类原始时期的粗糙而黯然。他们精心打制出的石器，用今天的目光看来不过是极简单的玩具。如今很幼小的孩童，就能熟练地操纵语言，我们才意识到已经在进化之路上前进了多远。我们的头颅就是一部历史，无数祖先进步的痕迹储存于脑海深处。我们是一株亿万年苍老树干上最新萌发的绿叶，不单属于自身，更属于土地。人类的精神之火，是连绵不断的链条，作为精致的一环，我们否认了自身的重要，就是推卸了一种神圣的承诺。

回溯我们诞生的过程，两组生命基因的嵌合，更是充满了人所不能把握的偶然性。我们每一个个体，都是机遇的产物。

常常遥想，如果是另一个男人和另一个女人，就绝不会有今天的我……

即使是这一个男人和这一个女人，如果换了一个时辰相爱，也不会有此刻的我……

即使是这一个男人和这一个女人在这一个时辰，由于一片小小落叶或是清脆鸟啼的打搅，依然可能不会有如此的我……

一种令人怅然以至走入恐惧的想象，像雾霭一般不可避免地缓缓升起，模糊了我们的来路和去处，令人不得不断然打住思绪。

我们的生命，端坐于概率垒就的金字塔的顶端。面对大自然的鬼斧神工，我们还有权利和资格说我不重要吗？

对于我们的父母，我们永远是不可重复的孤本。无论他们有多少儿女，我们都是独特的一个。

假如我不存在了，他们就空留一份慈爱，在风中蛛丝般飘荡。

假如我生了病，他们的心就会皱缩成石块，无数次向上苍祈祷我的康复，甚至愿灾痛以十倍的烈度降临于他们自身，以换取我的平安。

我的每一滴成功，都如同经过放大镜，进入他们的瞳孔，摄入他们心底。

假如我们先他们而去，他们的白发会从日出垂到日暮，他们的泪水会使太平洋为之涨潮。面对这无法承载的亲情，我们还敢说我不重要吗？

我们的记忆，同自己的伴侣紧密地缠绕在一处，像两种混淆于一碟的颜色，已无法分开。你原先是黄，我原先是蓝，我们共同的颜色是绿，绿得生机勃勃，绿得苍翠欲滴。失去了妻子的男人，胸口就缺少了生死攸关的肋骨，心房裸露着，随着每一阵轻风滴血。失去了丈夫的女人，就是齐斩斩折断的琴弦，每一根都在雨夜长久地自鸣……面对相濡以沫的同道，我们忍心说我不重要吗？

俯对我们的孩童，我们是至高至尊的唯一。我们是他们最初的宇宙，我们是深不可测的海洋。假如我们隐去，孩子就永失淳厚无双的血缘之爱，天倾东南，地陷西北，万劫不复。盘子破裂可以粘起，童年碎了，永不复原。伤口流血了，没有母亲的手为他包扎。面临抉择，没有父亲的智慧为他谋略……面对后代，我们有胆量说我不重要吗？

与朋友相处，多年的相知，使我们仅凭一个微蹙的眉尖、一次睫毛的抖动，就可以明了对方的心情。假如我不在了，就像计算机丢失了一份不曾复制的文件，他的记忆库里留下不可填补的黑洞。夜深人静时，手指在摁了几个电话键码后，骤然停住，那一串数字再也用不着默诵了。逢年过节时，她写下一沓沓的贺卡。轮到我的地址时，她闭上眼睛……许久之后，她将一张没有地址只有姓名的贺卡填好，在无人的风口将它焚化。

相交多年的密友，就如同沙漠中的古陶，摔碎一件就少一件，再也找不到一模一样的成品。面对这般友情，我们还好意思说我不重要吗？

我很重要。

我对于我的工作我的事业，是不可或缺的主宰。我的独出心裁的创意，像鸽群一般在天空翱翔，只有我才捉得住它们的羽毛。我的设想像珍珠一般散落在海滩上，等待着我把它用金线串起。我的意志向前延伸，直到地平线消失的远方……没有人能替代我，就像我不能替代别人。我很重要。

我对自己小声说。我还不习惯嘹亮地宣布这一主张，我们在不重要中生活得太久了。我很重要。

我重复了一遍。声音放大了一点。我听到自己的心脏在这种呼唤中猛烈地跳动。我很重要。

我终于大声地对世界这样宣布。片刻之后，我听到山岳和江海传来回声。

是的，我很重要。我们每一个人都应该有勇气这样说。我们的地位可能很卑微，我们的身份可能很渺小，但这丝毫不意味着我们不重要。

重要并不是伟大的同义词，它是心灵对生命的允诺。

人们常常从成就事业的角度，断定我们是否重要。但我要说，只要我们在时刻努力着，为光明在奋斗着，我们就是无比重要地生活着。

让我们昂起头，对着我们这颗美丽的星球上无数的生灵，响亮地宣布——

我很重要。

（《我很重要》，毕淑敏，时代文艺出版社，2005 年版）

思考与练习

1. 作者从哪些方面精辟剖析了个体生命的价值？
2. 作者认为"我很重要"，你认为还有没有比"我"更重要的？请简述你的见解。

4　平凡的世界（节选）

路　遥

题解

路遥（1949 年～1992 年），原名王卫国，中国当代作家，生于陕北山区贫困的农民家庭，代表作有《平凡的世界》《人生》等。

《平凡的世界》是中国作家路遥创作的一部全景式地表现中国当代城乡社会生活的长篇小说，全书共三部。该书以中国 20 世纪 70 年代中期到 80 年代中期的十年间为背景，通过复杂的矛盾纠葛，以孙少安和孙少平两兄弟为中心，刻画了当时社会各阶层众多普通人的形象。劳动与爱情、挫折与追求、痛苦与欢乐、日常生活与巨大社会冲突纷繁地交织在一起,深刻地展示了普通人在大时代历史进程中所走过的艰难曲折的道路。1991年3月,《平凡的世界》获中国第三届茅盾文学奖。

本篇内容选自小说的第一部的第二章,该章内容交代了孙少平上学的艰难以及在面对所有艰难时孙少平所表现的纠结和抗争。

孙少平上这学实在是太艰难了。像他这样十七八岁的后生,正是能吃能喝的年龄。可是他每顿饭只能啃两个高粱面馍。以前他听父亲说过,旧社会地主喂牲口都不用高粱——这是一种最没营养的粮食。可是就这高粱面他现在也并不充足。按他的饭量,他一顿至少需要四五个这样的黑家伙。现在这一点吃食只是不至于把人饿死罢了。如果整天坐在教室里还勉强能撑得住,可这年头"开门办学",学生们除过一伙一伙东跑西颠学工学农外,在学校里也是半天学习,半天劳动。至于说到学习,其实根本就没有课本,都是地区发的油印教材,课堂上主要是念报纸上的社论。开学这些天来,还没正经地上过什么课,全班天天在教室里学习讨论无产阶级专政理论。当然发言的大部分是城里的学生,乡里来的除过个别胆大的外,还没人敢说话。

每天的劳动可是雷打不动的,从下午两点一直要干到吃晚饭。这一段时间是孙少平最难熬的。每当他从校门外的坡底下挑一担垃圾土,往学校后面山地里送的时候,只感到两眼冒花,天旋地转,思维完全不存在了,只是吃力而机械地蠕动着两条打颤的腿一步步在山路上爬蜒。

但是对孙少平来说,这些也许都还能忍受。他现在感到最痛苦的是由于贫困而给自尊心所带来的伤害。他已经十七岁了,胸腔里跳动着一颗敏感而羞怯的心。他渴望穿一身体面的衣裳站在女同学的面前;他愿自己每天排在买饭的队伍里,也能和别人一样领一份乙菜,并且每顿饭能搭配一个白馍或者黄馍。这不仅是为了嘴馋,而是为了活得尊严。他并不奢望有城里学生那样优越的条件,只是希望能像大部分乡里来的学生一样就心满意足了。

可是这绝对不可能。家里能让他这样一个大后生不挣工分白吃饭,让他到县城来上高中,就实在不容易了。大哥当年为了让他和妹妹上学,十三岁高小毕业,连初中也没考,就回家务了农。至于大姐,从小到大连一天书也没有念过。他现在除过深深地感激这些至亲至爱的人们,怎么再能对他们有任何额外的要求呢?

少平知道,家里的光景现在已经临近崩溃。老祖母年近八十,半瘫在炕上;父母亲也一大把岁数,老胳膊老腿的,挣不了几个工分;妹妹升入了公社初中,吃穿用度都增加了;姐姐又寻了个不务正业的丈夫,一个人拉扯着两个幼小的孩子,吃了上顿没下顿,还要他们家经常接济一点救命的粮食——他父母心疼两个小外孙,还常常把他们接到家里来喂养。

家里实际上只有大哥一个全劳力——可他也才二十三岁啊!亲爱的大哥从十三岁起就担起了家庭生活的重担;没有他,他们这家人不知还会破落到什么样的境地呢!

按说,这么几口人,父亲和哥哥两个人劳动,生活是应该能够维持的。但这多少年来,庄稼人苦没少受,可年年下来常常两手空空。队里穷,家还能不穷吗?再说,父母亲一辈子老实无能,老根子就已经穷到了骨头里。年年缺空,一年更比一年穷,而且看来再没有任何好转的指望了……在这样的情况下,他能上到高中,还有什么可说的呢?话说回来,就是家里有点好吃的,好穿的,也要首先考虑年迈的祖母和年幼的妹妹;更何况还有姐姐的两个嗷嗷待哺的小生命!

他在眼前的环境中是自卑的。虽然他在班上个子最高,但他感觉他比别人都低了一头。

而贫困又使他过分地自尊。他常常感到别人在嘲笑他的寒酸,因此对一切家境好的同学内心中有一种变态的对立情绪。就说现在吧,他对那个派头十足的班长顾养民,已经产生了一种强烈的反感情绪。每当他看见他站在讲台上,穿戴得时髦笔挺,一边优雅地点名,一边扬起手腕看表的神态时,一种无名的怒火就在胸膛里燃烧起来，压也压不住。点名的时候，点到谁，谁就答个到。有一次点到他的时候，他故意没有吭声。班长瞪了他一眼，又喊了一声他的名字，他还是没有吭声。如果在初中，这种情况说不定立即就会引起一场暴力性的冲突。大概是因为大家刚升入高中，相互不摸情况，班长对于他这种侮辱性的轻蔑，采取了克制的态度，接着去点别人的名了。

点完名散场后，他和他们村的金波一同走出教室。这家伙喜眉笑脸地对他悄悄伸出一个大拇指，说："好！""我担心这小子要和我打架。"孙少平事后倒有点后悔他刚才的行为了。

"他小子敢！"金波瞪起一双大花眼睛，拳头在空中晃了晃。

金波和他同龄，个子却比他矮一个头。他皮肤白皙，眉目清秀，长得像个女孩子。但这人心却生硬，做什么事手脚非常麻利。平静时像个姑娘，动作时如同一只老虎。

金波他父亲是地区运输公司的汽车司机，家庭情况比孙少平要好一些，生活方面在班里算是属于较高层次的。少平和这位"富翁"的关系倒特别要好。他和他从小一块耍大，玩性很投合。以后又一直在一起上学。在村里，金波的父亲在门外工作，他家里少不了有些力气活，也常是少平他父亲或哥哥去帮忙。另外，金波的妹妹也和他妹妹一块上学，两个孩子好得形影不离。至于金波对他的帮助，那就更不用说了。他们在公社上初中时，离村十来里路，为了省粮省钱，都是在家里吃饭——晚上回去，第二天早上到校，顺便带着一顿中午饭。每天来回二十里路，与他一块上学的金波和大队书记田福堂的儿子润生都有自行车，只有他是两条腿走路。金波就和他共骑一辆车子。两年下来，润生的车子还是新的，金波的车子已经破烂不堪了。他父亲只好又给他买了一辆新的。现在到了县城，离家六七十里路，每星期六回家，他更是离不开金波的自行车了。另外，到这里来以后，金波还好几次给他塞过白面票。不过，他推让着没有要——因为这年头谁的白面票也不宽裕；再说，几个白面馍除顶不了什么事，还会惯坏他的胃口的……唉，尽管上这学是如此艰难，但孙少平内心深处还是有一种说不出的高兴滋味。他现在已经从山乡圪崂里来到了一个大世界。对于一个贫困农民的儿子来说，这本身就是一件了不起的事啊！

每天，只要学校没什么事，孙少平就一个人出去在城里的各种地方转：大街小巷，城里城外，角角落落，反正没去过的地方都去。除过几个令人敬畏的机关——如县革委会、县武装部和县公安局外，他差不多在许多机关的院子里都转过了——大多是假装上厕所而哄过门房老头进去的。由于人生地不熟，他也不感到这身破衣服在公众场所中的寒酸，自由自在地在这个城市的四面八方逛荡。他在这期间获得了无数新奇的印象，甚至觉得弥漫在城市上空的炭烟味闻起来都是别具一格的。当然，许许多多新的所见所识他都还不能全部理解，但所有的一切无疑都在他的精神上产生了影响。透过城市生活的镜面，他似乎更清楚地看见了他已经生活过十几年的村庄——在那个他所熟悉的古老的世界里，原来许多有意义的东西，现在看起来似乎有点平淡无奇了。而那里许多本来重要的事物过去他却并没有留心，现在倒突然如此鲜活地来到了他的心间。

除过这种漫无目的的转悠，他现在还养成了一种看课外书的习惯。这习惯还是在上初中的最后一年开始的。有一次他去润生家，发现他们家的箱盖上有一本他妈夹鞋样的厚书，名字叫《钢铁是怎样炼成的》。起先他没在意——一本炼钢的书有什么意思呢？他随便翻了翻，又觉得不对劲。明明是一本炼钢的书，可里面却不说炼钢炼铁，说的全是一个叫保尔·柯察金的苏联人的长长短短。他突然对这本奇怪的书产生了强烈的好奇心。他想看看这本书倒究是怎么回事。润生说这书是他姐的——润生他姐在县城教书，很少回家来；这书是润生他妈从城里拿回来夹鞋样的。

润生妈同意后，他就拿着这本书匆匆地回到家里，立刻看起来。

他一下子就被这书迷住了。记得第二天是星期天，本来往常他都要出山给家里砍一捆柴；可是这天他哪里也没去，一个人躲在村子打麦场的麦秸垛后面，贪婪地赶天黑前看完了这书。保尔·柯察金，这个普通外国人的故事，强烈地震撼了他幼小的心灵。

天黑严以后,他还没有回家。他一个人呆呆地坐在禾场边上,望着满天的星星,听着小河水朗朗的流水声,陷入了一种说不清楚的思绪之中。这思绪是散乱而飘浮的,又是幽深而莫测的。他突然感觉到,在他们这群山包围的双水村外面,有一个辽阔的大世界。而更重要的是,他现在朦胧地意识到,不管什么样的人,或者说不管人在什么样的境况下,都可以活得多么好啊!在那一瞬间,生活的诗情充满了他十六岁的胸膛。他的眼前不时浮现出保尔瘦削的脸颊和他生机勃勃的身姿。他那双眼睛并没有失明,永远蓝莹莹地在遥远的地方兄弟般地望着他。当然,他也永远不能忘记可爱的富人的女儿冬妮娅。她真好。她曾经那样地热爱穷人的儿子保尔。少平直到最后也并不恨冬妮娅。他为冬妮娅和保尔的最后分手而热泪盈眶。他想:如果他也遇到一个冬妮娅该多么好啊!这一天,他忘了吃饭,也没有听见家人呼叫他的声音。他忘记了周围的一切,一直等到回到家里,听见父亲的抱怨声和看见哥哥责备的目光,在锅台上端起一碗冰凉的高粱米稀饭的时候,他才回到了他生活的冷酷现实中……从此以后,他就迷恋上了小说,尤其爱读苏联书。在来高中之前,他已经看过了《卓娅和舒拉的故事》。

现在,他在学校和县文化馆的图书室里千方百计搜寻书籍。眼下出的书他都不爱看,因为他已经读过几本苏联小说,这些中国的新书相比而言,对他来说已经没什么意思了。他只搜寻外国书和文化革命前出的中国书。

渐渐地,他每天都沉醉在读书中。没事的时候,他就躺在自己的一堆破烂被褥里没完没了地看。就是到学校外面转悠的时候,胳膊窝里也夹着一本——转悠够了,就找个僻静地方看。后来,竟然发展到在班上开会或者政治学习的时候,他也偷偷把书藏在桌子下面看。

(《平凡的世界》,路遥,十月文艺出版社,2012年版)

思考与练习

1. 请从课文中总结孙少平的性格。
2. 孙少平是怎样和命运抗争的?

5 假如给我三天光明(节选)

海伦·凯勒

题解

海伦·凯勒(1880年~1968年),19世纪美国盲聋女作家、教育家、慈善家、社会活动家。她以自强不息的顽强毅力,掌握了英、法、德等五国语言,完成了她的一系列著作,并致力于为残疾人造福,建立慈善机构,被美国《时代周刊》评为美国十大英雄偶像,荣获"总统自由勋章"等奖项。主要著作有《假如给我三天光明》《我的生活》《我的老师》等。

《假如给我三天光明》(节选)是作者假设自己获得三天光明后的所见、所思、所感。在这三天中,作者的所见集中表现了自己对人类生活的高度赞美、对人类社会美好精神的赞美、对自然与人工创造的赞美,同时让我们看到一个热爱生活、坚强乐观、敢于面对生活中的快乐与悲哀、具有大众情怀与关怀的女性形象。

有视觉的人,他们的眼睛不久便习惯了周围事物的常规,他们实际上仅仅注意令人惊奇的和壮观的事物。然而,即使他们观看最壮丽的奇观,眼睛都是懒洋洋的。法庭的记录每天都透露出"目击者"看得多么不准确。某一事件会被几个见证人以几种不同的方式"看见"。有的人比别人看得更多,但没有几个人看见他们视线以内一切事物。

啊,如果给我三天光明,我会看见多少东西啊!

第一天,将会是忙碌的一天。我将把我所有亲爱的朋友都叫来,长久地望着他们的脸,把他们内在美的外部迹象铭刻在我的心中。我也将会把目光停留在一个婴儿的脸上,以便能够捕捉到在生活冲突所致的个人意识尚未建立之前的那种渴望的、天真无邪的美。

我还将看看我的小狗们忠实信赖的眼睛——庄重、宁静的小司格梯、达吉,还有健壮而又懂事的大德恩,以及黑尔格,它们的热情、幼稚而顽皮的友谊,使我获得了很大的安慰。

在忙碌的第一天,我还将观察一下我的房间里简单的小东西,我要看看我脚下的小地毯的温暖颜色,墙壁上的画,将房子变成一个家的那些亲切的小玩意。我的目光将会崇敬地落在我读过的盲文书籍上,然而那些能看的人们所读的印刷字体的书籍,会使我更加感兴趣。在我一生漫长的黑夜里,我读过的和人们读给我听的那些书,已经成为了一座辉煌的巨大灯塔,为我指示出了人生及心灵的最深的航道。

在能看见的第一天下午,我将到森林里进行一次远足,让我的眼睛陶醉在自然界的美丽之中,在几小时内,拼命吸取那经常展现在正常视力人面前的光辉灿烂的广阔奇观。自森林郊游返回的途中,我要走在农庄附近的小路上,以便看看在田野耕作的马(也许我只能看到一台拖拉机),看看紧靠着土地过活的悠然自得的人们,我将为光艳动人的落日奇景而祈祷。

当黄昏降临,我将由于凭借人为的光明看见外物而感到喜悦,当大自然宣告黑暗到来时,人类天才地创造了灯光,来延伸他的视力。在第一个有视觉的夜晚,我将睡不着,心中充满对于这一天的回忆。

有视觉的第二天,我要在黎明起身,去看黑夜变为白昼的动人奇迹。我将怀着敬畏之心,仰望壮丽的曙光全景,与此同时,太阳唤醒了沉睡的大地。

这一天,我将向世界,向过去和现在的世界匆忙瞥一眼。我想看看人类进步的奇观,那变化无穷的万古千年。这么多的年代,怎么能被压缩成一天呢?当然是通过博物馆。我常常参观纽约自然史博物馆,用手摸一摸那里展出的许多展品,但我曾经渴望亲眼看看地球的简史和陈列在那里的地球上的居民——按照自然环境描画的动物和人类,巨大的恐龙和剑齿象的化石,早在人类出现并以他短小的身材和有力的头脑征服动物王国以前,它们就漫游在地球上了;博物馆还逼真地介绍了动物、人类,以及劳动工具的发展经过,人类使用这些工具,在这个行星上为自己创造了安全牢固的家;博物馆还介绍了自然史的其他无数方面。

我不知道,有多少本文的读者看到过那个吸引人的博物馆里所描绘的活着的动物的形形色色的样子。当然,许多人没有这个机会,但是,我相信许多有机会的人却没有利用它。在那里确实是使用你眼睛的好地方。有视觉的你可以在那里度过许多受益匪浅的日子,然而我,借助于想象中的能看见的三天,仅能匆匆一瞥而过。

　　我的下一站将是首都艺术博物馆,因为它正像自然史博物馆显示了世界的物质外观那样,首都艺术博物馆显示了人类精神的无数个小侧面。在整个人类历史阶段,人类对于艺术表现的强烈欲望几乎像对待食物、藏身处,以及生育繁殖一样迫切。在这里,在首都艺术博物馆巨大的展览厅里,埃及、希腊、罗马的精神在它们的艺术中表现出来,展现在我面前。

　　我通过手清楚地知道了古代尼罗河国度的诸神和女神。我抚摸了巴台农神庙中的复制品,感到了雅典冲锋战士有韵律的美。阿波罗、维纳斯以及双翼胜利之神莎莫瑞丝都使我爱不释手。荷马的那副多瘤有须的面容对我来说是极其珍贵的,因为他也懂得什么叫失明。我的手依依不舍地留恋罗马及后期的逼真的大理石雕刻,我的手抚摸遍了米开朗基罗的感人的英勇的摩西石雕像,我感知到罗丹的力量,我敬畏哥特人对于木刻的虔诚。这些能够触摸的艺术品对我来讲,是极有意义的,然而,与其说它们是供人触摸的,毋宁说它们是供人观赏的,而我只能猜测那种我看不见的美。我能欣赏希腊花瓶的简朴的线条,但它的那些图案装饰我却看不到。

　　因此,这一天,给我光明的第二天,我将通过艺术来搜寻人类的灵魂。我会看见那些我凭借触摸所知道的东西。更妙的是,整个壮丽的绘画世界将向我打开,从富有宁静的宗教色彩的意大利早期艺术及至带有狂想风格的现代派艺术。我将细心地观察拉斐尔、达·芬奇、提香、伦勃朗的油画。我要饱览维洛内萨的温暖色彩,研究艾尔·格列科的奥秘,从科罗的绘画中重新观察大自然。啊,你们有眼睛的人们竟能欣赏到历代艺术中这么丰富的意味和美!在我对这个艺术神殿的短暂的游览中,我一点儿也不能评论展开在我面前的那个伟大的艺术世界,我将只能得到一个肤浅的印象。艺术家们告诉我,为了达到深刻而真正的艺术鉴赏,一个人必须训练眼睛。一个人必须通过经验学习判断线条、构图、形式和颜色的品质优劣。假如我有视觉从事这么使人着迷的研究,该是多么幸福啊!但是,我听说,对于你们有眼睛的许多人,艺术世界仍是个有待进一步探索的世界。

　　我十分勉强地离开了首都艺术博物馆,它装纳着美的钥匙。但是,看得见的人们往往并不需要到首都艺术博物馆去寻找这把美的钥匙。同样的钥匙还在较小的博物馆中甚或在小图书馆书架上等待着。但是,在我假想的有视觉的有限时间里,我应当挑选一把钥匙,能在最短的时间内去开启藏有最大宝藏的地方。

　　我重见光明的第二晚,我要在剧院或电影院里度过。即使现在我也常常出席剧场的各种各样的演出,但是,剧情必须由一位同伴拼写在我手上。然而,我多么想亲眼看看哈姆雷特的迷人的风采,或者穿着伊丽莎白时代鲜艳服饰的生气勃勃的弗尔斯塔夫!我多么想注视哈姆雷特的每一个优雅的动作,注视精神饱满的弗尔斯塔夫的大摇大摆!因为我只能看一场戏,这就使我感到非常为难,因为还有数十幕我想要看的戏剧。

　　你们有视觉,能看到你们喜爱的任何一幕戏。当你们观看一幕戏剧、一部电影或者任何一个场面时,我不知道,究竟有多少人对于使你们享受它的色彩、优美和动作的视觉的奇迹有所认识,并怀有感激之情呢?由于我生活在一个限于手触的范围里,我不能享受到有节奏的动作美。但我只能模糊地想象一下巴芙洛娃的优美,虽然我知道一点律动的快感,因为我常常能在音乐震动地板时感觉到它的节拍。我能充分想象那有韵律的动作,一定是世界上最令人悦目的一种景象。我用手指抚摸大理石雕像的线条,就能够推断出几分。如果这种静态美都能那么可爱,看到的动态美一定更加令人激动。我最珍贵的回忆之一就是,约瑟·杰佛逊让我在他又说又做地表演他所爱的里卜·万·温克时去摸他的脸庞和双手。

　　我多少能体会到一点戏剧世界,我永远不会忘记那一瞬间的快乐。但是,我多么渴望观看和倾听戏剧表演进行中对白和动作的相互作用啊!而你们看得见的人该能从中得到多少快乐啊!如果我能看到仅仅一场戏,我就会知道怎样在心中描绘出我用盲文字母读到或了解到的近百部戏剧的情节。所以,在我虚构的重见光明的第二晚,我没有睡成,整晚都在欣赏戏剧文学。

下一天清晨,我将再一次迎接黎明,急于寻找新的喜悦,因为我相信,对于那些真正看得见的人,每天的黎明一定是一个永远重复的新的美景。依据我虚构的奇迹的期限,这将是我有视觉的第三天,也是最后一天。我将没有时间花费在遗憾和热望中,因为有太多的东西要去看。第一天,我奉献给了我有生命和无生命的朋友。第二天,向我显示了人与自然的历史。今天,我将在当前的日常世界中度过,到为生活奔忙的人们经常去的地方去,而哪儿能像纽约一样找得到人们那么多的活动和那么多的状况呢?所以城市成了我的目的地。

我从我的家,长岛的佛拉斯特小而安静的郊区出发。这里,环绕着绿色草地、树木和鲜花,有着整洁的小房子,到处是妇女儿童快乐的声音和活动,非常幸福,是城里劳动人民安谧的憩息地。我驱车驶过跨越伊斯特河上的钢制带状桥梁,对人脑的力量和独创性有了一个崭新的印象。忙碌的船只在河中嘎嘎急驶——高速飞驶的小艇,慢悠悠、喷着鼻息的拖船。如果我今后还有看得见的日子,我要用许多时光来眺望这河中令人欢快的景象。我向前眺望,我的前面耸立着纽约——一个仿佛从神话的书页中搬下来的城市的奇异高楼。多么令人敬畏的建筑啊!这些灿烂的教堂塔尖,这些辽阔的石砌钢筑的河堤坡岸——真像诸神为他们自己修建的一般。这幅生动的画面是几百万人民每天生活的一部分。我不知道,有多少人会对它回头投去一瞥?只怕寥寥无几。对这个壮丽的景色,他们视而不见,因为这一切对他们是太熟悉了。

我匆匆赶到那些庞大建筑物之一——帝国大厦的顶端,因为不久以前,我在那里凭借我秘书的眼睛"俯视"过这座城市,我渴望把我的想象同现实作一比较。我相信,展现在我面前的全部景色一定不会令我失望,因为它对我将是另一个世界的景色。此时,我开始周游这座城市。首先,我站在繁华的街角,只看看人,试图凭借对他们的观察去了解一下他们的生活。看到他们的笑颜,我感到快乐;看到他们的严肃的决定,我感到骄傲;看到他们的痛苦,我不禁充满同情。

我沿着第五大街散步。我漫然四顾,眼光并不投向某一特殊目标,而只看看万花筒般五光十色的景象。我确信,那些活动在人群中的妇女的服装色彩一定是一幅绝不会令我厌烦的华丽景色。然而如果我有视觉的话,我也许会像其他大多数妇女一样——对个别服装的时髦式样感到兴趣,而对大量的灿烂色彩不怎么注意。而且,我还确信,我将成为一位习惯难改的橱窗顾客,因为,观赏这些无数精美的陈列品一定是一种眼福。

从第五大街起,我作一番环城游览——到公园大道去,到贫民窟去,到工厂去,到孩子们玩耍的公园去,我还将参观外国人居住区,进行一次不出门的海外旅行。我始终睁大眼睛注视幸福和悲惨的全部景象,以便能够深入调查,进一步了解人们是怎样工作和生活的。

我的心充满了人和物的形象。我的眼睛决不轻易放过一件小事,它争取密切关注它所看到的每一件事物。有些景象令人愉快,使人陶醉;但有些则是极其凄惨,令人伤感。对于后者,我绝不闭上我的双眼,因为它们也是生活的一部分。在它们面前闭上眼睛,就等于关闭了心房,关闭了思想。

我有视觉的第三天即将结束了。也许有很多重要而严肃的事情,需要我利用这剩下的几个小时去看,去做。但是,我担心在最后一个夜晚,我还会再次跑到剧院去,看一场热闹而有趣的戏剧,好领略一下人类心灵中的谐音。

到了午夜,我摆脱盲人苦境的短暂时刻就要结束了,永久的黑夜将再次向我迫近。在那短短的三天,我自然不能看到我想要看到的一切。只有在黑暗再次向我袭来之时,我才感到我丢下了多少东西没有见到。然而,我的内心充满了甜蜜的回忆,使我很少有时间来懊悔。此后,我摸到每一件物品,我的记忆都将鲜明地反映出那件物品是个什么样子。

我的这一番如何度过重见光明的三天的简述,也许与你假设知道自己即将失明而为自己所做的安排不相一致。可是,我相信,假如你真的面临那种厄运,你的目光将会尽量投向以前从未曾见过的事物,并将它们储存在记忆中,为今后漫长的黑夜所用。你将比以往更好地利用自己的眼睛。你所看到的每一件东西,对你都是那么珍贵,你的目光将饱览那出现在你视线之内的每一件物品。然后,你将真正看到,一个美的世界在你面前展开。

失明的我可以给那些看得见的人们一个提示——对那些能够充分利用天赋视觉的人们一个忠告:善用你的眼睛吧,犹如明天你将遭到失明的灾难。同样的方法也可以应用于其他感官。聆听乐曲的妙音,鸟儿的歌唱,管弦乐队的雄浑而铿锵有力的曲调吧,犹如明天你将遭到耳聋的厄运。抚摸每一件你想要抚摸的物品吧,犹如明天你的触觉将会衰退。嗅闻所有鲜花的芳香,品尝每一口佳肴吧,犹如明天你再不能嗅闻品尝。充分利用每一个感官,通过自然给予你的几种接触手段,为世界向你显示的所有愉快而美好的细节而自豪吧! 不过,在所有感官中,我相信,视觉一定是最令人赏心悦目的。

(《假如给我三天光明》,〔美〕海伦·凯勒,李汉昭译,华文出版社,2002 年版)

思考与练习

1. 作者在文中多次提到了"有视力的人"(共 7 处)对诸多"奇观"的忽略,如何理解其中所要表达的感情?

2. 如何理解"对于欢乐与悲哀,我总是睁大眼睛去关心"一句中作者所要表达的感情,体现了海伦·凯勒怎样的精神实质?

「第十单元」

天工人巧日争新

满眼生机转化钧,天工人巧日争新。

人才是第一资源,创新是第一动力。

在21世纪的今天,中国经济快速腾飞,创造了一个又一个世界奇迹,这源于我们科技不断创新的结果。

在为我国一项项创新技术感到自豪的同时,不要忘记,正是因为那些走在前面的探路者付出了辛苦和汗水,才有了今天的累累硕果。

无比痛心的是,一些人价值观扭曲,不崇尚科学,不尊重创造,不尊重人才,娱乐至上,对科学一无所知。

"一个有理想和情怀的青年,不应该对他所处的时代,他脚下的土地无动于衷。"

我们需要向在创新路上奋勇向前的科学家们致敬。

"惟改革者进,惟创新者强,惟改革创新者胜。"希望我们一起奋发进取,共绘新时代精彩答卷。

1 滕王阁序

王　勃

题解

　　王勃(约650年~675年)，字子安，唐代诗人。绛州龙门(今山西河津)人，出身儒学世家，与杨炯、卢照邻、骆宾王合称"初唐四杰"，并被推为首位。王勃在诗歌体裁上擅长五律和五绝，代表作品有《送杜少府之任蜀州》；主要文学成就是骈文，代表作品有《滕王阁序》等。

　　《滕王阁序》全称《秋日登洪府滕王阁饯别序》，又名《滕王阁诗序》《宴滕王阁序》。文章对仗精工、音韵谐美、用事贴切、熟用隔对，是骈文中的上乘之作。

　　豫章故郡，洪都新府[1]。星分翼轸，地接衡庐[2]。襟三江而带五湖，控蛮荆而引瓯越[3]。物华天宝，龙光射牛斗之墟[4]；人杰地灵，徐孺下陈蕃之榻[5]。雄州雾列，俊采星驰[6]。台隍枕夷夏之交，宾主尽东南之美[7]。都督阎公之雅望，棨戟遥临[8]；宇文新州之懿范，襜帷暂驻[9]。十旬休假，胜友如云[10]；千里逢迎，高朋满座。腾蛟起凤，孟学士之词宗[11]；紫电青霜，王将军之武库[12]。家君作宰，路出名区；童子何知，躬逢胜饯[13]。

---

〔1〕　豫章：滕王阁在今江西省南昌市。南昌，为汉豫章郡治。唐代宗李豫当政之后，为了避讳，"豫章故郡"被篡改为"南昌故郡"。所以现在滕王阁内的石碑以及苏轼的手书都作"南昌故郡"。故：以前的。洪都：汉豫章郡，唐改为洪州，设都督府。

〔2〕　星分翼轸：古人习惯以天上星宿与地上区域对应，称为"某地在某星之分野"。据《晋书·天文志》，豫章属吴地，吴越扬州当牛斗二星的分野，与翼轸二星相邻。翼、轸：星宿名，属二十八宿。衡：衡山，此代指衡州(治在今湖南省衡阳市)。庐：庐山，此代指江州(治所在今江西省九江市)。

〔3〕　襟：以……为襟。三江：太湖的支流松江、娄江、东江，泛指长江中下游的江河。带：以……为带。五湖：一说指太湖、鄱阳湖、青草湖、丹阳湖、洞庭湖，又一说指菱湖、游湖、莫湖、贡湖、胥湖，皆在鄱阳湖周围，与鄱阳湖相连。以此借为南方大湖的总称。蛮荆：古楚地，今湖北、湖南一带。引：连接。瓯越：古越地，即今浙江地区。古东越王建都于东瓯(今浙江省永嘉县)，境内有瓯江。

〔4〕　物华天宝：地上的宝物焕发为天上的宝气。龙光：指宝剑的光辉。牛、斗：星宿名。墟、域：所在之处。据《晋书·张华传》，晋初，牛、斗二星之间常有紫气照射。张华请教精通天象的雷焕，雷焕称这是宝剑之精，上彻于天。张华命雷焕为丰城令寻剑，果然在丰城(今江西省丰城市，古属豫章郡)牢狱的地下，掘地四丈，得一石匣，内有龙泉、太阿二剑。后这对宝剑入水化为双龙。

〔5〕　杰：俊杰。灵：灵秀。徐孺：徐孺子的省称。徐孺子名稚，东汉豫章南昌人，当时隐士。据《后汉书·徐稚传》，东汉名士陈蕃为豫章太守，不接宾客，惟徐稚来访时，才设一睡榻，徐稚去后又悬置起来。

〔6〕　雄：雄伟。州：大洲。雾列：雾，像雾一样，名词作状语，喻浓密、繁盛，雾列形容繁华。"星"的用法同"雾"。采：采，同"寀"。官员，这里指人才。

〔7〕　枕：占据，地处。尽：都是。东南之美：泛指各地的英雄才俊。《诗经·尔雅·释地》："东南之美，有会稽之竹箭；西南之美，有华山之金石。"会稽就是今天的绍兴，后用"东箭南金"泛指各地的英雄才俊。

〔8〕　都督：掌管督察诸州军事的官员，唐代分上、中、下三等。阎公：阎伯屿，时任洪州都督。雅望：崇高声望。棨戟：外有赤黑色缯作套的木戟，古代大官出行时用。这里代指仪仗。遥临：远道来临。

〔9〕　宇文新州：复姓宇文的新州(在今广东境内)刺史，名未详。懿范：好榜样。襜帷：车上的帷幕，这里代指车马。暂驻：暂时停留。

〔10〕十旬休假：唐制，十日为一旬，遇旬日则官员休沐，称为"旬休"。胜友：才华出众的友人

〔11〕腾蛟起凤：宛如蛟龙腾跃、凤凰起舞，形容人很有文采。《西京杂记》："董仲舒梦蛟龙入怀，乃作《春秋繁露》。"又："扬雄著《太玄经》，梦吐凤凰集《玄》之上，顷而灭。"孟学士：名未详。学士是朝廷掌管文学撰著的官员。词宗：文坛宗主。也可能是指南朝文学家、史学家沈约。

〔12〕紫电青霜：《古今注》："吴大皇帝(孙权)有宝剑六，二曰紫电。"《西京杂记》："高祖(刘邦)斩白蛇剑，刃上常带霜雪。"《春秋繁露》亦记其事。王将军：王姓的将军，名未详。武库：武器库。也可能是指西晋军事家杜预，即杜武库。

〔13〕家君作宰：王勃之父担任交趾县的县令。路出名区：路过这个有名的地方(指洪州)。童子何知，躬逢胜饯：年幼无知，(却有幸)参加这场盛大的宴会。

时维九月，序属三秋〔1〕。潦水尽而寒潭清〔2〕，烟光凝而暮山紫。俨骖𬴂于上路，访风景于崇阿〔3〕。临帝子之长洲，得仙人之旧馆〔4〕。层峦耸翠，上出重霄；飞阁流丹，下临无地〔5〕。鹤汀凫渚，穷岛屿之萦回；桂殿兰宫，即冈峦之体势〔6〕。

披绣闼，俯雕甍，山原旷其盈视，川泽纡其骇瞩〔7〕。闾阎扑地，钟鸣鼎食之家；舸舰迷津，青雀黄龙之舳〔8〕。云销雨霁，彩彻区明〔9〕。落霞与孤鹜齐飞，秋水共长天一色〔10〕。渔舟唱晚，响穷彭蠡之滨；雁阵惊寒，声断衡阳之浦〔11〕。

遥襟甫畅，逸兴遄飞〔12〕。爽籁发而清风生，纤歌凝而白云遏〔13〕。睢园绿竹，气凌彭泽之樽；邺水朱华，光照临川之笔〔14〕。四美具，二难并〔15〕。穷睇眄于中天〔16〕，极娱游于暇日。天高地迥，觉宇宙之无穷；兴尽悲来，识盈虚之有数〔17〕。望长安于日下，目吴会于云间〔18〕。地势极而南溟深，天柱高而北辰远〔19〕。关山难越，谁悲失路之人；萍水相逢，尽是他乡之客〔20〕。怀帝阍而不见，奉宣室以何年〔21〕？

---

〔1〕　维：在。又有一说此字为语气词，不译。序：时序（春夏秋冬）。三秋：古人称七、八、九月为孟秋、仲秋、季秋，三秋即季秋，九月。

〔2〕　潦水：雨后的积水。尽：渗透。

〔3〕　俨："俨"通"严"，整齐的样子。骖𬴂：驾车的马匹。上路：高高的道路。访：看。崇阿：高大的山陵。

〔4〕　临、得：到。帝子、天人：都指滕王李元婴。有版本为"得仙人之旧馆"。长洲：滕王阁前赣江中的沙洲。旧馆：指滕王阁。

〔5〕　层：重叠。上：上达。飞阁流丹：飞檐涂饰红漆。飞阁：架空建筑的阁道。流：形容彩画鲜艳欲滴。丹：丹漆，泛指彩绘。临：从高处往下探望。

〔6〕　鹤汀凫渚：鹤所栖息的水边平地，野鸭聚处的小洲。汀：水边平地。凫：野鸭。渚：水中小洲。萦回：曲折。即冈峦之体势：依着山岗的形式（而高低起伏）。桂、兰：两种名贵的树，形容宫殿的华丽和讲究。

〔7〕　披：开。绣闼：绘饰华美的门。雕甍：雕饰华美的屋脊。旷：辽阔。盈视：极目远望，满眼都是。纡：迂回曲折。骇瞩：对所见的景物感到惊骇。

〔8〕　闾阎：里门，这里代指房屋。扑：满。钟鸣鼎食：古代贵族鸣钟列鼎而食，所以用钟鸣鼎食指代名门望族。舸：船。《方言》："南楚江、湘，凡船大者谓之舸。"弥：满。青雀黄龙：船的装饰形状，船头作鸟头型，龙头型。舳：船尾把舵处，这里代指船只。

〔9〕　销："销"通"消"，消散。霁：雨过天晴。彩：日光。区：天空。彻：通贯。

〔10〕　化用庾信《马射赋》："落花与芝盖同飞，杨柳共春旗一色。"这一句素称千古绝唱。彩霞自上而下，孤鹜自下而上，好似齐飞。青天碧水，天水相接，上下浑然一色。句式上下句相对，而且在一句中自成对偶，形成"当句对"的特点。日本遣唐使抄写版为："落霞与孤鹜齐飞，秋水长天一色。"最早出自刘勰《文心雕龙·知音》："夫麟凤与麏雉悬殊，珠玉与砾石超殊"。宋代吴曾《能改斋漫录·变霞鹜》说"霞"为一种小飞蛾，"落"的意思为孤单，孤单的飞蛾与孤独的野鸭一起飞翔，自有一种孤寂之情。

〔11〕　穷：穷尽，引申为"直到"。彭蠡：古代大泽，即今鄱阳湖。衡阳：今属湖南省，境内有回雁峰，相传秋雁至此就不再南飞，待春而返。断：止浦：水边、岸边。

〔12〕　登高望远，胸怀顿时舒畅，超逸的兴致迅速升起。遥：远望。襟：胸襟。甫：顿时。畅：舒畅。兴：兴致。遄：迅速。

〔13〕　爽籁：清脆的排箫音乐。籁：管子参差不齐的排箫。遏：阻止，引申为"停止"。白云遏：形容音乐优美，能驻行云。《列子·汤问》："薛谭学讴于秦青，未穷青之技，自谓尽之，遂辞归。秦青弗止，饯于郊衢。抚节悲歌，声振林木，响遏行云。"

〔14〕　睢园绿竹：睢园，即汉梁孝王苑园，梁孝王曾在园中聚集文人饮酒赋诗。《水经注》："睢水又东南流，历于竹圃……世人言梁王竹园也。"凌：超过。彭泽：县名，在今江西湖口县东，此代指陶潜。陶潜，即陶渊明，曾官彭泽县令，世称陶彭泽。樽：酒器。陶渊明《归去来兮辞》有"有酒盈樽"之句。睢园绿竹，气凌彭泽之樽：今日盛宴好比当年梁园雅集，大家酒量也胜过陶渊明。邺水：在邺下（今河北省临漳县）。邺下是曹魏兴起的地方，三曹常在此雅集作诗。朱华：荷花。曹植《公宴诗》："秋兰被长坂，朱华冒绿池。"光照临川之笔：临川，郡名，治所在今江西省抚州市，代指即谢灵运。谢灵运曾任临川内史，《宋书》本传称他"文章之美，江左莫逮"。

〔15〕　四美：指良辰、美景、赏心、乐事。另一说，四美：音乐、饮食、文章、言语之美。刘琨《答卢谌诗》："音以赏奏，味以殊珍，文以明言，言以畅神。之子之往，四美不臻。"二难：指贤主、嘉宾难得。谢灵运《拟魏太子邺中集序》："天下良辰、美景、赏心、乐事，四者难并。"王勃说"二难并"活用谢文，良辰、美景为时地方面的条件，归为一类；赏心、悦目为人事方面的条件，归为另一类。

〔16〕　睇眄：看。中天：长天。穷睇眄于中天：极目远望天空。

〔17〕　宇宙：喻指天地。《淮南子·原道训》高诱注："四方上下曰'宇'，古往今来曰'宙'。"迥：大。盈虚：消长，指变化。数：定数，命运。识盈虚之有数：知道万事万物的消长兴衰是有定数的。

〔18〕　吴会：古代绍兴的别称，绍兴古称吴会、会稽，是三吴之首（吴会、吴郡、吴兴），唐代绍兴是国际大都市，与长安齐名。同时期的诗人宋之问也有意思相近的一首诗："薄游京都日，遥羡稽山名"。本句的意思是：夕阳西下，远望长安城，极目远眺，云雾中的吴会（绍兴）若隐若现。东西南北，极目四望，实则是"极目四想"：由日落想到长安，由云海想到绍兴，由南方而想到大海，由北辰而想到天柱、北极。世界阔大，宇宙无边，在这阔大无边的世界宇宙面前，人生是那么的渺小。在此世界宇宙面前，何人能不感叹人生？

〔19〕　南溟：南方的大海。事见《庄子·逍遥游》。天柱：传说中昆仑山高耸入天的铜柱。《神异经》："昆仑之山，有铜柱焉。其高入天，所谓天柱也。"北辰：北极星，比喻国君。《论语·为政》："为政以德，譬如北辰，居其所而众星共（拱）之。"

〔20〕　关山：险关和高山。悲：同情。失路：仕途不遇。萍水相逢：浮萍随水漂泊，聚散不定。比喻向来不认识的人偶然相逢。

〔21〕　帝阍：天帝的守门人。屈原《离骚》："吾令帝阍开关兮，倚阊阖而望予。"此处借指皇帝的宫门。奉宣室：代指入朝做官。贾谊迁谪长沙四年后，汉文帝复召他回长安，于宣室中问鬼神之事。宣室：汉未央宫正殿，为皇帝召见大臣议事之处。

嗟乎！时运不齐，命途多舛。冯唐易老，李广难封[1]。屈贾谊于长沙，非无圣主；窜梁鸿于海曲，岂乏明时[2]？所赖君子见机，达人知命[3]。老当益壮，宁移白首之心？穷且益坚，不坠青云之志[4]。酌贪泉而觉爽，处涸辙以犹欢[5]。北海虽赊，扶摇可接；东隅已逝，桑榆非晚[6]。孟尝高洁，空余报国之情；阮籍猖狂，岂效穷途之哭[7]！

勃，三尺微命，一介书生[8]。无路请缨，等终军之弱冠；有怀投笔，慕宗悫之长风[9]。舍簪笏于百龄，奉晨昏于万里[10]。非谢家之宝树，接孟氏之芳邻[11]。他日趋庭，叨陪鲤对；今兹捧袂，喜托龙门[12]。杨意不逢，抚凌云而自惜；钟期既遇，奏流水以何惭[13]？

呜乎！胜地不常，盛筵难再；兰亭已矣，梓泽丘墟[14]。临别赠言，幸承恩于伟饯；登高作赋，是所望于群公[15]。敢竭鄙怀，恭疏短引。一言均赋，四韵俱成[16]。请洒潘江，各倾陆海云尔[17]。

滕王高阁临江渚，佩玉鸣鸾罢歌舞[18]。

画栋朝飞南浦云，珠帘暮卷西山雨[19]。

闲云潭影日悠悠，物换星移几度秋[20]。

---

〔1〕命途：命运。齐：整齐，平坦，与……一致。不齐：就是坎坷，坑坑洼洼。王勃是指自己的仕途之路不是很顺利，怀才不遇。后有"时运不济"一词乃出自于此，实乃后人误以为是通假字而杜撰之，以讹传讹，何可胜道！《礼记·学记》便有"大时不齐"一词！冯唐易老：冯唐在汉文帝、汉景帝时不被重用，汉武帝时被举荐，已是九十多岁。《史记·冯唐列传》："（冯）唐以孝著，为中郎署长，事文帝。……拜唐为车骑都尉，主中尉及郡国车士。七年，景帝立，以唐为楚相，免。武帝立，求贤良，举冯唐。唐时年九十余，不能复为官。"李广难封：李广，汉武帝时名将，多次与匈奴作战，军功卓著，却始终未获封爵。

〔2〕屈贾谊于长沙，贾谊在汉文帝时被贬为长沙王太傅。圣主：指汉文帝，泛指圣明的君主。梁鸿：东汉人，作《五噫歌》讽刺朝廷，因此得罪汉章帝，避居于鲁、吴中。明时：指汉章帝时代，泛指圣明的时代。

〔3〕机："机"通"几"，预兆，细微的征兆。《易·系辞下》："君子见几（机）而作。"达人知命：通达事理的人。《易·系辞上》："乐天知命故不忧。"

〔4〕老当益壮：年纪虽大，但志气更旺盛，干劲更足。《后汉书·马援传》："丈夫为志，穷当益坚，老当益壮。"坠：坠落，引申为"放弃"。青云之志，《续逸民传》："嵇康早有青云之志。"

〔5〕酌贪泉而觉爽：贪泉，在广州附近的石门，传说饮此水会贪得无厌，吴隐之喝了此水操守反而更加坚定。据《晋书·吴隐之传》，廉官吴隐之赴广州刺史任，饮贪泉之水，并作诗说："古人云此水，一歃怀千金。试使（伯）夷（叔）齐饮，终当不易心。"处涸辙：干涸的车辙，比喻困厄的处境。《庄子·外物》有鲋鱼处涸辙的故事。

〔6〕东隅：日出处，表示早晨，引申为"早年"。桑榆：日落处，表示傍晚，引申为"晚年"。早年的时光消逝，如果珍惜时光，发愤图强，晚年并不晚。《后汉书·冯异传》："失之东隅，收之桑榆。"

〔7〕孟尝：据《后汉书·孟尝传》，孟尝字伯周，东汉会稽上虞人。曾任合浦太守，以廉洁奉公著称，后因病隐居。桓帝时，虽有人屡次荐举，终不见用。阮籍：字嗣宗，晋代名士，不满世事，佯装狂放，常驾车出游，路不通时就痛哭而返。《晋书·阮籍传》："籍时率意独驾，不由径路。车迹所穷，辄恸哭而反。"

〔8〕三尺：衣带下垂的长度，指幼小。古时服饰制度规定束在腰间的绅的长度，因地位不同而有所区别，士规定为三尺。古人称成人为"七尺之躯"，称不大懂事的小孩儿为"三尺童儿"。微命：即"一命"，周朝官阶制度是从一命到九命，一命是最低级的官职。一介：一个。

〔9〕终军：据《汉书·终军传》，终军字子云，汉代济南人。武帝时出使南越，自请"愿受长缨，必羁南越王而致之阙下"，时仅二十余岁。等：相同，用作动词。弱冠：古人二十岁行冠礼，表示成年，称"弱冠"。投笔：事见《后汉书·班超传》，用汉班超投笔从戎的故事。宗悫：据《宋书·宗悫传》，宗悫字元干，南朝宋南阳人，少年时向叔父自述志向，云"愿乘长风破万里浪"。后因战功受封。

〔10〕簪笏：冠簪、手版。官吏用物，这里代指官职地位。百龄：百年，犹"一生"。奉晨昏：侍奉父母。《礼记·曲礼上》："凡为人子之礼……昏定而晨省。"

〔11〕非谢家之宝树：指谢玄，比喻好子弟。《世说新语·言语》："谢太傅（安）问诸子侄'子弟亦何预人事，而正欲使其佳？'诸人莫有言者。车骑（谢玄）答曰：'譬如芝兰玉树，欲使其生于庭阶耳。'"接孟氏之芳邻："接"通"结"，结交。见刘向《列女传·母仪篇》。据说孟轲的母亲为教育儿子而三迁择邻，最后定居于学宫附近。

〔12〕鲤：孔鲤，孔子之子。趋庭：受父亲教诲。《论语·季氏》："（孔子）尝独立，（孔）鲤趋而过庭。（子）曰：'学诗乎？'对曰：'未也。''不学诗，无以言。'鲤退而学诗。他日，又独立，鲤趋而过庭。（子）曰：'学礼乎？'对曰：'未也。''不学礼，无以立。'鲤退而学礼。闻斯二者。"捧袂：举起双袖，表示恭敬的姿势。喜托龙门：《后汉书·李膺传》："膺以声名自高，士有被其容接者，名为登龙门。"

〔13〕杨意：杨得意的省称。凌云：指司马相如作《大人赋》。据《史记·司马相如列传》，司马相如经蜀人杨得意引荐，方能入朝见汉武帝。又云："相如既奏《大人》之颂，天子大悦，飘飘有凌云之气。"钟期：钟子期的省称。《列子·汤问》："伯牙鼓琴，钟子期善听。伯牙鼓琴……志在流水，钟子期曰：'善哉！洋洋兮若江河。'"

〔14〕胜：名胜。不：不能。常：长存。难：难以。再：再次遇到。兰亭：位于中国绍兴。晋穆帝永和九年（353年）三月三日上巳节，王羲之与群贤宴集于此，行修禊礼，祓除不祥。梓泽：即晋·石崇的金谷园，故址在今河南省洛阳市西北。

〔15〕临别赠言：临别时赠送正言以互相勉励，在此指本文。

〔16〕恭疏短引：恭敬地写下一篇小序，在此指本文。一言均赋：每人都一首诗。四韵俱成：（我的）四韵一起写好了。四韵：八句四韵诗，指王勃此时写下的《滕王阁诗》："滕王高阁临江渚，佩玉鸣鸾罢歌舞。画栋朝飞南浦云，珠帘暮卷西山雨。闲云潭影日悠悠，物换星移几度秋。阁中帝子今何在？槛外长江空自流。"

〔17〕请洒潘江，各倾陆海云尔：这里形容各宾客的文采。

〔18〕江：指赣江。渚：江中小洲。佩玉鸣鸾：身上佩戴的玉饰、响铃。罢：停止。

〔19〕南浦：地名，在南昌市西南。浦：水边或河流入海的地方（多用于地名）。西山：南昌名胜，一名南昌山、厌原山、洪崖山。

〔20〕日悠悠：每日无拘无束地游荡。物换星移：形容时代的变迁、万物的更替。物：四季的景物。

阁中帝子今何在? 槛外长江空自流〔1〕。

（《王子安集注》,王勃,上海古籍出版社,2010 年版）

思考与练习

1. 下列说法错误的一项是(   )。

A. 本文选自《王子安集》。作者王勃,字子安,才华横溢,能诗能文,与杨炯、卢照邻、骆宾王并称"初唐四杰"

B. 滕王阁,是唐高祖之子李元婴任洪州都督时修建的一座楼阁。李元婴后封为滕王,所以此楼命名为"滕王阁"。唐高宗时阎某任洪州都督又重新修缮,王勃在赴交趾探父途中,正遇当地在此大宴宾客,于是被邀参加宴会,在宴会上赋诗,并写下了这篇著名的序文

C. 这篇序文,实际是一篇四字或六字相对偶的骈文。作者在文中抒发了对祖国美丽富饶的大好河山的热爱之情,当然也流露了宿命论的消极情绪

D. 文中用典贴切,简练含蓄。如"冯唐易老,李广难封"

2. 对文中下列典故分析不正确的一项是(   )。

A. "怀帝阍而不见,奉宣室以何年"表明自己怀才不遇,有似屈原和贾谊

B. "屈贾谊于长沙,非无圣主"表明自己生不逢时,有对皇帝的怨恨之情

C. "酌贪泉而觉爽,处涸辙以犹欢"表明自己身处逆境,仍能达观看待

D. "阮籍猖狂,岂效穷途之哭"表明自己不会怨世恨俗而放任自流

2 人间词话(节选)

王国维

题解

王国维(1877 年~1927 年),字伯隅、静安,号观堂、永观,汉族,浙江海宁盐官镇人,清末秀才。我国近现代在文学、美学、史学、哲学、古文字学、考古学等各方面成就卓著的学术巨子,国学大师。

《人间词话》作于 1908 年~1909 年,最初发表于《国粹学报》,是王国维所著的一部文学批评著作,也是中国近代最负盛名的一部词话著作。他用传统的词话形式及传统的概念、术语和思维逻辑,较为自然地融进了一些新的观念和方法,其总结的理论问题又具有相当普遍的意义,这就使它在当时新旧两代

---

〔1〕 帝子:指滕王李元婴。槛:栏杆。

的读者中产生了重大反响,在中国近代文学批评史上具有崇高的地位。

三

有有我之境,有无我之境。"泪眼问花花不语,乱红飞过秋千去。"〔1〕"可堪孤馆闭春寒,杜鹃声里斜阳暮。"〔2〕有我之境也。"采菊东篱下,悠然见南山。"〔3〕"寒波澹澹起,白鸟悠悠下。"〔4〕无我之境也。有我之境,以我观物,故物我皆著我之色彩。无我之境,以物观物,故不知何者为我,何者为物。古人为词,写有我之境者为多,然未始不能写无我之境,此在豪杰之士能自树立耳。

八

境界有大小,不以是而分优劣。"细雨鱼儿出,微风燕子斜"〔5〕何遽不若"落日照大旗,马鸣风萧萧"〔6〕。"宝帘闲挂小银钩"〔7〕何遽不若"雾失楼台,月迷津渡"〔8〕也。

一五

词至李后主〔9〕而眼界始大,感慨遂深,遂变伶工〔10〕之词而为士大夫之词。周介存〔11〕置诸温韦之下,可为颠倒黑白矣。"自是人生长恨水长东"〔12〕"流水落花春去也,天上人间"〔13〕,《金荃》〔14〕《浣花》,能有此气象耶?

二六

古今之成大事业、大学问者,罔不经过三种之境界:"昨夜西风凋碧树。独上高楼,望尽天涯路"〔15〕,此第一境界也;"衣带渐宽终不悔,为伊消得人憔悴"〔16〕,此第二境界也;"众里寻他千百度,蓦然回首,那

---

〔1〕 泪眼问花花不语,乱红飞过秋千去:出自欧阳修的《蝶恋花》。
〔2〕 可堪孤馆闭春寒,杜鹃声里斜阳暮:出自秦观的《踏莎行·雾失楼台》。
〔3〕 采菊东篱下,悠然见南山:出自陶渊明的《饮酒·其五》。
〔4〕 寒波澹澹起,白鸟悠悠下:出自元好问的《颖亭留别》。
〔5〕 细雨鱼儿出,微风燕子斜:出自杜甫的《水槛遣心·其一》。
〔6〕 落日照大旗,马鸣风萧萧:出自杜甫的《后出塞·其二》。
〔7〕 宝帘闲挂小银钩:出自秦观的《浣溪沙》。
〔8〕 雾失楼台,月迷津渡:出自秦观的《踏莎行》。
〔9〕 李后主:即李煜。
〔10〕 伶工:古时指乐师或演员。
〔11〕 周介存:即周济,字介存,清词论家,词人。
〔12〕 自是人生长恨水长东:出自李煜的《乌夜啼》。
〔13〕 流水落花春去也,天上人间:出自李煜的《浪淘沙》。
〔14〕 《金荃》:温庭筠作品集。
〔15〕 昨夜西风凋碧树。独上高楼,望尽天涯路:出自晏殊的《蝶恋花·槛菊愁烟兰泣露》。
〔16〕 衣带渐宽终不悔,为伊消得人憔悴:出自柳永的《蝶恋花》,也有人认为是欧阳修所作。

人却在，灯火阑珊处"〔1〕，此第三境界也。此等语皆非大词人不能道。然遽以此意解释诸词，恐为晏、欧〔2〕诸公所不许也。

五六

大家之作，其言情也必沁人心脾，其写景也必豁人耳目。其辞脱口而出，无矫揉妆束之态。以其所见者真，所知者深也。诗词皆然。持此以衡古今之作者，可无大误也。

六十

诗人对宇宙人生，须入乎其内，又须出乎其外。入乎其内，故能写之。出乎其外，故能观之。入乎其内，故有生气。出乎其外，故有高致。美成能入而不出。白石以降，于此二事皆未梦见。

（《人间词话》，王国维，中华书局，2012年版）

思考与练习

1. 王国维提出的"三种之境界"你赞成吗？结合自身实际，试做分析。
2. 广泛收集历史资料，加深对王国维及《人间词话》的理解。

3　看蒙娜丽莎看

熊秉明

题解

熊秉明（1922年～2002年），著名法籍华人艺术家、哲学家，集哲学、文学、绘画、雕塑、书法之修养于一身，无论对人生哲学的体悟还是对艺术创作的实践，都贯穿东西，融合了中国的人文精神。代表作品有《中国书法理论体系》《回归的塑像》《看蒙娜丽莎看》。

---

〔1〕 众里寻他千百度，蓦然回首，那人却在，灯火阑珊处：出自辛弃疾的《青玉案》。
〔2〕 晏、欧：晏同叔和欧阳修。

《看蒙娜丽莎看》这篇文章中两个"看"虽为同一个字,但意义却不同,第一个"看"指的是读者的动作,而第二个"看"则是画中的蒙娜丽莎的一个动作,是一种循环。作者用一种新的视点来推翻我们旧时对"蒙娜丽莎"的欣赏方法,让我们从其他的角度看到不一样的蒙娜丽莎。

一

面对一幅画,我们说"看画"。

画是客体,挂在那里。我们背了手凑近、退远、审视、端详、联想、冥想、玩味、评价。大自然的山水、鸟兽、草木,人间的英雄与圣徒、好女与孩童、爱情与劳动、战争与游戏、欢喜与悲痛,都定影在那里,化为我们"看"的对象。连上想象里的鬼怪与神祇、天堂与地狱、创世纪与最后审判;连上非想象里的抽象的形、纯粹的色、理性摆布的结构、潜意识底层泛起的幻觉,这一切都不再对我们有什么实际的威胁或蛊惑。无论它们怎样神奇诡谲,终是以"画"的身份显示在那里,作为"欣赏"的对象,听凭我们下"好"或者"不好"的评语。

欣赏者——欣赏对象。

这是我们和画的关系。我们处于一种安全而优越的地位,享受着观赏之全体的愉快、骄傲和踌躇满志。

然而走到蒙娜丽莎之前,情形有些不同了。我们的静观受到意外的干扰。画中的主题并不是安安稳稳地在那里"被看""被欣赏""被品鉴"。相反,她也在"看",在凝目谛视,在探测。侧了头,从眼角上射过来的目光,比我们的更专注、史锋锐、更持久、更具密度、更蕴深意。她争取着主体的地位,她简直要把我们看成一幅画、一幅静物,任她的眼光去分析、去解剖,而且估价。她简直动摇了我们作为"欣赏者"的存在的权利和自信。

二

也并非没有在画里向我们注视的人物。

像安格尔[1](Ingres 1780～1867)的那些贵妇与绅士,端坐着,像制成标本的兽,眼窝里嵌着瓷球,晶亮、发光,很能乱真,定定地瞅过来,然而终于只是冷冰的晶亮的瓷球。这样的空虚失神的凝视当然不给我们什么威胁。

像提香[2](Titian 1490～1576)的威尼斯贵族男子肖像,眼瞳里闪烁着文艺复兴时代贵族们的阴鸷的狡诈,目光像浸了毒鸩的剑锋,向你挑战。他们娴于幕前和幕后的争权夺利,明枪暗箭,在瞥视你的顷间,已估计了你的身世、才智、毅力、野心以及成败的机会率。

像林布兰特[3](Rembrandt 1606～1669)的人物,无论是老人、妇人、壮者以及孩子,他们往往也是看向观赏者的。他们的眼光像壁炉里的烈焰,要照红观者的手、面庞、眼睛、胸膛,照出观者肺腑里潜藏着的悲苦与欢喜。把辛酸燃烧起来,把欢乐燃烧起来,把观者的苍白烘照成赤金色……

---

〔1〕 让·奥古斯特·多米尼克·安格尔,法国新古典主义画家。
〔2〕 提香·韦切利奥,意大利文艺复兴后期威尼斯画派的代表画家。被称为"群星中的太阳",是意大利最有才能的画家之一,兼工肖像、风景及神话、宗教主题绘画。他对色彩的运用不仅影响了文艺复兴时代的意大利画家,更对西方艺术产生了深远的影响。
〔3〕 林布兰特是欧洲17世纪最伟大的画家之一,也是荷兰历史上最伟大的画家。

这样的画和我们的关系,也不仅只是"欣赏者——欣赏对象"的关系。它们也有意要把我们驱逐到欣赏领域以外去,强迫我们退到存在的层次,在那里被摆布、被究诘、被拷问、被裁判、被怜悯、被扶持、被拥抱。

三

而蒙娜丽莎的眼光是另一样的,在存在的层次,对我们作另一种要。她看向你,她注视你,她的注视要诱导出你的注视。那眼光像迷路后,在暮色苍茫里,远远地闪起的一粒火光,耀熠着,在叫唤你,引诱你向她去。而你也猝然具有了鸥枭的视力,野猫子的轻步,老水手观测晚云的敏觉。

四

有少女的诱惑和少妇的诱惑。

少女的。在她的机体发育到一定的时刻,便泛起饱和滋润和鲜美。皮肤的色泽,匀净纯一之至,从红红到白白之间的转化,自然而微妙,你找不到分界的迹象。肢胴的圆浑,匀净纯一之至,你不能判定哪里是弧线,哪里是直线,辨不出哪里是颈的开始,哪里是肩的消失。你想努力去辨析,而终不能,而你终于在这努力里技穷、哑然、被征服。少女自己未必自觉吧。一旦自觉,也要为这奇异的诱惑力感到吃惊,而羞涩、不安、含着歉意,但每一颗细胞,每一条发光的青丝并不顾虑这些,直放射着无忌惮的芬香。

有少妇的诱惑。她在心灵成熟到一定的时刻,便孕怀着爱和智慧,宽容与真,温柔与刚毅,对生命的洞识和执着。她的躯体仍有美,然而锋芒已稍稍收敛了。活力仍然充沛饱满,然而表面的波轮已稍稍平静了。皮下的脂肪已经聚集,肌肤水分已经储备,到处的曲线模拟果实的浑满。她懂得爱了,而且爱过,曾经因爱快乐过,也痛苦过,血流过,腹部战栗过,腰酸痛过。她如果诱惑,她能意识到那诱惑的强度,和所可能导致的风险。她是那诱惑的主人。她是谨慎的,她得掌握住自己的命运,以及这个世界的命运。虽然诱惑,她的生命不轻易交付出来,她也不许你把生命轻易拿出交换。如果她看向你,她的眼睛里有着探测和估量。

蒙娜丽莎的眼睛是少妇的。

五

她知道她在做什么。她向你睇视,守候着。她在观察。像那一双优美的叠合的手,耐心地期待。

她睇向你,等你看向她。她诱惑你的诱惑,等待你的诱惑。

假如你不敢回答,她只有缄默。假如你轻率地回答,她将莞尔报以轻蔑的微笑。假如你不能毅然走向她,她决不会来引向你。她在探测你的存在的广度、高度、深度、密度,她在探测你的存在的决心和信心。

她的眼睛里果有什么秘密么?你想窥探进去,寻觅,然而没有。欠身临视那里,像一眼井,你看见自己的影子。那里只有为她所观测、所剖析你自己的形象。像一面忠实的明镜,她的眼光不否定,也不肯定,可能否定,也可能肯定,但看我们自己的抉择和态度。她的眼光像一束透射线,要把我们内部存在的样式映在毛玻璃上,使骨骼内脏都历历在目。她的眼光是一口陷阱,将我们的过去、现在和未来都一并活活地捕获。如果那眼光里有秘密可寻,那正是我们的彷徨、惶悚、紧张、狼狈。爱么?不爱么? To be or not to be? 她终不置可否,只静待你的声音。她似乎已经料到你的回答,似乎已经猜透你的浮夸、轻薄、怯懦,似乎已经察觉你的不安、觉醒,以及奋起,以及隐秘暗藏的抱负——于是嘴角上隐然泛起微笑。

六

神秘的笑。因为是一种未确定的两可的笑。并无暗示,也非拒绝。不含情也非严峻的矜持。她似关切,而又淡然。在一段模棱不定的距离里,冷眼窥视你的行止。

她超然于有情和无情之上,然而她也并未能超然于有情无情之上。她的命运也正是你的决定所造就。她的凝视,正是凝视她自己命运的形成。她看自己的命运似乎看得十分真切,以至她可以完全平静地、泰然地去接受。而此刻,她在有情与无情之上,将有情,却尚未有情。

尚未有情的眼光是最苛求的。如果真是爱了,那爱的顾盼有宽容、溺爱。它将容忍我们的缺陷,慰藉我们的尚未坚强,扎裹我们的创伤。而尚未有爱的顾盼则毫无纵容的余地,它瞄准我们,对我们的要求绝对严、无限大。它在无穷远的距离,向我们盯视、召唤,我们只能是一个无穷极的追求,无休止的奔驰。

七

芬奇[1]是置身于这可怕的眼光中的第一个。而他就是创造这眼光的人。

他在这可怕的眼光中一点一点塑造这眼光的可怕。

世界上的一切,对芬奇来说,都一样是吸引,激起他的惊异,挑起他的探索,是对他的能力的测验、挑战。

向高空飞升,自高空而降的陨落;水的浮,水的流;火的燃烧,火的爆炸力跨过齿轮,穿过杠杆,变大、缩小,栖在强弩的弦上。他制造了飞翼、飞厢、潜水衣、踩水履。他已恍然感到凌空凭虚的晕眩,听长风在翼缘上吹哨,预感到翼底大气的阻力系数。像描绘波状的柔发,他描绘奇妙的流体力学的图式。他使水在理想都市的下水道里听从地流泻。他制造的火花飞到夜空的星丛之间;他用凹面镜收聚太阳的光线;他计算从地球到月球的路程……

云的形状,山峰的形状,迷路在山顶的海贝,野花瓣萼的编制,兽体的比例,从狮子的吼声到苍蝇翅膀的嗡嗡……都引起他的讶异、探问、试验。他从此刻的山、云、海的性质样态,幻想造山时代巉岩怪石的迸飞,世界末日的气、水、火、风的大旋舞。他剖开人体,坎血管密网的株式分布,白骨的黄金分割,头颅脑床的凹形,心脏的密室。他画过婴儿的圆润。老人的棱角嶙峋,少男少女的俊秀,从千变万化的面貌中演绎出圣者智者以及臃肿戆蠢的丑怪。从面貌的千变万化中捕捉心灵的阴晴风雨,幸福与悲剧。

---

〔1〕 芬奇是列奥纳多·迪·皮耶罗·达·芬奇的简称,意大利学者、艺术家。欧洲文艺复兴时期的天才科学家、发明家、画家。现代学者称他为"文艺复兴时期最完美的代表",是人类历史上绝无仅有的全才,他最大的成就是绘画,代表作有《蒙娜丽莎》《最后的晚餐》《岩间圣母》等作品。

生的微笑，死的恐怖，犹大的阴险惶惑，其余十一个门徒的惊骇、悲伤、无助、绝望，人之子大爱的坦然，圣母[1]的温慈，圣母之母的安详。

他画过尚在子宫里沉睡的胎儿，画过浑圆的孕妇的躯体，画过被吊毙的囚犯，在酣战中号叫的斗士。他守候过生命在百龄老人躯体里如何渐渐撤退。他买回笼鸟，为了放生，却又精心地设计屠杀的武器。而冷钢的白刃却又具有优美的线条，一如少女的乳峰。设计刺穿一切胸膛以及一切盾的矛，并设计抵御一切暴力和一切矛的盾……真正是矛盾的人物。神与魔、光与影、美和丑、物和心都被他同等研究、探索、描绘的欲求和兴致，不仅没有神，也没有魔鬼。没有恐惧，也没有崇拜。一切都必须看个明白、透彻。浮士德式的人物。

他的宇宙论里没有神，只有神秘；没有恶魔，然而充满诱惑。

八

但是，女人，这一切诱惑中的诱惑，他平生没有接近过。他不但不曾结婚，而且似乎没有恋爱过。翻完那许多手稿几乎找不到一点关于女人在他真实生活中里的记录。他不是没有召见于当时的绝色而富有才华的伊莎伯代思特，受到其他贵族奇女子的赏识和宠遇，他何尝不动心于异性的妩媚和风采？他不是精微地描绘过她们的容貌的么？他不是一再画过神话里的丽达的裸体么？但是他的智慧要他冷眼观察这诱惑的性质、作用。

像一个冷静的科学家，他对于那诱惑进行带着距离的观测。他要从自己激动的心理状态中蝉蜕出来，把自己化为两个个体，精神分裂开来，反观自己，认识诱惑现象。

他像一个炼金术的法师，企图把"诱惑"这元素从这个世界里提炼出来，变成一小撮金粉，储藏在曲颈瓶底给人看。

又像一个羞涩、畏怯的男孩，他只窃窃地躲在窗子后面，远望街转角上她的身影。不吻、不抱。他满足于观察她的傲然、矜持而又脉脉的善意的流盼。他一生就逗留在这青春的年纪，少年维特的危险的年纪。芬奇和蒙娜丽莎，也就是芬奇和女性的关系。而芬奇和女性的关系，也就是芬奇和这个世界一切事物的关系。一切事物都刺激他的好奇、追问，一切事物于他都是一种诱惑。而女性的诱惑是一切诱惑的集中、公约数、象征。

这纯诱惑与追求之间有一种形而上学的距离，如果诱惑者和被诱惑者一旦相接触了，就像两个磁极同时毁灭。没有了诱惑，也没有了追求。这微笑的顾盼是一个永远达不到的极限，先验地不可能接近的绝对。于是追求永在进行，诱惑也永在进行，无穷尽地趋近。

九

芬奇不是一个作形而上学玄思的哲学家。他的兴趣是具体世界的形形色色，和中世纪追求理念世界的哲学是背道而驰的。他的问题在形形色色之中，也只在形形色色之中。他的哲学是这可见的、可度量、可捉摸的世界的意义，这意义及其神秘也就是形色光影所构成。他的哲学可以看得见，画得出，他要画出这世界的秩序、法则，以图画解说这世界，以图画作为分析这世界，认知这世界，征服这世界，改造这

---

〔1〕玛利亚，是基督教《圣经》新约和伊斯兰教《古兰经》里耶稣的生母。

世界的工具。他要画出最初的因，最终的果。他要画出生命的起源，神秘的诞生。他要画出诱惑的本质，知性的觉醒。

十

而有一天，一切神秘，一切鬼眨眼的诱惑的总和，他恍然在这一个女人的面庞上分明地看见了，像镭元素从几十吨矿砂中离析出来，闪起离奇的光。那是一对眼波，少妇的，含激烈的，必然性的，命令性的诱惑，而尚未含情，冷然侧眄。那眼光后面隐藏着一切可能的课题。埋伏着一切鬼眨眼的闪熠，一切形形色色都植根在其中。又似乎一无所有，只是猜不透。

然而探讨必须把这眼光捕捉到，捕捉这不可捕捉的。即使芬奇毕生不曾遇到这一个叫卓孔达夫人的蒙娜丽莎，总有一天，他终要创造出这眼光来的。他画圣母，圣约翰洗礼者不都早就酷似这一面形，这一微笑么？

卓孔达夫人的笑容究竟是怎样的？由另一个画家画来，会是什么样子？是芬奇心目里的女人的神秘的笑酷似卓孔达的夫人的笑呢？还是卓孔达夫人的笑酷似芬奇心目里的女人的笑呢？两个笑容互相回映、叠影、交融，不再能分得开。

十一

这或许是一件平常，甚至凡俗不足道的事——画家和模特儿的故事。戈雅[1]（Goya 1746～1828）曾画了裸体的玛亚，玛亚的丈夫突然想看看画像进行的怎样了，戈雅连夜赶出了《着衣的玛亚》。

富商卓孔达先生聘请芬奇为他的爱妻作肖像。画家一见这面貌便倾倒了。那面貌似曾相识，给他以说不出的无比的吸引。但画家不愿走近模特儿一步。这一面貌是对他的天才的挑战。他用了世间罕见的智慧和绝艺刻画她的诱能，并画出他所跨不过去、也不愿跨过去的他和她之间的距离。

这或许是一件平常、很可解释而并不足为怪的事——精神分析学家的一个病例。他不能真地去拥抱女人。恋母情结牵引起来的变态心理。他只能把女性放在远处去观照。他不肯把歌赞、爱慕兑换为肉体的接触。但是他把他的追求的心捧出来给人看，不，把她的诱惑隔离出来给人看。他所画的已不是她，不是诱惑者，他直要画出"诱惑"本身，把诱惑提炼了结晶了，冷藏在画框中。诱惑已经和性别分离开来而成为"纯诱惑"。有人甚至疑心到蒙娜丽莎是少男乔装的女人。芬奇的圣约翰洗礼者正有这样离奇地微笑着的柔和的面孔。但是蒙娜丽莎的那一双手难道也能乔装么？而且便退一百步说，那真是乔装的少年，那么依然是冒充了女性的诱惑，依然是"女性的"诱惑了。

十二

没有发饰，没有一颗珍珠、一粒宝石，没有一枚指环，衣服上没有丝微绣花，她素淡到失去社会性、人间性。只要比较一下文艺复兴时代女子的肖像，就立刻可以发现这一点。她的诱惑不依赖珠宝的光泽、

---

[1] 西班牙浪漫主义画派画家。代表作有《裸体的玛哈》《着衣的玛哈》《阳伞》《巨人》等。

锦绣的绮丽。只伴以背后的溪流,一段北意大利阿尔卑斯山嶙峋峥嵘的峰峦,蜿蜒而远去的山路,谷底的桥。她在室内么? 在外光么? 她在两者之间的露台上。浅绿的天光像破晓又像傍晚,像早春,又像晚秋,似乎在将放花的季节,又似乎空气里浮荡着正浓的葡萄酒的醇香。模棱两可的时刻的模棱两可的空间。没有田园,没有房舍,在这寂寥的道路上,没有驻足的可能。人只能从这峡谷匆匆穿过。而路那么曲折,使旅人惆怅而踟蹰。而此时没有人影。

曦色,或者夕色,抹在她的额上、颊上,袒着的前胸上,手背上。没有太阳,没有月,没有星辰。她混入无定的苍茫的大自然之中。汇合了一切视力,这一对眼睛闪烁着,灿然、盼然、皎然如一自然的奇景,宇宙的奇象。

引起另一双眼睛无穷极的注视。

十三

对于具有无穷之诱惑,绝对之诱惑的眼光,只能以无穷追求的心,绝对追求的心去捕捉、去刻画,在生存层次具有无穷诱惑的魅力的东西,那形象本身也必定有无穷尽的造型性的诡谲微妙。敢于从事无穷的追求的人,能感到无穷寻觅的大满足,永远画不完的大欢喜。像驰骋在大草原上的骏马酣欢,因为它跑不完这辽阔的草和天。他必须画出那画不出;他必须画出那画不出之所以画不出。他要一点一点趋近那画不完。而他要画不完那画不完。芬奇曾经把生命消耗在那么多各样的作业上,而一无所成,因为都有个止境;而他不愿意有止境,他只得放弃。

而这一桩工作本身是不可能完成的。不可能的作业,非时间之内的作业。

一年、两年、三年、四年……大诱惑的,而淡若无的笑渐渐在画布上显现,得到恍惚的定影、得到恍惚的定义。然而既是永劫的诱惑和永劫的追求的角逐,绝对零是没有的,总保留着稀微的恍惚、浮动、模棱,总剩余那么一个极限的数字,那么一小段不断缩短的遥远,总还有那么一成未完。而在这残酷、美妙而遥远的眼光下,画家老了。潇洒的长髯,浓密的长眉,透了白丝,渐渐花白,而白花、而化为一片银光、银雾。银雾里的眼睛,炯炯的鹰隼类的目光也渐渐黯淡了,花了,雾了。在她的凝目里,画家临终时,可能还曾在那最后一段不可测度的距离上走上前一步吧,在微妙的面庞的光影之间添上一笔吧,而画家终于闭上衰竭的两眼,让三尺见方的画布上遗下他曾经无穷追求的痕迹。

十四

而此刻,我们,立在芬奇坐着工作了多少晨昏的位置上,我们看蒙娜丽莎的看。在蒙娜丽莎目光的焦点上,她不给我们欣赏者以安适、宁静,她要从我们的眼窝里摄出谛视和好奇,搜出惊惶与不安,掘出存在的信念和抉择的矫勇,诱惑出爱的炽燃,和爱之上的追问的大欲求,要把我们有限的存在扯长,变成无穷极的恋者、追求者、奔驰者,像落在太空里的人造星,在星际,在星云之际,永远飞行,而死在尚未触到她的时分,在她的裙裾之前三步的距离里。

(《看蒙娜丽莎看》,熊秉明,百花文艺出版社,1997 年版)

思考与练习

1. 你认为《蒙娜丽莎》成为世界名画的主要原因是什么？
2. 知人论世，认真搜集相关资料充分了解达·芬奇。

4 科学是美丽的

沈致远

题解

沈致远（1929年～　），著名物理学家，江苏溧阳人，主要专业著作有《微波技术》《高温超导微波电路》、科学散文《科学是美丽的——科学艺术与人文思维》。

《科学是美丽的——科学艺术与人文思维》收录了其撰写的科学散文及随笔百篇，题材涵盖数学、物理、生物、环保、天文、信息、电脑、网络、经济、科学方法等，内容丰富多彩，文笔风趣隽永。科学求真，真中涵美；艺术唯美，美不离真。科学散文将两者相结合，发掘科学大千世界之旷世奇美，供读者欣赏。沈致远学贯中西，知识渊博，视界宽阔，目光犀利，科学瑰宝娓娓道来如数家珍，不仅具有独特的艺术风格，而且富含哲理，发人深思。全书触及科学前沿的方方面面，但表述深入浅出，具有重要的科普价值。

在常人心目中，科学是深奥的、艰难的、枯燥的；提到科学家，眼前就浮现出爱因斯坦的形象——白发怒张、皱纹满面。科学怎么会是美丽的呢？不可思议！

事实是：科学不仅是美丽的，而且是旷世奇美，美不胜收。常人为什么没有感受到呢？责任在科学家，他们浸沉于科学美中其乐融融，忘记了与大众分享。但也有例外，李政道近年来频频撰文著书，极力提倡科学美。他还请了著名画家李可染、吴作人、吴冠中等作画描绘物理学的内禀美。这些作品最近结集成书，名为《科学与艺术》，引起了科学界和艺术界的注目。

乍看图中那位载歌载舞的女郎，以为是一位当红的歌星，其实她是旧金山大学的天文物理学家琳达·威廉斯（Lynda Williams）。她从小爱好歌舞，进入大学攻读天文物理学，为宇宙的奇瑰美景所倾倒，决定利用业余时间传播科学美。威廉斯对《纽约时报》记者局莱弗斯（C.Dreifus）说："天文物理是最美丽的。还有什么比宇宙的诞生更美丽？还有什么比黑洞、多重宇宙和交响共鸣着的宇宙流更美丽？"威廉斯说得好！让我们继续下去：还有什么比原子中"云深不知处"的电子云更具朦胧美？还有什么比生命之源叶绿素中的"绿色秘密"更具神秘美？还有什么比生命之梯回旋曲折的DNA双螺旋更具活力美？还有什么比"纳米"世界中用原子物砌成的纤巧结构更具精致美？……

威廉斯为科学美所启迪，开始写科学诗。《纽约时报》于2000年6月4日刊登了她的一组诗，我将

其中两首译成中文发表在《诗刊》2000年11月号,下面是一首《碳是女孩之最爱》:

> 碳是女孩之最爱
>
> 黄金确实很宝贵
>
> 但不会燃起你心中之火
>
> 也不会使火车长啸飞驰
>
> 碳是地球上一切生命之源
>
> 它来自太空的陨石
>
> 构成一切有机物质
>
> 在大气层中循环往复
>
> 钻石　煤炭　石油
>
> 总有一天用完
>
> 能构成一切的将是碳纳米管
>
> 碳是女孩之最爱

　　“钻石是女孩之最爱”是美国流行的谚语,威廉斯扩其意而用之,从碳元素的一种特殊结晶形态——钻石,推广到碳的各种形态。女孩爱钻石,无非是爱钻首饰之光华夺目、价值连城,用以炫耀自己雍容华贵的外表美。威廉斯以诗意的语言,赞美碳的实用价值及其对生命循环的重要性,表现的是内涵美。较之原谚语这是艺术的升华,意境大为提高。

　　威廉斯的诗充满着女性所特有的细腻感情,往往在科学美中注入浪漫情怀,例如一首小诗《爱之力》:

> 物理学家发现宇宙有四种力
>
> 强力　弱力　引力　电磁力
>
> 但我发现了一种新的力凌驾一切
>
> 我谨向你提议
>
> 爱的统一理论

爱之力凌驾一切！科学家想到过吗?

　　吟之不尽,继之以歌舞。威廉斯将自己的科学诗配曲,载歌载舞登台表演。加州理工学院举行的一次天文物理学国际会议上,她在霍金、惠勒、索恩等科学大师面前,演唱了自己作词并按英国著名的甲虫乐队《黑鸟之歌》调子谱曲的《黑洞之歌》:

> 黑洞在死寂的夜空中旋转
>
> 转着转着逸出了视线
>
> 直到发生碰撞
>
> 我们正等待着你的引力波出现

　　这次会议是庆祝黑洞理论和引力波探测先驱索恩教授六十华诞,威廉斯借流行歌曲《黑鸟之歌》的一字之改,不是很风趣而又切题吗?

　　威廉斯还专为中学生作科学歌舞表演,她关切地说:“十几岁的女孩们为了吸引男孩,不顾一切放弃

学业,这很危险,尤其在这高科技时代。"她编了一支歌,题为《物质化女孩》:

> 男孩们只知吻我拥抱我
>
> 我认为他们跟不上时代
>
> 如果他们不懂得谈论量子力学
>
> 我就从他们身旁走开

她在舞台上手持话筒边唱边跳,背后天幕上灯光映出五十位著名女科学家的肖像。威廉斯说:"希望她们从这些杰出的女性中得到启发。"

威廉斯的科学歌舞生涯也并非一帆风顺。她曾向"物理学中的女性"会议的组织者要求安排一场科学歌舞表演,却被拒绝,理由是"不合适"。她失望地说:"我要呼喊:嗨! 女士们! 为我们所进行的革命添加一点幽默感。"威廉斯曾在一次有上千人参加的高能物理国际会议上表演,其中有些人不谙英语,不能领会她表演中的幽默,因而中场离席。幸亏有俄国科学家捧场,上台给威廉斯献花。

她在天文学家集会上的表演则完全是另一番景象,与会者和着威廉斯的歌声一起尽情欢唱,并且跃上座椅翩翩起舞。威廉斯说:"作为天文学家,你必须具有幻想和好奇心。"其实何止是天文学家,不具有幻想和好奇心的人根本不可能成为有创意的科学家。有创意的科学家和优秀的艺术家具有相同的气质——反传统,求新求异。

不仅物理学是美丽的,数学也是非常美丽的。早在古希腊和罗马时代,艺术家就发现了人体的曲线美。现代派的雕塑家和画家以他们的作品表现了几何形体的视觉美,在毕加索晚期作品中频频出现的怪异人像——两个鼻子三只眼睛等等,据说其灵感来自数学中超越现实三维空间的抽象高维空间。数学家以叠代在复数平面上产生的"分形"图案之奇幻迷离、千变万化,使艺术家也叹为观止。

科学追求真理,揭示宇宙万物的真象及其变化规律。真正的科学家都懂得:真理是简单的,而且越是深层次的适用范围越是普遍的真理就越简单。简单、深刻、普遍三位一体,这就是科学美之源泉。

科学家在追求真理的过程中,锲而不舍,孜孜以求。常人往往认为是苦,其实他们虽然辛苦却乐在其中。科学家顿悟和突破后的快感乃先睹为快——享受前人从未见过的瑰丽美景。

科学是美丽的! 你同意吗?

(《科学是美丽的——科学艺术与人文思维》,沈致远,上海教育出版社,2004 年版)

思考与练习

1. "科学是美丽的",请解说它在本文中的多层含义。

2. 结合上下文,理解文章引用"碳是女孩之最爱"这首诗的作用。

3. 为了更好地传播科学知识,让大家感受科学的美,除了文中提到的绘画、写诗等途径外,你还有什么好的创意? 请用简洁的语言陈述你的创意。

5　青蒿素：中医药给世界的一份礼物[1]

屠呦呦

题解

屠呦呦(1930 年～　　)，药学家，中国中医研究院终身研究员兼首席研究员，青蒿素研究开发中心主任。第一位获得诺贝尔科学奖项的中国本土科学家、第一位获得诺贝尔生理学或医学奖的华人科学家。2011 年 9 月，获得被誉为诺贝尔奖"风向标"的拉斯克奖。2015 年 10 月，因发现青蒿素治疗疟疾的新疗法获诺贝尔生理学或医学奖。2016 年 2 月 14 日，荣获 2015 年度感动中国人物。2016 年 4 月 21 日，入选《时代周刊》公布的 2016 年度"全球最具影响力人物"。2017 年 1 月 2 日，被授予 2016 年度国家最高科学技术奖。这是国家最高科学技术奖首次授予女性科学家。

《青蒿素：中医药给世界的一份礼物》是 2015 年 12 月 7 日屠呦呦应诺贝尔奖委员会邀请，在瑞典卡罗林斯卡医学院所作的一篇演讲稿。在演讲中，她回顾了青蒿素的发现过程，并表示，学科交叉为研究发现成功提供了准备，文献启示起到了关键作用。

尊敬的主席先生，尊敬的获奖者，女士们，先生们：

今天我极为荣幸能在卡罗林斯卡学院讲演，我报告的题目是：《青蒿素：中医药给世界的一份礼物》。

在报告之前，我首先要感谢诺贝尔奖评委会，诺贝尔奖基金会授予我 2015 年生理学或医学奖。这不仅是授予我个人的荣誉，也是对全体中国科学家团队的嘉奖和鼓励。在短短的几天里，我深深地感受到了瑞典人民的热情，在此我一并表示感谢。

谢谢 William C. Campbell(威廉姆·坎贝尔)和 Satoshi Ōmura(大村智)二位刚刚所做的精彩报告。我现在要说的是 40 年前，在艰苦的环境下，中国科学家努力奋斗从中医药中寻找抗疟新药的故事。

关于青蒿素的发现过程，大家可能已经在很多报道中看到过。在此，我只做一个概要的介绍。这是中医研究院抗疟药研究团队当年的简要工作总结，其中蓝底标示的是本院团队完成的工作，白底标示的是全国其他协作团队完成的工作。蓝底向白底过渡标示既有本院也有协作单位参加的工作。

中药研究所团队于 1969 年开始抗疟中药研究。经过大量的反复筛选工作后，1971 年起工作重点集中于中药青蒿。又经过很多次失败后，1971 年 9 月，重新设计了提取方法，改用低温提取，用乙醚回流或冷浸，而后用碱溶液除掉酸性部位的方法制备样品。1971 年 10 月 4 日，青蒿乙醚中性提取物，即标号 191♯ 的样品，以 1.0 克/公斤体重的剂量，连续 3 天，口服给药，鼠疟药效评价显示抑制率达到 100％。同年 12 月到次年 1 月的猴疟实验，也得到了抑制率 100％ 的结果。青蒿乙醚中性提取物抗疟药效的突破，是发现青蒿素的关键。

1972 年 8 至 10 月，我们开展了青蒿乙醚中性提取物的临床研究，30 例恶性疟和间日疟病人全部显效。同年 11 月，从该部位中成功分离得到抗疟有效单体化合物的结晶，后命名为"青蒿素"。

1972 年 12 月开始对青蒿素的化学结构进行探索，通过元素分析、光谱测定、质谱及旋光分析等技

---

[1]　本文是屠呦呦在瑞典卡罗林斯卡医学院用中文发表的主题演讲。

术手段,确定化合物分子式为 $C_{15}H_{22}O_5$,分子量282。明确了青蒿素为不含氮的倍半萜类化合物。

1973年4月27日,经中国医学科学院药物研究所分析化学室进一步复核了分子式等有关数据。1974年起,与中国科学院上海有机化学研究所和生物物理所相继开展了青蒿素结构协作研究的工作。最终经X光衍射确定了青蒿素的结构。确认青蒿素是含有过氧基的新型倍半萜内酯。立体结构于1977年在中国的科学通报发表,并被化学文摘收录。

1973年起,为研究青蒿素结构中的功能基团而制备衍生物。经硼氢化钠还原反应,证实青蒿素结构中羰基的存在,发明了双氢青蒿素。经构效关系研究:明确青蒿素结构中的过氧基团是抗疟活性基团,部分双氢青蒿素羟基衍生物的鼠疟效价也有所提高。

这里展示了青蒿素及其衍生物双氢青蒿素、蒿甲醚、青蒿琥酯、蒿乙醚的分子结构。直到现在,除此类型之外,其他结构类型的青蒿素衍生物还没有用于临床的报道。

1986年,青蒿素获得了卫生部新药证书。于1992年再获得双氢青蒿素新药证书。该药临床药效高于青蒿素10倍,进一步体现了青蒿素类药物"高效、速效、低毒"的特点。

青蒿素引起世界关注。1981年,世界卫生组织、世界银行、联合国计划开发署在北京联合召开疟疾化疗科学工作组第四次会议,有关青蒿素及其临床应用的一系列报告在会上引发热烈反响。我的报告是"青蒿素的化学研究"。20世纪80年代,数千例中国的疟疾患者得到青蒿素及其衍生物的有效治疗。

听完这段介绍,大家可能会觉得这不过是一段普通的药物发现过程。但是,当年从在中国已有2 000多年沿用历史的中药青蒿中发掘出青蒿素的历程却相当艰辛。

目标明确、坚持信念是成功的前提。1969年,中医科学院中药研究所参加全国"523"抗击疟疾研究项目。经院领导研究决定,我被指令负责并组建"523"项目课题组,承担抗疟中药的研发。这一项目在当时属于保密的重点军工项目。对于一个年轻科研人员,有机会接受如此重任,我体会到了国家对我的信任,深感责任重大,任务艰巨。我决心不辱使命,努力拼搏,尽全力完成任务!

学科交叉为研究发现成功提供了准备。这是我刚到中药研究所的照片,左侧是著名生药学家楼之岑,他指导我鉴别药材。从1959年到1962年,我参加西医学习中医班,系统学习了中医药知识。化学家路易·帕斯特说过,"机会垂青有准备的人"。古语说:凡是过去,皆为序曲。然而,序曲就是一种准备。当抗疟项目给我机遇的时候,西学中的序曲为我从事青蒿素研究提供了良好的准备。

信息收集、准确解析是研究发现成功的基础。接受任务后,我收集整理历代中医药典籍,走访名老中医并收集他们用于防治疟疾的方剂和中药,同时调阅大量民间方药。在汇集了包括植物、动物、矿物等2 000余内服、外用方药的基础上,编写了以640种中药为主的《疟疾单验方集》。正是这些信息的收集和解析铸就了青蒿素发现的基础,也是中药新药研究有别于一般植物药研发的地方。

关键的文献启示。当年我面临研究困境时,又重新温习中医古籍,进一步思考东晋(公元3~4世纪)葛洪[1]《肘后备急方》有关"青蒿一握,以水二升渍,绞取汁,尽服之"的截疟记载。这使我联想到提取过程可能需要避免高温,由此改用低沸点溶剂的提取方法。

关于青蒿入药,最早见于马王堆三号汉墓的帛书《五十二病方》,其后的《神农本草经》《补遗雷公炮制便览》《本草纲目》等典籍都有青蒿治病的记载。然而,古籍虽多,确都没有明确青蒿的植物分类品种。当年青蒿资源品种混乱,药典收载了2个品种,还有4个其他的混淆品种也在使用。后续深入研究发现:仅 Artemisia annua L.一种含有青蒿素,抗疟有效。这样客观上就增加了发现青蒿素的难度。再加上青蒿素在原植物中含量并不高,还有药用部位、产地、采收季节、纯化工艺的影响,青蒿乙醚中性提取

---

〔1〕 葛洪(公元284年~364年),东晋道教学者、著名炼丹家、医药学家。字稚川,自号抱朴子。三国方士葛玄之侄孙,世称小仙翁。他曾受封为关内侯,后隐居罗浮山炼丹。著有《肘后方》等。

物的成功确实来之不易。中国传统中医药是一个丰富的宝藏,值得我们多加思考,发掘提高。

在困境面前需要坚持不懈。70年代中国的科研条件比较差,为供应足够的青蒿有效部位用于临床,我们曾用水缸作为提取容器。由于缺乏通风设备,又接触大量有机溶剂,导致一些科研人员的身体健康受到了影响。为了尽快上临床,在动物安全性评价的基础上,我和科研团队成员自身服用有效部位提取物,以确保临床病人的安全。当青蒿素片剂临床试用效果不理想时,经过努力坚持,深入探究原因,最终查明是崩解度的问题。改用青蒿素单体胶囊,从而及时证实了青蒿素的抗疟疗效。

团队精神,无私合作加速科学发现转化成有效药物。1972年3月8日,全国"523"办公室在南京召开抗疟药物专业会议,我代表中药所在会上报告了青蒿No.191提取物对鼠疟、猴疟的结果,受到会议极大关注。同年11月17日,在北京召开的全国会议上,我报告了30例临床全部显效的结果。从此,拉开了青蒿抗疟研究全国大协作的序幕。

今天,我再次衷心感谢当年从事"523"抗疟研究的中医科学院团队全体成员,铭记他们在青蒿素研究、发现与应用中的积极投入与突出贡献。感谢全国"523"项目单位的通力协作,包括山东省中药研究所、云南省药物研究所、中国科学院生物物理所、中国科学院上海有机所、广州中医药大学以及军事医学科学院等,我衷心祝贺协作单位同行们所取得的多方面成果,以及对疟疾患者的热诚服务。对于全国"523"办公室在组织抗疟项目中的不懈努力,在此表示诚挚的敬意。没有大家无私合作的团队精神,我们不可能在短期内将青蒿素贡献给世界。

疟疾对于世界公共卫生依然是个严重挑战。WHO总干事陈冯富珍在谈到控制疟疾时有过这样的评价,在减少疟疾病例与死亡方面,全球范围内正在取得的成绩给我们留下了深刻印象。虽然如此,据统计,全球97个国家与地区的33亿人口仍在遭遇疟疾的威胁,其中12亿人生活在高危区域,这些区域的患病率有可能高于1/1 000。统计数据表明,2013年全球疟疾患者约为1亿9千8百万,疟疾导致的死亡人数约为58万,其中78%是5岁以下的儿童。90%的疟疾死亡病例发生在重灾区非洲。70%的非洲疟疾患者应用青蒿素复方药物治疗(Artemisinin-based Combination Therapies,ACTs)。但是,得不到ACTs治疗的疟疾患儿仍达5千6百万到6千9百万之多。

疟原虫对于青蒿素和其他抗疟药的抗药性。在大湄公河地区,包括柬埔寨、老挝、缅甸、泰国和越南,恶性疟原虫已经出现对于青蒿素的抗药性。在柬埔寨-泰国边境的许多地区,恶性疟原虫已经对绝大多数抗疟药产生抗药性。请看今年报告的对于青蒿素抗药性的分布图,红色与黑色提示当地的恶性疟原虫出现抗药性。可见,不仅在大湄公河流域有抗药性,在非洲少数地区也出现了抗药性。这些情况都是严重的警示。

世界卫生组织2011年遏制青蒿素抗药性的全球计划。这项计划出台的目的是保护ACTs对于恶性疟疾的有效性。鉴于青蒿素的抗药性已在大湄公河流域得到证实,扩散的潜在威胁也正在考察之中。参与该计划的100多位专家们认为,在青蒿素抗药性传播到高感染地区之前,遏制或消除抗药性的机会其实十分有限。遏制青蒿素抗药性的任务迫在眉睫。为保护ACTs对于恶性疟疾的有效性,我诚挚希望全球抗疟工作者认真执行WHO遏制青蒿素抗药性的全球计划。

中医药学是一个伟大的宝库。在结束之前,我想再谈一点中医药。"中国医药学是一个伟大宝库,应当努力发掘,加以提高。"青蒿素正是从这一宝库中发掘出来的。通过抗疟药青蒿素的研究经历,深感中西医药各有所长,二者有机结合,优势互补,当具有更大的开发潜力和良好的发展前景。大自然给我们提供了大量的植物资源,医药学研究者可以从中开发新药。中医药从神农尝百草开始,在几千年的发展中积累了大量临床经验,对于自然资源的药用价值已经有所整理归纳。通过继承发扬,发掘提高,一定会有所发现,有所创新,从而造福人类。

最后,我想与各位分享一首我国唐代有名的诗篇,王之涣所写的《登鹳雀楼》:白日依山尽,黄河入海流,欲穷千里目,更上一层楼。请各位有机会时更上一层楼,去领略中国文化的魅力,发现蕴涵于传统中医药中的宝藏!

衷心感谢在青蒿素发现、研究和应用中做出贡献的所有国内外同事们、同行们和朋友们!

深深感谢家人一直以来的理解和支持!

衷心感谢各位前来参会!

谢谢大家!

(文章引自国家中医药管理局新闻办公室,部分有改动)

思考与练习

熟读本文,深刻体会科学家们为事业献身的精神。

6 人生为一大事来——记"中国天眼"之父南仁东

题解

在贵州平塘县大窝凼的喀斯特洼坑中,银色的"中国天眼"仍在探视宇宙,但在"中国天眼"之父南仁东的房间里,时间却停住了脚步。2017年9月15日,南仁东因病在美国去世,这位率先提出在中国建设新一代射电"大望远镜",并在十多年间,走遍贵州许多窝凼,选出理想台址,又用近十年时间跑遍工程现场的每个角落,罹患癌症仍坚守岗位的中国500米口径球面射电望远镜(简称FAST)工程的发起者及奠基人,倒在了"中国天眼"建成而尚未正式启用的时刻。时年72岁的南仁东,生命在欣慰与遗憾中戛然而止,留在中国大地上的是世界最大单口径、最灵敏的射电望远镜。

"20多年只做这一件事"

"咱们也建一个吧。"1993年,获悉科学家们在日本东京的国际无线电科学联盟大会上提出,要在全球电波环境继续恶化之前,接收更多来自外太空的信息,建造新一代射电"大望远镜"时,南仁东做出了这个决定,这让"南仁东"这三个字,从此与FAST这个射电望远镜密不可分。

随意翻开一本世界科技史著作,射电天文学都是20世纪科技进展中颇为重要的章节之一。20世纪60年代四大天文发现——宇宙微波背景辐射、类星体、脉冲星和星际分子,它们分别为大爆炸宇宙论提供支持、让人们重新思考红移的本质,更进一步了解宇宙的物理本质和更深入了解宇宙间生命发生的适宜条件——这四大发现都是利用射电望远镜才得以进行观测的。

在这些穷宇宙之边际的探索中,射电望远镜功不可没。自那以后,世界各国开始建造更大口径、更灵敏的射电望远镜来破解更多来自宇宙的秘密。

作为一名天文学家,南仁东不可能不知晓这段天文史。正因如此,24 年前,时任中国科学院北京天文台副台长的南仁东,便敏锐地抓住了契机,提出:"在中国境内建造直径 500 米、世界最大的单口径射电望远镜。"

当时,我国最大的射电望远镜口径只有 30 米,从 30 米到 500 米,这是个太大胆的设想,看好的人寥寥无几——建设这样大口径的射电望远镜已不仅是一个严密的科学工程,还是一个难度巨大的建设工程,涉及天文学、力学、机械工程、结构工程、电子学、测量与控制工程,甚至岩土工程等各个领域,且工程从纸面设计到实际建造和运行,有着十万八千里的距离。

"是否有合适的地方? 施工难度怎么克服?"这是当时人们最为普遍的质疑。但南仁东认准了这件事。从 1994 年开始,年近 50 岁的南仁东开始主持国际大射电望远镜计划的中国推进工作。他大胆提出,利用我国贵州省的喀斯特洼地作为望远镜台址,建设巨型球面望远镜作为国际平方公里阵列射电望远镜(SKA)的单元,并立即启动贵州选址工作。

"为了选址,南老师当时几乎踏遍了那里的所有洼地。"南仁东的学生、FAST 工程接收机与终端系统高级工程师甘恒谦回忆,当时,南仁东带着 300 多幅卫星遥感图,跋涉在中国西南的大山里,"有的荒山野岭连条小路也没有,当地农民走着都费劲"。

访山归来,南仁东心里有了底,正式提出利用喀斯特洼地建设射电望远镜的设想。经过多年的论证,2007 年 7 月,FAST 作为"十一五"重大科学装置正式被国家批准立项;2008 年,国家发改委批复了 FAST 的可行性研究报告;2009 年,中科院和贵州省人民政府联合批复了 FAST 项目初步设计及概算。

2016 年 9 月 25 日,500 米口径球面射电望远镜(FAST)竣工,最终建成的 FAST 拥有 500 米的口径,相当于 30 个足球场的接收面积。如果在国际上做一个横向比较,FAST 与号称"地面最大的机器"的德国波恩 100 米望远镜相比,灵敏度提高约 10 倍;比排在"阿波罗"登月之前、被评为人类 20 世纪十大工程之首的美国"阿雷西博"305 米望远镜,综合性能提高约 10 倍。建造 FAST 的"窝凼"——几百米的山洼被四面的山体环绕,正好挡住外面的电磁波。这个世界第一大单口径射电望远镜,可以观测脉冲星、中性氢、黑洞等等这些宇宙形成时期的信息,以及捕捉来自外星生命的信号。

从 1994 年开始主持 FAST 项目的选址、立项、可行性研究及初步设计,主编科学目标,指导各项关键技术的研究及其模型试验,历经 22 年,南仁东带领团队最终建成了"中国天眼"。"南老师这 20 多年只做了这一件事。"他的同事和学生们说。在这 8 000 多个殚精竭虑的日子里,南仁东带领老中青三代科技工作者克服了不可想象的困难,实现了由跟踪模仿到集成创新的跨越。"南老师推动了世界独一无二的项目。"FAST 项目副总工程师李菂说:"他的执着和直率最让人佩服。"

"造不好,怎么对得起人家?"

留着八字胡、目光凌厉,"一看就是'头儿'",这是姜鹏对南仁东的第一印象。在成为南仁东的助理,熟知他的过往经历后,FAST 工程调试组组长、研究员姜鹏觉得"他的人生充满的是调皮、义气、玩世不恭,甚至有些捣蛋"。

身材瘦小的南仁东的确是个"传奇"。他于 1945 年出生在辽源市龙山区,1963 年,南仁东以高考平均 98.6 分(百分制)的优异成绩成为"吉林省理科状元",并考入清华大学无线电系,是当地 10 年间唯一考入清华大学的高材生。根据他的老友,FAST 工程顾问、高级工程师斯可克回忆,毕业后,他俩在吉林通化无线电厂开模具,南仁东从冲压、钣金、电镀等"粗活"到土建水利样样都学,更带领技术员们生产出中国第一代电子计算器。但在选择硕士专业的时候,南仁东却不按常理出牌,他考取的是中国科学院的天文学研究生,跨入了与此前专业差异很大的天文领域,并"一发不可收拾"。

20 世纪,无线电波打开了现代天文观测在不可见光领域的"窗口",能够接收来自宇宙的电磁信号的优良观测设备就成为在这一领域一决高下的"利器"。南仁东深知要让中国的天文观测重回世界高地,建造大型观测设备是当务之急。

"感官安宁,万籁无声。美丽的宇宙太空以它的神秘和绚丽,召唤我们踏过平庸,进入它无垠的广袤。"南仁东以这句话表达了他对星空的追求。"别人都有自己的大设备,我们没有,我挺想试一试。"他说,他心中最大的梦想,就是把大窝凼变成一个现代机械美感与自然环境完美契合的天文观测奇迹。

为了推动立项,他成了"推销员",设法参加国际会议,逢人就推销项目。"我开始拍全世界的马屁,让全世界来支持我们。"南仁东曾这样自嘲。为了寻求技术上的合作,南仁东北上哈尔滨工业大学,南下同济大学,继而奔赴西安电子科技大学。

终于争取到立项,南仁东的反应却不是欣喜若狂。从 2011 年开工令下达起,在 5 年半的工程建设过程中,先后 150 多家国内企业、20 余家科研单位、数千人的施工队伍相继投入 FAST 建设,这么大的射电望远镜建设,关键技术无先例可循、关键材料急需攻关、现场施工环境非常复杂,工程的艰难程度远超出想象。可想而知,南仁东肩上的担子,压得很重。

在 2010 年,FAST 曾遇到建造以来的一场近乎灾难性的风险。据姜鹏回忆,2010 年,他们对买自知名企业的十余根钢索结构进行疲劳实验,结果全部以失败告终,没有一例能满足 FAST 的使用要求。当时,台址开挖工程已经开始,设备基础工程迫在眉睫,可由于购买的材料达不到工程要求,反射面的结构形式迟迟定不下来。

为了解决这个问题,南仁东提出用弹簧作为弹性变形的载体,来解决钢索疲劳问题。在姜鹏看来,这有些异想天开。"在我看来真有点天马行空,不可思议。"姜鹏说,"但他就是希望大家能发散思维。"

然而,用弹簧仍然是行不通的。在姜鹏最后一次向南仁东论述了弹簧方案不可行之后,他清晰地记得,空旷的会议室里,南仁东背着手站在黑板前,盯着那草图,"像一个无助的孩子"。姜鹏说:"我当时很难理解,这样的大科学家也会手足无措。"但他很快就明白南仁东的压力之大。"他寝食难安,天天与我们技术人员沟通,想方设法在工艺、材料等方面寻找解决途径,他背负的责任太重了。"

尽管失败带来了打击,但放弃却绝不是科学家的选择。"造不好,怎么对得起人家?""国家投了那么多钱,国际上又有人说你在吹牛皮,我就得负点责任。"这样的话常挂在南仁东嘴边。南仁东决定转向钢索的研制,整个研制工作接近两年,经历了近百次失败。几乎每一次,南仁东都亲临现场,沟通改进措施。最终,研制出满足 FAST 要求的钢索结构,让 FAST 渡过了难关。

在长达 14 年的预研究和建设过程中,南仁东主持 FAST 科学目标,指导各项关键技术的研究及模型试验,实现了三项自主创新:利用贵州天然的喀斯特洼坑作为台址;洼坑内铺设数千块单元组成 500 米口径球冠状主动反射面;采用轻型索拖动机构和并联机器人,实现望远镜接收机的高精度定位。突破了一系列技术难题,发明了 500 MPa 耐疲劳拉索,突破了高效握拔力锚固技术、大跨度索网安装和精度控制等难题;提出通过"水环"和运动配重扩大焦舱的运动空间同时增加系统阻尼的设计。

"懂无线电、焊接、机械的天文学家"

有人说，FAST 成就了南仁东。但实际上，早在 FAST 之前，南仁东就已经是著名的天文学家。1984 年，南仁东使用国际甚长基线网对活动星系核进行系统观测研究，在这一领域的早期发展阶段，主持完成欧洲及全球网 10 余次观测，首次在国际上应用 VLBI"快照"模式，取得丰富的天体物理成果；VLBI 混合成图达到当时国际最高动态范围水平，使 20 世纪 80 年代国内进行 VLBI 数据分析成为可能。

他在日本作客座教授期间，帮助日本空间甚长基线干涉天文台项目解决卫星-地面 VLBI 的成图难题。多年的突出成果得到国际同行赞誉和认可，他于 2006 年被国际天文学联合会射电天文分部选为主席。

后来，南仁东放弃国外的优渥条件，回国挑起天文事业重担。

"南老师曾说过，作为一个科研工作者，一生之中能参与大项目的机会难能可贵。这既是机遇，也是挑战。"从 2001 年开始参与 FAST 项目的国家天文台研究员张海燕说。如今再忆前期艰难，以及南老师不断鼓励大伙团结一心的情景，她泣不成声。

从 FAST 项目开始至今，南仁东一直任首席科学家，通过国内外同行间的合作，主持编写了 FAST 立项建议书，确定了中性氢、脉冲星、分子谱线、VLBI 和地外智慧文明搜寻等 5 大科学内容。FAST 具有高灵敏度和大天区覆盖，有利于发现更多罕见品种的脉冲星。中性氢与脉冲星巡视被国际天文界评审为 FAST 两个最高优先级科学目标。

2012 年，FAST 973 项目正式启动。作为资深咨询专家，南仁东指导 FAST 973 项目"射电波段的前沿天体物理课题及 FAST 早期科学研究"的立项及组织实施；确立了 FAST 实现世界首个漂移扫描多科学目标同时巡天的原创科学策略；提出调试阶段全波段监测蟹状星云脉冲星的优先观测计划；建议了用于望远镜调整期及早期试观测的单波束和多波束接收机，前者已投入试观测。

在国家天文台 FAST 工程副经理、办公室主任张蜀新眼里，南仁东不只是个天文学家，他还精通岩土、焊接、机械、工程管理。在审核危岩和崩塌体治理、支护方案时，不懂岩土工程的南仁东，用了一个月的时间学习相关知识，对方案中的每一张图纸都仔细审核、反复计算，指出方案中的错误，提出了大量的宝贵意见。"他是个天文学家，但为了 FAST，他把自己练成了通才，拿起电焊能焊得有模有样，给机械专家提点问题也总在点子上。"张蜀新说。

据 FAST 工程馈源支撑系统副总工潘高峰回忆，在台址勘察期间，为了更清晰地了解现场，掌握第一手资料，制定正确的危岩治理方案，65 岁的南仁东和年轻人一起，在没有路的大山里攀爬。在去陡峭山顶时，大家劝他在山下等着，看完结果向他汇报，他却坚持："我要和你们一起上去，看看实际的情况。"

多年来，FAST 项目成为享誉世界的超级大工程，其创新技术得到了各方认可，获得了各种奖励，如创新的索网技术成果获 2015 年钢结构协会科学技术奖特等奖、2016 年广西技术发明一等奖和 2016 年北京市科学技术奖一等奖。但属于南仁东个人的荣誉却只有"CCTV2016 年度科技创新人物""2016 中国科学年度新闻人物""2017 年全国创新争先奖章"寥寥几项。

他对名利淡漠，却对现场的工人和贫困地区的孩子十分上心。他曾给来自云南的工人买运动服，还常带些瓜果与工人们分享。每次晚饭后，他都会到工人的工棚坐坐，"端起工人吃饭的碗就喝水"。他的记忆力极好，几乎知道每个工人的名字、工种、收入情况，"还知道一些他们家里的琐事"。张蜀新说，南仁东看到了当地人生活的艰苦，了解当地小孩子上学的不易，于是他出资捐助十余位儿童上学。时至今日,仍有受资助的学生给他写信。

在南仁东逝世时,留下遗愿,丧事从简,不举行追悼仪式。他骤然离世,留下无数寄望,目前,FAST项目还在紧张调试,"要让FAST早出突破性成果,以慰藉南先生在天之灵。"他的同事和学生们说。

（《光明日报》,詹媛,2017年版,引用时有改动）

「第十一单元」

一片冰心在玉壶

"请告诉他们我依然冰心一片，装在洁白的玉壶中。"王昌龄在芙蓉楼为好友辛渐送行的时候再三叮嘱。

这是一句最暖人心的话，更是一个庄严的承诺，不因羸弱身躯而改变，不为物是人非而迁移，它始终烙印在每一个具有良知的古今文人骚客的心里，并一直被恪守信奉。

对于身残志坚的司马迁来说，不因为被处以宫刑而放弃"究天人之际，通古今之变，成一家之言"的丹书之志。这一片冰心是海子以梦为马的赤子之心；是张抗抗笔下的洛阳牡丹不慕虚华、对生命执着追求的精神；是古老潼关下艾青对祖国北方朴素的描写；是老渔夫桑地亚哥不屈不挠的战斗精神。是的，一个人可以被毁灭，但不能被打败。

在他们心中的玉壶里，那片初心从未被忘记。

1 北方

艾 青

题解

艾青(1910 年～1996 年),原名蒋正涵,现代文学家、诗人。1933 年第一次用笔名发表长诗《大堰河——我的保姆》。1932 年在上海加入中国左翼美术家联盟,从事革命文艺活动。1935 年,出版了第一本诗集《大堰河》。曾任中国作家协会副主席、国际笔会中心副会长等职。1985 年获法国文学艺术最高勋章。主要作品有《大堰河——我的保姆》《艾青诗选》。艾青的作品深沉而忧郁的抒情风格受到了人们普遍的注意。他对现代诗内容和形式审美标准的探讨,大大推动了中国新诗的规范化和现代化进程。

1938 年 2 月,战火迅雷般逼近了黄河,艾青在古老的潼关写下了这首《北方》,同年四月发表在《七月》杂志的卷首。全诗最为鲜明的艺术特色就是朴素,情感毫无遮蔽。阅读时仔细体会。

一天
那个科尔沁草原[1]上的诗人
对我说:
"北方是悲哀的。"

不错
北方是悲哀的。
从塞外吹来的
沙漠风,
已卷去北方的生命的绿色
与时日的光辉
——一片暗淡的灰黄,
蒙上一层揭不开的沙雾;
那天边疾奔而至的呼啸
带来了恐怖
疯狂地
扫荡过大地;
荒漠的原野
冻结在十二月的寒风里,

---

〔1〕 科尔沁是著名的蒙古族地域文化——科尔沁文化的发祥地,历史上科尔沁草原是成吉思汗之弟哈萨尔的领地。蒙古语中,科尔沁的意思是"造弓箭者"。科尔沁草原是中国四大草原之一,地处内蒙古东部,大兴安岭南坡,松辽平原西端。即从大兴安岭到松辽平原。

村庄呀，山坡呀，河岸呀，
颓垣〔1〕与荒冢〔2〕呀，
都披上了土色的忧郁……
孤单的行人，
上身俯前
用手遮住了脸颊，
在风沙里
困苦地呼吸
一步一步地
挣扎着前进……
几只驴子
——那有悲哀的眼
　　和疲乏的耳朵的畜生，
载负了土地的
痛苦的重压，
它们厌倦的脚步
徐缓地踏过
北国的
修长而又寂寞的道路……

那些小河早已枯干了
河底也已画满了车辙，
北方的土地和人民
在渴求着
那滋润生命的流泉啊！
枯死的林木
与低矮的住房
稀疏地，阴郁地
散布在灰暗的天幕下；
天上，
看不见太阳，
只有那结成大队的雁群
惶乱的雁群
击着黑色的翅膀
叫出它们的不安与悲苦，
从这荒凉的地域逃亡
逃亡到

〔1〕 颓垣：倾塌的墙。
〔2〕 荒冢：荒凉的坟墓。

绿荫蔽天的南方去了……

北方是悲哀的
而万里的黄河
汹涌着混浊的波涛，
给广大的北方
倾泻着灾难与不幸；
而年代的风霜，
刻画着
广大的北方的
贫穷与饥饿啊。

而我
——这来自南方的旅客，
却爱这悲哀的北国啊。
扑面的风沙
与入骨的冷气
决不曾使我咒诅；
我爱这悲哀的国土，
一片无垠的荒漠
也引起了我的崇敬
——我看见
我们的祖先
带领了羊群
吹着笳笛
沉浸在这大漠的黄昏里；
我们踏着的
古老的松软的黄土层里
埋有我们祖先的骸骨啊，
——这土地是他们所开垦
几千年了
他们曾在这里
和带给他们以打击的自然相搏斗，
他们为保卫土地
从不曾屈辱过一次，
他们死了
把土地遗留给我们——
我爱这悲哀的国土，
它的广大而瘦瘠的土地
带给我们以淳朴的言语

与宽阔的姿态，

我相信这言语与姿态

坚强地生活在土地上

永远不会灭亡；

我爱这悲哀的国土，

古老的国土，

——这国土

养育了为我所爱的

世界上最艰苦

与最古老的种族。

1938年2月4日　潼关

（《北方》,艾青,中国文联出版公司,1998年版）

思考与练习

1. 本诗运用了哪些意象？有何作用？试做分析。
2. “我爱这悲哀的国土”在诗中多次出现,试做赏析。

2 以梦为马

海 子

题解

　　海子(1964年~1989年),原名查海生,当代青年诗人。1982年大学期间开始诗歌创作。1984年创作成名作《亚洲铜》和《阿尔的太阳》,第一次使用“海子”作为笔名。1989年3月26日在山海关附近卧轨自杀。

　　从1984年的《亚洲铜》到1989年3月14日的最后一首诗《春天,十个海子》,他创造了近200万字的诗歌、诗剧、小说、论文和札记。比较著名的有《亚洲铜》《麦地》《以梦为马》《黑夜的献诗——献给黑夜的女儿》等。

　　《以梦为马》又名《祖国》,写于1987年,是海子最著名的诗歌之一。这首诗体现了海子对光明的执著追求,几乎囊括了海子诗歌中所有重要的思想。阅读时仔细体会。

我要做远方的忠诚的儿子
和物质的短暂情人
和所有以梦为马的诗人一样
我不得不和烈士和小丑走在同一道路上

万人都要将火熄灭 我一人独将此火高高举起
此火为大 开花落英于神圣的祖国
和所有以梦为马的诗人一样
我借此火得度一生的茫茫黑夜

此火为大 祖国的语言和乱石投筑的梁山城寨
以梦为上的敦煌——那七月也会寒冷的骨骼
如雪白的柴和坚硬的条条白雪 横放在众神之山
和所有以梦为马的诗人一样
我投入此火 这三者是囚禁我的灯盏 吐出光辉

万人都要从我刀口走过 去建筑祖国的语言
我甘愿一切从头开始
和所有以梦为马的诗人一样
我也愿将牢底坐穿

众神创造物中只有我最易朽
带着不可抗拒的死亡的速度
只有粮食是我珍爱 我将她紧紧抱住
抱住她 在故乡生儿育女
和所有以梦为马的诗人一样
我也愿将自己埋葬在四周高高的山上 守望平静的家园

面对大河我无限惭愧
我年华虚度 空有一身疲倦
和所有以梦为马的诗人一样
岁月易逝 一滴不剩 水滴中有一匹马儿一命归天

千年后如若我再生于祖国的河岸
千年后我再次拥有中国的稻田
和周天子的雪山 天马踢踏
和所有以梦为马的诗人一样
我选择永恒的事业

我的事业 就是要成为太阳的一生

他从古至今——"日"——他无比辉煌无比光明

和所有以梦为马的诗人一样

最后我被黄昏的众神抬入不朽的太阳

太阳是我的名字

太阳是我的一生

太阳的山顶埋葬　诗歌的尸体——千年王国和我

骑着五千年凤凰和名字叫"马"的龙

——我必将失败

但诗歌本身以太阳必将胜利

（《以梦为马：海子经典诗选》，海子，北京十月文艺出版社，2016 年版，有改动）

思考与练习

1. 试分析诗中"火"的意象。

2. 诗人在结尾说"我必将失败但诗歌本身以太阳必将胜利"作何理解？

3　报任安书（节选）

司马迁

题解

　　司马迁（约前 145 年～前 90 年），字子长，中国西汉伟大的史学家、文学家、思想家。司马谈之子，任太史令，因替李陵败降之事辩解而受宫刑，后任中书令。发奋继续完成所著史籍，被后世尊称为史迁、太史公、历史之父。他以其"究天人之际，通古今之变，成一家之言"的史识创作了中国第一部纪传体通史《史记》（原名《太史公书》）。被公认是中国史书的典范，该书记载了从上古传说中的黄帝时期，到汉武帝元狩元年，长达 3 000 多年的历史，是"二十五史"之首，被鲁迅誉为"史家之绝唱，无韵之离骚"。

　　《报任安书》（节选）是司马迁给朋友任安的临别书信，体现了司马迁与任安的深厚感情，以及司马迁进步、高尚的生死观和历史观。

太史公牛马走司马迁〔1〕,再拜言。

少卿足下:曩者〔2〕辱赐书,教以慎于接物,推贤进士为务,意气勤勤恳恳。若望〔3〕仆不相师,而用流俗人〔4〕之言,仆非敢如此也。请略陈固陋。阙然久不报,幸勿为过。

仆之先人非有剖符丹书之功〔5〕,文史星历〔6〕,近乎卜祝之间,固主上所戏弄,倡优畜之,流俗之所轻也。假令仆伏法受诛,若九牛亡一毛,与蝼蚁何以异?而世又不与能死节者比,特以为智穷罪极,不为自免,卒就死耳。何也?素所自树立使然也。人固有一死,或重于泰山,或轻于鸿毛,用之所趋异也。太上不辱先,其次不辱身,其次不辱理色,其次不辱辞令,其次诎体受辱,其次易服〔7〕受辱,其次关木索〔8〕、被箠楚受辱,其次剔毛发、婴金铁受辱〔9〕,其次毁肌肤、断肢体受辱,最下腐刑〔10〕极矣!《传》曰"刑不上大夫"〔11〕。此言士节不可不勉厉也。猛虎在深山,百兽震恐,及在阱槛〔12〕之中,摇尾而求食,积威约之渐也。故士有画地为牢,势不入;削木为吏,议不对,定计于鲜〔13〕也。今交手足,受木索,暴肌肤,受榜箠〔14〕,幽于圜墙之中。当此之时,见狱吏则头枪〔15〕地,视徒隶则心惕息〔16〕。何者?积威约之势也。及以至是,言不辱者,所谓强颜耳,曷足贵乎!且西伯〔17〕,伯也,拘于羑里〔18〕;李斯〔19〕,相也,具于五刑〔20〕;淮阴〔21〕,王也,受械于陈〔22〕;彭越〔23〕、张敖〔24〕,南面称孤,系狱抵罪;绛侯〔25〕诛诸吕,权倾五伯〔26〕,因于请室〔27〕;魏其,大将也,衣赭衣,关三木〔28〕;季布〔29〕为朱家钳奴;灌夫受辱于居室〔30〕。此人皆身至王侯将相,声闻邻国,及罪至罔〔31〕加,不能引决自裁,在尘埃之中。古今一体,安在其不辱也?由此言之,勇怯,势也;强弱,形也。审矣,何足怪乎?夫人不能早自裁绳墨之外,以稍陵迟,至于鞭箠之间,

〔1〕 太史公:太史公不是自称,也不是公职,汉代只有太史令一职,且古人写信不可能自称公。钱穆认为,《史记》原名是《太史公》。牛马走:谦词,意为像牛马一样以供奔走。走,意同"仆"。此十二字《汉书·司马迁传》无,据《文选》补。意思是司马迁为了《史记》一书像当牛做马一样活着。
〔2〕 曩(nǎng)者:从前。
〔3〕 望:埋怨。
〔4〕 流俗人:世俗之人。
〔5〕 剖符:把竹做的契约一剖为二,皇帝与大臣各执一块,上面写着同样的誓词,说永远不改变立功大臣的爵位。丹书:把誓词用丹砂写在铁制的契券上。凡持有剖符、丹书的大臣,其子孙犯罪可获赦免。
〔6〕 文史星历:史籍和天文历法,都属太史令掌管。
〔7〕 易服:换上罪犯的服装。古代罪犯穿赭(深红)色的衣服。
〔8〕 木索:木枷和绳索。
〔9〕 剔:同"剃",把头发剃光,即髡刑。婴:环绕。颈上带着铁链服苦役,即钳刑。
〔10〕 腐刑:即宫刑。
〔11〕 刑不上大夫:《礼记·曲礼》中语。
〔12〕 槛:关兽的笼子。
〔13〕 鲜:态度鲜明。即自杀,以示不受辱。
〔14〕 榜:鞭打。箠:竹棒。此处用作动词。
〔15〕 枪:同"抢"。
〔16〕 惕息:胆战心惊。
〔17〕 西伯:即周文王,为西方诸侯之长。伯也:伯通"霸"。
〔18〕 羑里:在今河南汤阴县。周文王曾被殷纣王囚禁于此。
〔19〕 李斯:秦始皇时任为丞相,后因秦二世听信赵高谗言,被受五刑,腰斩于咸阳。
〔20〕 五刑:秦汉时五种刑罚。见《汉书·刑法志》:"当三族者,皆先黥劓,斩左右趾,笞杀之,枭其首,菹其骨肉于市。"
〔21〕 淮阴:指淮阴侯韩信。
〔22〕 受械于陈:汉立,淮阴侯韩信被刘邦封为楚王,都下邳(今江苏邳州市)。后高祖疑其谋反,用陈平之计,在陈(楚地)逮捕了他。械:拘禁手足的木制刑具。
〔23〕 彭越:汉高祖的功臣。
〔24〕 张敖:汉高祖功臣张耳的儿子,袭父爵为赵王。彭越和张敖都因被人诬告称孤谋反,下狱定罪。
〔25〕 绛侯:汉初功臣周勃,封绛侯。惠帝和吕后死后,吕后家族中吕产、吕禄等人谋夺汉室,周勃和陈平一起定计诛诸吕,迎立刘邦中子刘恒为文帝。
〔26〕 五伯:即"五霸"。
〔27〕 请室:大臣犯罪等待判决的地方。周勃后被人诬告谋反,因于狱中。
〔28〕 魏其:大将军窦婴,汉景帝时被封为魏其侯。武帝时,营救灌夫,被人诬告,下狱判处死罪。三木:头枷、手铐、脚镣。
〔29〕 季布:楚霸王项羽的大将,曾多次打击刘邦。项羽败死,刘邦出重金缉捕季布。季布改名换姓,受髡刑和钳刑,卖身给鲁人朱家为奴。
〔30〕 灌夫:汉景帝时为中郎将,武帝时官太仆。因得罪了丞相田蚡,被囚于居室,后受诛。居室:少府所属的官署。
〔31〕 罔:同"网",法网之意。

乃欲引节,斯不亦远乎!古人所以重施刑于大夫者,殆为此也。

夫人情莫不贪生恶死,念父母,顾妻子,至激于义理者不然,乃有所不得已也。今仆不幸,早失父母,无兄弟之亲,独身孤立,少卿视仆于妻子何如哉?且勇者不必死节,怯夫慕义,何处不勉焉!仆虽怯懦,欲苟活,亦颇识去就之分矣,何至自沉〔1〕溺缧绁之辱哉!且夫臧获〔2〕婢妾,犹能引决,况仆之不得已乎?所以隐忍苟活,幽于粪土之中而不辞者,恨私心有所不尽,鄙陋没世,而文采不表于后也。

古者富贵而名摩灭,不可胜记,唯倜傥〔3〕非常之人称焉。盖文王拘而演《周易》〔4〕;仲尼厄而作《春秋》〔5〕;屈原放逐,乃赋《离骚》〔6〕;左丘失明,厥有《国语》〔7〕;孙子膑脚,《兵法》修列〔8〕;不韦迁蜀,世传《吕览》〔9〕;韩非囚秦,《说难》《孤愤》〔10〕;《诗》三百篇〔11〕,大抵圣贤发愤之所为作也。此人皆意有所郁结,不得通其道,故述往事、思来者。乃如左丘无目,孙子断足,终不可用,退而论书策,以舒其愤,思垂空文以自见。

仆窃不逊,近自托于无能之辞,网罗天下放失〔12〕旧闻,略考其行事,综其终始,稽其成败兴坏之纪,上计轩辕,下至于兹,为十表,本纪十二,书八章,世家三十,列传七十,凡百三十篇。亦欲以究天人之际,通古今之变,成一家之言。草创未就,会遭此祸,惜其不成,是以就极刑而无愠〔13〕色。仆诚以著此书,藏之名山,传之其人,通邑大都,则仆偿前辱之责,虽万被戮,岂有悔哉!然此可为智者道,难为俗人言也!

且负下未易居,下流多谤议。仆以口语遇遭此祸,重为乡党戮笑〔14〕,以污辱先人,亦何面目复上父母之丘墓乎?虽累百世,垢弥甚耳!是以肠一日而九回〔15〕,居则忽忽若有所亡,出则不知其所往。每念斯耻,汗未尝不发背沾衣也!身直为闺阁之臣〔16〕,宁得自引深藏于岩穴邪?故且从俗浮沉,与时俯仰,以通其狂惑。今少卿乃教以推贤进士,无乃与仆私心刺谬乎?今虽欲自雕琢〔17〕,曼辞以自饰,无益,于俗不信,适足取辱耳。要之,死日然后是非乃定。书不能悉意,故略陈固陋。

谨再拜。

(《古代汉语》,司马迁著,许嘉璐主编,高等教育出版社,1992 年版,节选时有改动)

思考与练习

1. 选出与"文王拘而演《周易》"句式结构相同的一句(　　)。

A. 彼且奚适也

B. 安能以身之察察,受物之汶汶者乎

---

〔1〕 沉:累绁捆绑犯人的绳子,引申为捆绑、牢狱。
〔2〕 臧获:奴曰臧,婢曰获。
〔3〕 倜傥:豪迈不受拘束。
〔4〕 文王拘而演《周易》:传说周文王被殷纣王拘禁在羑里时,把古代的八卦推演为六十四卦,成为《周易》的骨干。
〔5〕 仲尼厄而作《春秋》:孔丘字仲尼,周游列国宣传儒道,在陈地和蔡地受到围攻和绝粮之苦,返回鲁国作《春秋》一书。
〔6〕 屈原:曾两次被楚王放逐,幽愤而作《离骚》。
〔7〕 左丘:春秋时鲁国史官左丘明。《国语》:史书,相传为左丘明撰著。
〔8〕 孙子:春秋战国时著名军事家孙膑。膑脚:孙膑曾与庞涓一起从鬼谷子习兵法,后庞涓为魏惠王将军,骗膑入魏,割去了他的膑骨(膝盖骨)。孙膑有《孙膑兵法》传世。
〔9〕 不韦:吕不韦,战国末年大商人,秦初为相国。曾命门客著《吕氏春秋》(一名《吕览》)。始皇十年,令吕不韦举家迁蜀,吕不韦自杀。
〔10〕 韩非:战国后期韩国公子,曾从荀卿学,入秦被李斯所谗,下狱死。著有《韩非子》,《说难》《孤愤》是其中的两篇。
〔11〕 《诗》三百篇:今本《诗经》共有三百零五篇,此举其成数。
〔12〕 失:读为"佚"。
〔13〕 愠:怒。
〔14〕 戮笑:辱笑。
〔15〕 九回:九转。形容痛苦之极。
〔16〕 闺阁之臣:指宦官。闺、阁是宫中小门,代指禁宫。
〔17〕 雕琢:修饰,美化。这里指自我妆饰。

C. 屈原放逐,乃赋《离骚》

D. 覆杯水于坳堂之上

2. 下列各项中,对文意理解不正确的一项是(　　)。

A. 列举了文王、仲尼、屈原等人的事迹,意在说明自己受腐刑后隐忍苟活的原因,是为了完成《史记》,实现自己的理想

B. 介绍《史记》的写作宗旨,是为了"究天人之际,通古今之变,成一家之言"

C. 即使受到残酷的刑罚,作者也毫无愠色,继续奋笔疾书,这种在逆境中忍辱图强的精神,实在是难能可贵

D. 作者对余生的看法是无脸见人,痛苦至极,因此想隐退山林,顺从世俗而行事,通过著书立说来抒发其内心的苦闷与不甘

4 牡丹的拒绝

张抗抗

题解

张抗抗(1950 年～),当代著名女作家、黑龙江省作家协会名誉主席,第七、八届中国作家协会副主席,中国文字著作权保护协会副会长、国际笔会中国笔会中心副会长。代表作品有《隐形伴侣》《赤彤丹朱》《情爱画廊》《作女》《张抗抗自选集》等。

《牡丹的拒绝》是张抗抗的一篇优美的散文。作品没有像众多描写牡丹的作品那样一味赞美牡丹的雍容华贵、绚丽多姿,而是独辟蹊径,通过对牡丹花开花落的描写,着力赞美牡丹的拒绝,赞扬牡丹不慕虚华、对生命执着追求的精神。

它被世人所期待、所仰慕、所赞誉,是由于它的美。

它美得秀韵多姿,美得雍容华贵,美得绚丽娇艳,美得惊世骇俗。它的美是早已被世人所确定、所公认了的。它的美不惧怕争议和挑战。

有多少人没有欣赏过牡丹呢?

却偏偏要坐上汽车火车飞机轮船,千里万里爬山涉水,天南海北不约而同,揣着焦渴与翘盼的心,涛涛黄河般地涌进洛阳城。

欧阳修曾有诗云:洛阳地脉花最重,牡丹尤为天下奇。

传说中的牡丹,是被武则天一怒之下逐出京城,贬去洛阳的。却不料洛阳的水土最适合牡丹的生长。于是洛阳人种牡丹蔚然成风,渐盛于唐,极盛于宋。每年阳历四月中旬春色融融的日子,街巷园林千株万株牡丹竞放,花团锦簇香云缭绕——好一座五彩缤纷的牡丹城。

所以看牡丹是一定要到洛阳去看的。没有看过洛阳的牡丹就不算看过牡丹。况且洛阳牡丹还有那

么点来历,它因被贬而增值而名声大噪,是否因此勾起人的好奇也未可知。

这一年已是洛阳的第九届牡丹花会。这一年的春却来得迟迟。

连日浓云阴雨,四月的洛阳城冷风嗖嗖。

街上挤满了从很远很远的地方赶来的看花人。看花人踩着年年应准的花期。明明是梧桐发叶,柳枝滴翠,桃花梨花姹紫嫣红,海棠更已落英缤纷——可洛阳人说春尚不曾到来;看花人说,牡丹城好安静。

一个又冷又静的洛阳,让你觉得有什么地方不对劲。你悄悄闭上眼睛不忍寻觅。你深呼吸掩藏好了最后的侥幸,姗姗步入王城公园。你相信牡丹生性喜欢热闹,你知道牡丹不像幽兰习惯寂寞,你甚至怀着自私的企图,愿牡丹接受这提前的参拜和瞻仰。

然而,枝繁叶茂的满园绿色,却仅有零零落落的几处浅红、几点粉白。一丛丛半人高的牡丹植株之上,昂然挺起千头万头硕大饱满的牡丹花苞,个个形同仙桃,却是朱唇紧闭,洁齿轻咬,薄薄的花瓣层层相裹,透出一副傲慢的冷色,绝无开花的意思。偌大的一个牡丹王国,竟然是一片黯淡萧瑟的灰绿……

一丝苍白的阳光伸出手竭力抚弄着它,它却木然呆立,无动于衷。

惊愕伴随着失望和疑虑——你不知道牡丹为什么要拒绝,拒绝本该属于它的荣誉和赞颂?

于是看花人说这个洛阳牡丹真是徒有虚名;于是洛阳人摇头说其实洛阳牡丹从未如今年这样失约,这个春实在太冷,寒流接着寒流怎么能怪牡丹? 当年武则天皇帝令百花连夜速发以待她明朝游玩上苑,百花慑于皇威纷纷开放,惟独牡丹不从,宁可发配洛阳。如今怎么就能让牡丹轻易改了性子?

于是你面对绿色的牡丹园,只能竭尽你想象的空间。想象它在阳光与温暖中火热的激情;想象它在春晖里的辉煌与灿烂——牡丹开花时犹如解冻的大江,一夜间千朵万朵纵情怒放,排山倒海惊天动地。那般恣意那般宏伟,那般壮丽那般浩荡。它积蓄了整整一年的精气,都在这短短几天中轰轰烈烈地迸发出来。它不开则已,一开则倾其所有挥洒净尽,终要开得一个倾国倾城,国色天香。

你也许在梦中曾亲吻过那些赤橙黄绿青蓝紫的花瓣,而此刻你须在想象中创造姚黄魏紫豆绿墨撒金白雪塔铜雀春锦帐芙蓉烟绒紫首案红火炼金丹……想象花开时节洛阳城上空被牡丹映照的五彩祥云;想象微风夜露中颤动的牡丹花香;想象被花气濡染的树和房屋;想象洛阳城延续了一千多年的“花开花落二十日,满城人人皆若狂”之盛况。想象给予你失望的纪念,给予你来年的安慰与希望。牡丹为自己营造了神秘与完美——恰恰在没有牡丹的日子里,你探访了窥视了牡丹的个性。

其实你在很久以前并不喜欢牡丹。因为它总被人作为富贵膜拜。后来你目睹了一次牡丹的落花,你相信所有的人都会为之感动:一阵清风徐来,娇艳鲜嫩的盛期牡丹忽然整朵整朵地坠落,铺散一地绚丽的花瓣。那花瓣落地时依然鲜艳夺目,如同一只被奉上祭坛的大鸟脱落的羽毛,低吟着壮烈的悲歌离去。牡丹没有花谢花败之时,要么烁于枝头,要么归于泥土,它跨越萎顿和衰老,由青春而死亡,由美丽而消遁。它虽美却不吝惜生命,即使告别也要留给人最后一次惊心动魄的体味。

所以在这阴冷的四月里,奇迹不会发生。任凭游人扫兴和诅咒,牡丹依然安之若素。它不苟且不俯就不妥协不媚俗,它遵循自己的花期自己的规律,它有权利为自己选择每年一度的盛大节日。它为什么不拒绝寒冷?!

天南海北的看花人,依然络绎不绝地涌入洛阳城。人们不会因牡丹的拒绝而拒绝它的美。如果它再被贬谪十次,也许它就会繁衍出十个洛阳牡丹城。

于是你在无言的遗憾中感悟到,富贵与高贵只是一字之差。同人一样,花儿也是有灵性、有品位之高低的。品位这东西为气为魂为筋骨为神韵只可意会。你叹服牡丹卓尔不群之姿,方知“品位”是多么容易被世人忽略或漠视的美。

(《牡丹的拒绝》,张抗抗,春风文艺出版社,1995 年版)

思考与练习

1. 本文以诗句和传说开头,这对全文表达有何作用?
2. 如何理解"富贵与高贵只是一字之差"?

5 老人与海(节选)

海明威

题解

海明威(Ernest Miller Hemingway,1899 年～1961 年),美国作家、记者,被认为是 20 世纪最著名的小说家之一。1953 年,他以《老人与海》一书获得普利策奖;1954 年,《老人与海》又为海明威夺得诺贝尔文学奖。2001 年,海明威的《太阳照样升起》与《永别了,武器》两部作品被美国现代图书馆列入"20 世纪中的 100 部最佳英文小说"中。海明威的作品标志着他独特创作风格的形成,在美国文学史乃至世界文学史上都占有重要地位。

《老人与海》是海明威创作于 1952 年的一部中篇小说,也是作者生前发表的最后一部小说。作品围绕一位老年古巴渔夫展开,讲述他与一条巨大的马林鱼在离岸很远的湾流中搏斗的历程。海明威本人也认为这是他"这一辈子所能写得最好的一部作品!"

他们航行得很好,老人把手浸在盐水里,努力保持头脑清醒。积云堆聚得很高,上空还有相当多的卷云,因此老人看出这风将刮上整整一夜。老人时常对鱼望望,好确定真有这么回事。这时候是第一条鲨鱼来袭击它的前一个钟点。

这条鲨鱼的出现不是偶然的。当那一大片暗红的血朝一英里深的海里下沉并扩散的时候,它从水底深处上来了。它窜上来得那么快,全然不顾一切,竟然冲破了蓝色的水面,来到了阳光里。跟着它又掉回海里,嗅到了血腥气的踪迹,就顺着小船和那鱼所走的路线游去。

有时候它迷失了那气味。但是它总会重新嗅到,或者就嗅到那么一点儿,它就飞快地使劲跟上。它是条很大的灰鲭鲨,生就一副好体格,能游得跟海里最快的鱼一般快,周身的一切都很美,除了它的上下颚。它的背部和剑鱼的一般蓝,肚子是银色的,鱼皮光滑而漂亮。它长得和剑鱼一般,除了它那张正紧闭着的大嘴,它眼下就在水面下迅速地游着,高耸的脊鳍像刀子般划破水面,一点也不抖动。在这紧闭着的双唇里面,八排牙齿全都朝里倾斜着。它们和大多数鲨鱼的不同,不是一般的金字塔形的。它们像爪子般蜷曲起来的人的手指。它们几乎跟这老人的手指一般长,两边都有刀片般锋利的快口。这种鱼生就拿海里所有的鱼当食料,它们游得那么快,那么壮健,武器齐备,以致所向无敌。它闻到了这新鲜的血腥气,此刻正加快了速度,蓝色的脊鳍划破了水面。老人看见它在游来,看出这是条毫无畏惧而坚决为所欲为的鲨鱼。他准备好了鱼叉,系紧了绳子,一面注视着鲨鱼向前游来。绳子短了,缺了他割下用来绑鱼的那一截。老人此刻头脑清醒,正常,充满了决心,但并不抱着多少希望。光景太好了,不可能持久的,他想。他注视着鲨鱼在逼近,抽空朝那条大鱼望上一眼。这简直等于是一场梦,他想。我没法阻止它来袭击我,但是也许我能弄死它。登多索鲨[1],他想。你它妈交上坏运啦。

鲨鱼飞速地逼近船梢,它袭击那鱼的时候,老人看见它张开了嘴,看见它那双奇异的眼睛,它咬住鱼尾巴上面一点儿的地方,牙齿咬得嘎吱嘎吱地响。鲨鱼的头露出在水面上,背部正在出水,老人听见那条大鱼的皮肉被撕裂的声音,这时候,他用鱼叉朝下猛地扎进鲨鱼的脑袋,正扎在它两眼之间的那条线和从鼻子笔直通到脑后的那条线的交叉点上。这两条线实在是并不存在的。只有那沉重、尖锐的蓝色脑袋,两只大眼睛和那嘎吱作响、吞噬一切的突出的两颚。可是那儿正是脑子的所在,老人直朝它扎去。他使出全身的力气,用糊着鲜血的双手,把一支好鱼叉向它扎去。他扎它,并不抱着希望,但是带着决心和十足的恶意。

鲨鱼翻了个身,老人看出它眼睛里已经没有生气了,跟着它又翻了个身,自行缠上了两道绳子。老人知道这鲨鱼快死了,但它还是不肯认输。它这时肚皮朝上,尾巴扑打着,两颚嘎吱作响,像一条快艇般划破水面。它的尾巴把水拍打得泛出白色,四分之三的身体露出在水面上,这时绳子给绷紧了,抖了一下,啪地断了。鲨鱼在水面上静静地躺了片刻,老人紧盯着它。然后它慢慢地沉下去了。

"它吃掉了约莫四十磅肉。"老人说出声来。它把我的鱼叉也带走了,还有那么许多绳子,他想,而且现在我这条鱼又在淌血,其他鲨鱼也会来的。

他不忍心再朝这死鱼看上一眼,因为它已经被咬得残缺不全了。鱼挨到袭击的时候,他感到就像自己挨到袭击一样。可是我杀死了这条袭击我的鱼的鲨鱼,他想。而它是我见到过的最大的登多索鲨。天知道,我见过一些大的。

光景太好了,不可能持久的,他想。但愿这是一场梦,我根本没有钓到这条鱼,正独自躺在床上铺的旧报纸上。

"不过人不是为失败而生的,"他说,"一个人可以被毁灭,但不能给打败。"不过我很痛心,把这鱼给杀了,他想。现在倒霉的时刻要来了,可我连鱼叉也没有。这条登多索鲨是残忍、能干、强壮而聪明的。但是我比它更聪明。也许并不,他想。也许我仅仅是武器比它强。

"别想啦,老家伙,"他说出声来,"顺着这航线行驶,事到临头再对付吧。"但是我一定要想,他想。因为我只剩下这个了。这个,还有棒球。不知道那了不起的迪马吉奥可会喜欢我那样击中它的脑子?这不是什么了不起的事儿,他想。任何人都做得到。但是,你可以为,我这双受伤的手跟骨刺一样是个很大的不利条件?我没法知道。我的脚后跟从没出过毛病,除了有一次在游水时踩着了一条海鳐鱼,被它扎了一下,小腿麻痹了,痛得真受不了。

"想点开心的事儿吧,老家伙,"他说,"每过一分钟,你就离家近一步。丢了四十磅鱼肉,你航行起来更轻快了。"他很清楚,等他驶进了海流的中部,会发生什么事。可是眼下一点办法也没有。

"不,有办法,"他说出声来,"我可以把刀子绑在一支桨的把子上。"

于是他胳肢窝里挟着舵柄,一只脚踩住了帆脚索,就这样办了。

"行了,"他说,"我照旧是个老头儿。不过我不是没有武器的了。"

这时风刮得强劲些了,他顺利地航行着。他只顾盯着鱼的上半身,恢复了一点儿希望。

不抱希望才蠢哪,他想。再说,我认为这是一桩罪过。别想罪过了,他想。麻烦已经够多了,还想什

---

〔1〕 原文为Dentuso,西班牙语,意为牙齿锋利的,这是当地对灰鲭鲨的俗称。

么罪过。何况我根本不懂这个。

我根本不懂这个,也说不准我是不是相信。也许杀死这条鱼是一桩罪过。我看该是的,尽管我是为了养活自己并且给许多人吃用才这样干的。不过话得说回来,什么事都是罪过啊。别想罪过了吧。现在想它也实在太迟了,而且有些人是拿了钱来干这个的。让他们去考虑吧。你天生是个渔夫,正如那鱼天生就是一条鱼一样。圣彼德罗[1]是个渔夫,跟那了不起的迪马吉奥的父亲一样。

但是他喜欢去想一切他给卷在里头的事,而且因为没有书报可看,又没有收音机,他就想得很多,只顾想着罪过。你不光是为了养活自己、把鱼卖了买食品才杀死它的,他想。你杀死它是为了自尊心,因为你是个渔夫。它活着的时候你爱它,它死了你还是爱它。如果你爱它,杀死它就不是罪过。也许是更大的罪过吧?

"你想得太多了,老家伙。"他说出声来。但是你很乐意杀死那条登多索鲨,他想。它跟你一样,靠吃活鱼维持生命。它不是食腐动物,也不像有些鲨鱼那样,只知道游来游去满足食欲。它是美丽而崇高的,见什么都不怕。"我杀死它是为了自卫,"老人说出声来,"杀得也很利索。"

再说,他想,每样东西都杀死别的东西,不过方式不同罢了。捕鱼养活了我,同样也快把我害死了。那孩子使我活得下去,他想。我不能过分地欺骗自己。

他把身子探出船舷,从鱼身上被鲨鱼咬过的地方撕下一块肉。他咀嚼着,觉得肉质很好,味道鲜美。又坚实又多汁,像牲口的肉,不过不是红色的。一点筋也没有,他知道在市场上能卖最高的价钱。可是没有办法让它的气味不散布到水里去,老人知道糟糕透顶的时刻就快来到了。

风持续地吹着。它稍微转向东北方,他明白这表明它不会停息。老人朝前方望去,不见一丝帆影,也看不见任何一只船的船身或冒出来的烟。只有从他船头下跃起的飞鱼,向两边逃去,还有一摊摊黄色的马尾藻。他连一只鸟也看不见。他已经航行了两个钟点,在船梢歇着,有时候从大马林鱼身上撕下一点肉来咀嚼着,努力休息,保持精力,这时他看到了两条鲨鱼中首先露面的那一条。

"Ay。"他说出声来。这个词儿是没法翻译的,也许不过是一声叫喊,就像一个人觉得钉子穿过他的双手,钉进木头时不由自主地发出的声音。

"加拉诺鲨[2]",他说出声来。他看见另一个鳍在第一个的背后冒出水来,根据这褐色的三角形鳍和甩来甩去的尾巴,认出它们正是铲鼻鲨。它们嗅到了血腥味,很兴奋,因为饿昏了头,它们激动得一会儿迷失了臭迹,一会儿又嗅到了。可是它们始终在逼近。

老人系紧帆脚索,卡住了舵柄。然后他拿起上面绑着刀子的桨。他尽量轻地把它举起来,因为他那双手痛得不听使唤了。然后他把手张开,再轻轻捏住了桨,让双手松弛下来。他紧紧地把手合拢,让它们忍受着痛楚而不致缩回去,一面注视着鲨鱼在过来。他这时看得见它们那又宽又扁的铲子形的头,和尖端呈白色的宽阔的胸鳍。它们是可恶的鲨鱼,气味难闻,既杀害其他的鱼,也吃腐烂的死鱼,饥饿的时候,它们会咬船上的一把桨或者舵。就是这些鲨鱼,会趁海龟在水面上睡觉的时候咬掉它们的脚和鳍状肢,如果碰到饥饿的时候,也会在水里袭击人,即使这人身上并没有鱼血或黏液的腥味。

"Ay,"老人说,"加拉诺鲨。来吧,加拉诺鲨。"

它们来啦。但是它们来的方式和那条灰鲭鲨的不同。一条鲨鱼转了个身,钻到小船底下不见了,它用嘴拉扯着死鱼,老人觉得小船在晃动。另一条用它一条缝似的黄眼睛注视着老人,然后飞快地游来,半圆形的上下颚大大地张开着,朝鱼身上被咬过的地方咬去。它褐色的头顶以及脑子跟脊髓相连处的背脊上有道清清楚楚的纹路,老人把绑在桨上的刀子朝那交叉点扎进去,拔出来,再扎进这鲨鱼的黄色

---

[1] 即耶稣刚开始传道时,在加利利海边所收的最早的四个门徒之一。
[2] 原文为Galano,西班牙语,意为"豪侠、优雅",在这里又可解作"杂色斑驳的",也是一种鲨鱼的俗称。

猫眼。鲨鱼放开了咬住的鱼,身子朝下溜,临死时还把咬下的肉吞了下去。

另一条鲨鱼正在咬啃那条鱼,弄得小船还在摇晃,老人就放松了帆脚索,让小船横过来,使鲨鱼从船底下暴露出来。他一看见鲨鱼,就从船舷上探出身子,一桨朝它戳去。他只戳在肉上,但鲨鱼的皮紧绷着,刀子几乎戳不进去。这一戳不仅震痛了他那双手,也震痛了他的肩膀。但是鲨鱼迅速地浮上来,露出了脑袋,老人趁它的鼻子伸出水面挨上那条鱼的时候,对准它扁平的脑袋正中扎去。老人拔出刀刃,朝同一地方又扎了那鲨鱼一下。它依旧紧锁着上下颚,咬住了鱼不放,老人一刀戳进它的左眼。鲨鱼还是吊在那里。

"还不够吗?"老人说着,把刀刃戳进它的脊骨和脑子之间。这时扎起来很容易,他感到它的软骨折断了。老人把桨倒过来,把刀刃插进鲨鱼的两颚之间,想把它的嘴撬开。他把刀刃一转,鲨鱼松了嘴溜开了,他说:"走吧,加拉诺鲨,溜到一英里深的水里去吧。去找你的朋友,也许那是你的妈妈吧。"

老人擦了擦刀刃,把桨放下。然后他摸到了帆脚索,张起帆来,使小船顺着原来的航线走。

"它们一定把这鱼吃掉了四分之一,而且都是上好的肉,"他说出声来,"但愿这是一场梦,我压根儿没有钓到它。我为这件事感到真抱歉,鱼啊。这把一切都搞糟啦。"他顿住了,此刻不想朝鱼望了。它流尽了血,被海水冲刷着,看上去像镜子背面镀的银色,身上的条纹依旧看得出来。"我原不该出海这么远的,鱼啊,"他说,"对你对我都不好。我很抱歉,鱼啊。"

得了,他对自己说。去看看绑刀子的绳子,看看有没有断。然后把你的手弄好,因为还有鲨鱼要来。

"但愿有块石头可以磨磨刀,"老人检查了绑在桨把子上的刀子后说,"我原该带一块磨石来的。"你应该带来的东西多着哪,他想。但是你没有带来,老家伙啊。眼下可不是想你什么东西没有带的时候,想想你用手头现有的东西能做什么事儿吧。

"你给了我多少忠告啊,"他说出声来,"我听得厌死啦。"他把舵柄夹在胳肢窝里,双手浸在水里,小船朝前驶去。"天知道最后那条就鲨鱼咬掉了多少鱼肉,"他说,"这船现在可轻得多了。"他不愿去想那鱼残缺不全的肚子。他知道鲨鱼每次猛地撞上去,总要撕去一点肉,还知道鱼此刻给所有的鲨鱼留下了一道臭迹,宽得像海面上的一条公路一样。

它是条大鱼,可以供养一个人整整一冬,他想。别想这个啦。还是休息休息,把你的手弄弄好,保护这剩下的鱼肉吧。水里的血腥气这样浓,我手上的血腥气就算不上什么了。再说,这双手上出的血也不多。给割破的地方都算不上什么。出血也许能使我的左手不再抽筋。

我现在还有什么事可想?他想。什么也没有。我必须什么也不想,等待下一条鲨鱼来。但愿这真是一场梦,他想。不过谁说得准呢?也许结果会是好的。

接着来的鲨鱼是条单独的铲鼻鲨。看它的来势,就像一头猪奔向饲料槽,如果说猪能有这么大的嘴,你可以把脑袋伸进去的话。老人让它咬住了鱼,然后把桨上绑着的刀子扎进它的脑子。但是鲨鱼朝后猛地一扭,打了个滚,刀刃啪地一声断了。

老人坐定下来掌舵。他都不去看那条大鲨鱼在水里慢慢地下沉,它起先是原来那么大,然后渐渐小了,然后只剩一丁点儿了。这种情景总叫老人看得入迷。可是这会他看也不看一眼。

"我现在还有那根鱼钩,"他说,"不过它没什么用处。我还有两把桨和那个舵把和那根短棍。"

它们如今可把我打败了,他想。我太老了,不能用棍子打死鲨鱼了。但是只要我有桨和短棍和舵把,我就要试试。他又把双手浸在水里泡着。下午渐渐过去,快近傍晚了,他除了海洋和天空,什么也看不见。空中的风比刚才大了,他指望不久就能看到陆地。

"你累乏了,老家伙,"他说,"你骨子里累乏了。"

直到快日落的时候,鲨鱼才再来袭击它。

老人看见两片褐色的鳍正顺着那鱼必然在水里留下的很宽的臭迹游来。它们竟然不用到处来回搜索这臭迹。它们笔直地并肩朝小船游来。

他刹住了舵把，系紧帆脚索，伸手到船梢下去拿棍子。它原是个桨把，是从一支断桨上锯下的，大约两英尺半长。因为它上面有个把手，他只能用一只手有效地使用，于是他就用右手好好儿攥住了它，弯着手按在上面，一面望着鲨鱼在过来。两条都是加拉诺鲨。

我必须让第一条鲨鱼好好咬住了才打它的鼻尖，或者直朝它头顶正中打去，他想。

两条鲨鱼一起紧逼过来，他一看到离他较近的那条张开嘴直咬进那鱼的银色胁腹，就高高举起棍子，重重地打下去，砰的一声打在鲨鱼宽阔的头顶上。棍子落下去，他觉得好像打在坚韧的橡胶上。但他也感觉到坚硬的骨头，他就趁鲨鱼从那鱼身上朝下溜的当儿，再重重地朝它鼻尖上打了一下。

另一条鲨鱼刚才窜来后就走了，这时又张大了嘴扑上来。它直撞在鱼身上，闭上两颚，老人看见一块块白色的鱼肉从它嘴角漏出来。他抡起棍子朝它打去，只打中了头部，鲨鱼朝他看看，把咬在嘴里的肉一口撕下了。老人趁它溜开去把肉咽下时，又抡起棍子朝它打下去，只打中了那厚实而坚韧的橡胶般的地方。

"来吧，加拉诺鲨，"老人说，"再过来吧。"

鲨鱼冲上前来，老人趁它合上两颚时给了它一下。他结结实实地打中了它，是把棍子举得尽量高才打下去的。这一回他感到打中了脑子后部的骨头，于是朝同一部位又是一下，鲨鱼呆滞地撕下嘴里咬着的鱼肉，从鱼身边溜下去了。

老人守望着，等它再来，可是两条鲨鱼都没有露面。接着他看见其中的一条在海面上绕着圈儿游着。他没有看见另外一条的鳍。

我没法指望打死它们了，他想。我年轻力壮时能行。不过我已经把它们俩都打得受了重伤，它们中哪一条都不会觉得好过。要是我能用双手抡起一根棒球棒，我准能把第一条打死。即使现在也能行，他想。

他不愿朝那条鱼看。他知道它的半个身子已经被咬烂了。他刚才跟鲨鱼搏斗的时候，太阳已经落下去了。

"马上就要断黑了，"他说，"那时候我将看见哈瓦那的灯火。如果我往东走得太远了，我会看见一个新开辟的海滩上的灯光。"

我现在离陆地不会太远，他想。我希望没人为此担心。当然啦，只有那孩子会担心。可是我相信他一定有信心。好多老渔夫也会担心的。还有不少别的人，他想。我住在一个好镇子里啊。

他不能再跟这鱼说话了，因为它给糟蹋得太厉害了。接着他头脑里想起了一件事。

"半条鱼，"他说，"你原来是条完整的。我很抱歉，我出海太远了。我把你我都毁了。不过我们杀死了不少鲨鱼，你跟我一起，还打伤了好多条。你杀死过多少啊，好鱼？你头上长着那只长嘴，可不是白长的啊。"

他喜欢想到这条鱼，想到如果它在自由地游着，会怎样去对付一条鲨鱼。我应该砍下它这长嘴，拿来跟那些鲨鱼斗，他想。但是没有斧头，后来又弄丢了那把刀子。

但是，如果我把它砍下了，就能把它绑在桨把上，该是多好的武器啊。这样，我们就能一起跟它们斗啦。要是它们夜里来，你该怎么办？你又有什么办法？

"跟它们斗，"他说，"我要跟它们斗到死。"

但是，在眼下的黑暗里，看不见天际的反光，也看不见灯火，只有风和那稳定地拉曳着的帆，他感到说不定自己已经死了。他合上双手，摸摸掌心。这双手没有死，他只要把它们开合一下，就能感到生之痛楚。他把背脊靠在船梢上，知道自己没有死。这是他的肩膀告诉他的。

我许过愿，如果逮住了这条鱼，要念多少遍祈祷文，他想。不过我现在太累了，没法念。我还是把麻袋拿来披在肩上。

他躺在船梢掌着舵，注视着天空，等着天际的反光出现。我还有半条鱼，他想。也许我运气好，能把前半条带回去。我总该多少有点运气吧。不，他说。你出海太远了，把好运给冲掉啦。

"别傻了，"他说出声来，"保持清醒，掌好舵。你也许还有很大的好运呢。"

"要是有什么地方卖好运，我倒想买一些。"他说。我能拿什么来买呢？他问自己。能用一支弄丢了的鱼叉、一把折断的刀子和两只受了伤的手吗？

"也许能，"他说，"你曾想拿在海上的八十四天来买它。人家也几乎把它卖给了你。"

我不能胡思乱想，他想。好运这玩意儿，来的时候有许多不同的方式，谁认得出啊？可是不管什么样的好运，我都要一点儿，要多少钱就给多少。但愿我能看到灯火的反光，他想。我的愿望太多了。但眼下的愿望就只有这个了。他竭力坐得舒服些，好好掌舵，因为感到疼痛，知道自己并没有死。

大约夜里十点的时候，他看见了城市的灯火映在天际的反光。起初只能依稀看出，就像月亮升起前天上的微光。然后一步步地清楚了，就在此刻正被越来越大的风刮得波涛汹涌的海洋的另一边。他驶进了这反光的圈子，他想，要不了多久就能驶到湾流的边缘了。

现在事情过去了，他想。它们也许还会再来袭击我。不过，一个人在黑夜里，没有武器，怎样能对付它们呢？他这时身子僵硬、疼痛，在夜晚的寒气里，他的伤口和身上所有用力过度的地方都在发痛。我希望不必再斗了，他想。我真希望不必再斗了。

但是到了午夜，他又搏斗了，而这一回他明白搏斗也是徒劳。它们是成群袭来的，朝那鱼直扑，他只看见它们的鳍在水面上划出的一道道线，还有它们的磷光。他朝它们的头打去，听到上下颚啪地咬住的声音，还有它们在船底下咬住了鱼使船摇晃的声音。他看不清目标，只能感觉到，听到，就不顾死活地挥棍打去，他感到什么东西攫住了棍子，它就此丢了。

他把舵把从舵上猛地扭下，用它又打又砍，双手攥住了一次次朝下戳去。可是它们此刻都在前面船头边，一条接一条地窜上来，成群地一起来，咬下一块块鱼肉，当它们转身再来时，这些鱼肉在水面下发亮。

最后，有条鲨鱼朝鱼头扑来，他知道这下子可完了。他把舵把朝鲨鱼的脑袋抢去，打在它咬住厚实的鱼头的两颚上，那儿的肉咬不下来。他抢了一次，两次，又一次。他听见舵把啪的断了，就把断下的把手向鲨鱼扎去。他感到它扎了进去，知道它很尖利，就再把它扎进去。鲨鱼松了嘴，一翻身就走了。这是前来的这群鲨鱼中最末的一条。它们再也没有什么可吃的了。

老人这时简直喘不过气来，觉得嘴里有股怪味儿。这味儿带着铜腥气，甜滋滋的，他一时害怕起来。但是这味儿并不太浓。

他朝海里啐了一口说："把它吃了，加拉诺鲨。做个梦吧，梦见你杀了一个人。"

他明白他如今终于给打败了，没法补救了，就回到船梢，发现舵把那锯齿形的断头还可以安在舵的狭槽里，让他用来掌舵。他把麻袋在肩头围围好，使小船顺着航线驶去。航行得很轻松，他什么念头都没有，什么感觉也没有。他此刻超脱了这一切，只顾尽可能出色而明智地把小船驶回他家乡的港口。夜里有些鲨鱼来咬这死鱼的残骸，就像人从饭桌上捡面包屑吃一样。老人不去理睬它们，除了掌舵以外他什么都不理睬。他只留意到船舷边没有什么沉重的东西，小船这时驶来多么轻松，多么出色。

船还是好好的，他想。它是完好的，没受一点儿损伤，除了那个舵把。那是容易更换的。

他感觉到已经在湾流中行驶，看得见沿岸那些海滨住宅区的灯光了。他知道此刻到了什么地方，回家是不在话下了。不管怎么样，风总是我们的朋友，他想。然后他加上一句：有时候是。还有大海，海里有我们的朋友，也有我们的敌人。还有床，他想。床是我的朋友。光是床，他想。床将是样了不起的东西。吃了败仗，上床是很舒服的，他想。我从来不知道竟然这么舒服。那么是什么把你打败的，他想。

"什么也没有，"他说出声来，"只怪我出海太远了。"

等他驶进小港，露台饭店的灯光全熄灭了，他知道人们都上床了。海风一步步加强，此刻刮得很猛了。然而港湾里静悄悄的，他直驶到岩石下一小片卵石滩前。没人来帮他的忙，他只好尽自己的力量把船划得紧靠岸边。然后他跨出船来，把它系在一块岩石上。

他拔下桅杆，把帆卷起，系住。然后他打起桅杆往岸上爬。这时候他才明白自己疲乏到什么程度。他停了一会儿，回头一望，在街灯的反光中，看见那鱼的大尾巴直竖在小船船梢后边。他看清它赤露的脊骨像一条白线，看清那带着突出的长嘴的黑糊糊的脑袋，而在这头尾之间却一无所有。

他再往上爬，到了顶上，摔倒在地，躺了一会儿，桅杆还是横在肩上。他想法爬起身来。可是太困难了，他就扛着桅杆坐在那儿，望着大路。一只猫从路对面走过，去干它自己的事，老人注视着它。然后他只顾望着大路。

临了，他放下桅杆，站起身来。他举起桅杆，扛在肩上，顺着大路走去。他不得不坐下歇了五次，才走到他的窝棚。

进了窝棚，他把桅杆靠在墙上。他摸黑找到一只水瓶，喝了一口水。然后他在床上躺下了。他拉起毯子，盖住两肩，然后裹住了背部和双腿，他脸朝下躺在报纸上，两臂伸得笔直，手掌向上。

早上，孩子朝门内张望，他正熟睡着。风刮得正猛，那些漂网渔船不会出海了，所以孩子睡了个懒觉，跟每天早上一样，起身后就到老人的窝棚来。孩子看见老人在喘气，跟着看见老人的那双手，就哭起来了。他悄没声儿地走出来，去拿点咖啡，一路上边走边哭。

许多渔夫围着那条小船，看着绑在船旁的东西，有一名渔夫卷起了裤腿站在水里，用一根钓索在量那死鱼的残骸。

孩子并不走下岸去。他刚才去过了，其中有个渔夫正在替他看管这条小船。

"他怎么啦？"一名渔夫大声叫道。

"在睡觉。"孩子喊着说。他不在乎人家看见他在哭。"谁都别去打扰他。"

"它从鼻子到尾巴有十八英尺长，"那量鱼的渔夫叫道。

"我相信。"孩子说。

他走进露台饭店，去要一罐咖啡。

"要烫，多加些牛奶和糖在里头。"

"还要什么？"

"不要了。过后我再看他想吃些什么。"

"多大的鱼呀，"饭店老板说，"从来没有过这样的鱼。你昨天捉到的那两条也满不错。"

"我的鱼，见鬼去。"孩子说，又哭起来了。

"你想喝点什么吗？"老板问。

"不要，"孩子说，"叫他们别去打扰圣地亚哥。我就回来。"

"跟他说我多么难过。"

"谢谢。"孩子说。

孩子拿着那罐热咖啡直走到老人的窝棚，在他身边坐下，等他醒来。有一回眼看他快醒过来了。可是他又沉睡过去，孩子就跨过大路去借些木柴来热咖啡。

老人终于醒了。

"别坐起来，"孩子说，"把这个喝了。"他倒了些咖啡在一只玻璃杯里。

老人把它接过去喝了。

"它们把我打败了，马诺林，"他说，"它们确实把我打败了。"

"它没有打败你。那条鱼可没有。"

"对。真个的。是后来才吃败仗的。"

"佩德里科在看守小船和打鱼的家什。你打算把那鱼头怎么着?"

"让佩德里科把它切碎了,放在捕鱼机里使用。"

"那张长嘴呢?"

"你要你就拿去。"

"我要,"孩子说,"现在我们得来商量一下别的事情。"

"他们来找过我吗?"

"当然啦。派出了海岸警卫队和飞机。"

"海洋非常大,小船很小,不容易看见。"老人说。他感到多么愉快,可以对一个人说话,不再只是自言自语,对着海说话了。"我很想念你,"他说,"你们捉到了什么?"

"头一天一条。第二天一条,第三天两条。"

"好极了。"

"现在我们又可以一起钓鱼了。"

"不。我运气不好。我再不会交好运了。"

"去它的好运,"孩子说,"我会带来好运的。"

"你家里人会怎么说呢?"

"我不在乎。我昨天逮住了两条。不过我们现在要一起钓鱼,因为我还有好多东西需要学。"

"我们得弄一支能扎死鱼的好长矛,经常放在船上。你可以用一辆旧福特牌汽车上的钢板做矛头。我们可以拿到瓜纳巴科亚[1]去磨。应该把它磨得很锋利,不要回火锻造,免得它会断裂。我的刀子断了。"

"我去弄把刀子来,把钢板也磨磨快。这大风要刮多少天?"

"也许三天。也许还不止。"

"我要把什么都安排好,"孩子说,"你把你的手养好,老大爷。"

"我知道怎样保养它们。夜里,我吐出了一些奇怪的东西,感到胸腔里有什么东西碎了。"

"把这个也养养好,"孩子说,"躺下吧,老大爷,我去给你拿干净衬衫来。还带点吃的来。"

"我不在这儿的时候的报纸,你也随便带一份来。"老人说。

"你得赶快好起来,因为我还有好多东西要学,你可以把什么都教给我。你吃了多少苦?"

"可不少啊。"老人说。

"我去把吃的东西和报纸拿来,"孩子说,"好好休息吧,老大爷。我到药房去给你的手弄点药来。"

"别忘了跟佩德里科说那鱼头给他了。"

"不会。我记得。"

孩子出了门,顺着那磨损的珊瑚石路走去,他又在哭了。

那天下午,露台饭店来了一群旅游者,有个女人朝下面的海水望去,看见在一些空啤酒听和死梭子鱼之间,有一条又粗又长的白色脊骨,一端有条巨大的尾巴,当东风在港外不断地掀起大浪的时候,这尾巴随着潮水起落、摇摆。

"那是什么?"她问一名侍者,指着那条大鱼的长长的脊骨,它如今仅仅是垃圾,只等潮水来把它带走了。

---

〔1〕 位于哈瓦那东约五英里处,为哈瓦那的郊区,有海滨浴场。

"Tiburon〔1〕,"侍者说,"Eshark〔2〕。"他打算解释这事情的经过〔3〕。

"我不知道鲨鱼有这样漂亮的尾巴,形状这样美观。"

"我也不知道。"她的男伴说。

在大路另一头老人的窝棚里,他又睡着了。他依旧脸朝下躺着,孩子坐在他身边,守着他。老人正梦见狮子。

（《老人与海》,[美] 海明威,李育超译,人民文学出版社,2012 年版）

思考与练习

1. 文章对老人(桑提亚哥)的描写,主要采用了_____描写和_____描写的手法。

2. 作者笔下的老头儿是一位怎样的典型形象? 选段中描写老头儿与鲨鱼搏斗时,产生过"这一回他知道斗也不会赢了""他知道一切都完了"等心理,这样描写是否削弱了对老头儿形象的塑造?

---

〔1〕（西班牙语）鲨鱼。
〔2〕这是侍者用英语讲"鲨鱼"(Shark)时读别的发音,前面多了一个元音。
〔3〕他想说这是被鲨鱼残杀的大马林鱼的残骸,但说到这里,对方就错以为这是鲨鱼的骨骼了。

「第十二单元」

留取丹心照汗青

　　爱国,是任何时候都不能忽略的主题,回望历史,不同时期的人有着不同的爱国表现,战争时,扛起钢枪毫不迟疑为国献身;和平时,努力奋斗提高自我为国奉献。

　　中国历史上最屈辱的两个时期——南宋和清末,是两个爱国诗篇最为高产的时期。南宋有怒发冲冠、壮怀激烈的岳将军,有梦回故地、老泪空流的陆放翁,还有独临秋楚、壮志未酬的辛稼轩,让我们跟随他们的笔触,体会他们胸中炽烈、激昂的爱国热情。民国有鲁迅和闻一多,两位将自己的热血洒在了满目疮痍的中国,他们是幸运的,因为他们用自己的文字和生命唤醒了无数麻木的国人,他们又是不幸的,因为他们无法见证如今国家的繁盛和国人的坚强,然而,他们的名字,历史不会忘记,人民也将永远铭记。

　　放眼世界,同样有用笔杆作钢枪的英勇斗士。英国浪漫诗人雪莱为了自己国家的民主、和平与强盛,写下了不朽诗篇《西风颂》;法国作家都德在自己祖国国土被普鲁士军队的铁蹄蹂躏之时,用自己的坚韧和不屈写下了饱含爱国主义情怀的名篇小说《柏林之围》。

　　面对山河破碎的国家,面对穷凶极恶的敌人,有的人选择苟且生存,有的人选择奋起抗击,而选择后者的人,是以天下为己任、呕心沥血为祖国、彪炳千秋史册的民族脊梁!本单元我们将走近几位民族脊梁以及他们背后的故事。

1 词三首

满江红(怒发冲冠)
岳 飞

题解

岳飞(1103 年~1142 年),字鹏举,宋相州汤阴县(今属河南汤阴)人,抗金名将,中国历史上著名军事家、书法家、诗人、民族英雄。《满江红》(怒发冲冠)是岳飞的代表作品,表现了作者抗击金兵、收复故土、统一祖国的强烈的爱国精神。

怒发冲冠[1],凭栏处、潇潇[2]雨歇。抬望眼,仰天长啸[3],壮怀激烈。三十功名尘与土[4],八千里路云和月[5]。莫等闲[6]、白了少年头,空悲切。

靖康耻[7],犹未雪。臣子恨,何时灭!驾长车,踏破贺兰山[8]缺。壮志饥餐胡虏肉,笑谈渴饮匈奴血。待从头收拾旧山河,朝天阙[9]。

(《宋词鉴赏辞典(上册)》,周汝昌等,上海辞书出版社,2003 年版)

诉衷情[10](当年万里觅封侯)
陆 游

题解

陆游(1125 年~1210 年),字务观,号放翁,越州山阴(今浙江绍兴)人,南宋文学家、爱国诗人。

这首词是作者晚年隐居山阴农村以后写的,具体写作年份不详。公元 1172 年(宋孝宗乾道八年),

---

[1] 怒发冲冠:形容愤怒至极,头发竖了起来。
[2] 潇潇:形容雨势急骤。
[3] 长啸:感情激动时撮口发出清而长的声音,为古人的一种抒情举动。
[4] 三十功名尘与土:年已三十,建立了一些功名,不过很微不足道。
[5] 八千里路云和月:形容南征北战、路途遥远、披星戴月。
[6] 等闲:轻易,随便。
[7] 靖康耻:靖康二年四月,金军攻破东京(今开封),俘虏了宋徽宗、宋钦宗父子及大量赵氏皇族、后宫妃嫔与贵卿、朝臣等三千余人,押解北上,东京城中公私积蓄为之一空。靖康之耻导致了北宋的灭亡,深深刺痛汉人的内心。
[8] 贺兰山:贺兰山脉位于宁夏回族自治区与内蒙古自治区交界处。
[9] 朝天阙:朝见皇帝。天阙:本指宫殿前的楼观,此指皇帝生活的地方。
[10] 诉衷情:唐代教坊曲,后用为词牌。

陆游应四川宣抚使王炎之邀,从夔州前往当时西北前线重镇南郑军中任职,度过了八个多月的戎马生活。那是他一生中最值得怀念的一段岁月。公元1189年(淳熙十六年)陆游被弹劾罢官后,退隐山阴故居长达十二年。这期间常常在风雪之夜,孤灯之下,回首往事,梦游梁州,写下了一系列爱国诗词。这首《诉衷情》是其中的一篇。

当年万里觅封侯〔1〕,匹马戍梁州〔2〕。关河〔3〕梦断何处,尘暗旧貂裘〔4〕。
胡未灭,鬓先秋,泪空流。此身谁料,心在天山,身老沧洲〔5〕!

(《唐宋词鉴赏辞典(南宋·辽·金)》,史双元,上海辞书出版社,1988年版)

水龙吟·登建康〔6〕赏心亭〔7〕

辛弃疾

题解

辛弃疾(1140年~1207年),字幼安,号稼轩,南宋豪放派词人、将领,有"词中之龙"之称。与苏轼合称"苏辛",与李清照并称"济南二安"。辛弃疾一生以恢复为志,以功业自许,却命运多舛、备受排挤、壮志难酬。但他恢复中原的爱国信念始终没有动摇,而是把满腔激情和对国家兴亡、民族命运的关切、忧虑,全部寄寓于词作之中,其词题材广阔又善化用典故入词,抒写力图恢复国家统一的爱国热情,倾诉壮志难酬的悲愤。

这首词写于辛弃疾30岁于建康任通判之时。词中抒发了他抗金壮志未酬的苦闷心怀。其词纵横豪迈,为辛词风格的代表作之一。

楚天千里清秋,水随天去秋无际。遥岑〔8〕远目,献愁供恨,玉簪螺髻〔9〕。落日楼头,断鸿〔10〕声里,江南游子。把吴钩〔11〕看了,栏杆拍遍,无人会,登临意。

〔1〕 封侯:指封拜侯爵,这里代指功名利禄。
〔2〕 《宋史·地理志》:"兴元府,梁州汉中郡,山南西道节度。"治所在南郑。陆游著作中,称其参加四川宣抚使幕府所在地,常杂用以上地名。
〔3〕 关河:关塞、河流。一说指潼关黄河之所在。此处泛指汉中前线险要的地方。
〔4〕 貂裘:这里借用苏秦典故,说自己不受重用,未能施展抱负。据《战国策·秦策》载,苏秦游说秦王"书十上而不行,黑貂之裘敝,黄金百斤尽,资用乏绝,去秦而归"。
〔5〕 沧洲:靠近水的地方,古时常用来泛指隐士居住之地。谢朓《之宣城郡出新林浦向板桥》诗有"既欢怀禄情,复协沧州趣"句。这里是作者位于镜湖之滨的家乡。
〔6〕 建康:今江苏南京。
〔7〕 《景定建康志》:"赏心亭在(城西)下水门城上,下临秦淮,尽观赏之胜。"
〔8〕 遥岑:岑,音cén,远山。
〔9〕 玉簪螺髻:簪,音zān;髻,音jì。玉簪、螺髻:玉做的簪子,像海螺形状的发髻,这里比喻高矮和形状各不相同的山岭。
〔10〕 断鸿:失群的孤雁。
〔11〕 唐·李贺《南园》:"男儿何不带吴钩,收取关山五十州。"吴钩,古代吴地制造的一种宝刀。这里应该是以吴钩自喻,空有一身才华,但是得不到重用。

休说鲈鱼堪脍[1]，尽西风，季鹰[2]归未？求田问舍，怕应羞见，刘郎才气[3]。可惜流年[4]，忧愁风雨[5]，树犹如此[6]！倩[7]何人唤取红巾翠袖[8]，揾[9]英雄泪！

（《辛弃疾词选》，朱德才，人民文学出版社，1988年版）

思考与练习

1.《诉衷情》中"泪空流"的"空"字用得很精妙，抒发了作者怎样的情绪？

2."把吴钩看了，栏杆拍遍，无人会，登临意"几句采用了什么抒情方式？应如何理解？

3.《满江红》表达了作者怎样的思想感情？

2 西风颂

雪 莱

题解

雪莱（1792年～1822年），英国著名作家、浪漫主义诗人，被认为是历史上最出色的英语诗人之一，柏拉图主义者和理想主义者，受空想社会主义思想影响颇深。雪莱写了很多优秀的抒情诗，诗歌体现了作者的民主思想和战斗精神。《西风颂》共五节，始终围绕作为革命力量象征的西风来加以咏唱。诗篇表达了诗人对反动腐朽势力的憎恨，对革命终将胜利和光明未来的热切希望和坚定信念，深刻揭示出新事物必将战胜旧事物的客观规律。全诗气势雄阔，境界奇丽宏伟，具有浓郁的革命浪漫主义特色，通篇采用了象征、寓意手法，含蕴深远。最末两句"如果冬天来了，春天还会远吗？"预言革命春天即将来临，给生活在黑夜及困境中的人们带来鼓舞和希望。

[1]《世说新语·识鉴篇》记载：张翰在洛阳做官，在秋季西风起时，想到家乡莼菜羹和鲈鱼脍的美味，便立即辞官回乡。后来的文人将思念家乡、弃官归隐称为莼鲈之思。
[2] 季鹰：张翰，字季鹰，西晋文学家，留侯张良后裔。
[3]《三国志·魏书·陈登传》，许汜(sì)曾向刘备抱怨陈登看不起他，"久不相与语，自上大床卧，使客卧下床"。刘备批评许汜在国家危难之际只知置地买房，"如小人(刘备自称)欲卧百尺楼上，卧君于地，何但上下床之间邪"。求田问舍：置地买房。刘郎：刘备。才气：胸怀、气魄。
[4] 流年：流逝的时光。
[5] 忧愁风雨：风雨，比喻飘摇的国势。化用宋·苏轼《满庭芳》："百年里，浑教是醉，三万六千场。思量，能几许，忧愁风雨，一半相妨。"
[6] 树犹如此：用西晋桓温典。《世说新语·言语》："桓公北征经金城，见前为琅邪时种柳，皆已十围，慨然曰：'木犹如此，人何以堪！'攀枝执条，泫然流泪。"此处借抒发自己不能抗击敌人、收复失地，虚度时光的感慨。
[7] 倩：请托，读音qìng。
[8] 红巾翠袖：女子装饰，代指女子。
[9] 揾：wèn。擦拭。

一

哦，狂野的西风，秋之生命的气息，
你无形，但枯死的落叶被你横扫
犹如精魂飞遁远离法师长吟，
黄的，黑的，灰的，红得像患肺痨[1]，
染上瘟疫的纷纷落叶四散调零：哦，是你哟，
以车驾把有翼的种子催送到
黑暗的冬床上，它们就躺在那里，
像是墓中的死穴，冰冷，深藏，低贱，
直到阳春，你蔚蓝的姐妹向沉睡的大地
吹响她嘹亮的号角
（如同牧放群羊，驱送香甜的花蕾到空气中觅食就饮）
将色和香充满了山峰和平原：
狂野的精灵呵，你无处不远行；
破坏者兼保护者：听吧，你且聆听！

二

在你的川流之上，长空中巨流滔天，
乱云像大地上凋零的树叶，
被西风从天和海交错缠结的枝丫上吹落下来，
成为雨和电的使者：它们飘落
在你缥缈的蔚蓝波涛表面，
有如狂女的飘扬的头发在闪烁
从天穹的最遥远而模糊的边沿
直抵九霄的中天，到处都在摇曳，
欲来雷雨的卷发，对濒死的一年
你唱出了葬歌，而这密集的黑夜
将成为它广大墓陵的一座圆顶，
里面正有你的万钧之力的凝结
那是你的浑然之气，从它会迸涌
黑色的雨、冰雹和火焰：哦，你听！

---

[1] 肺痨：肺痨又称肺结核，是由结核菌引起的一种慢性肺部传染病。

三

是你，你将蓝色的地中海唤醒

而它曾经昏睡了一整个夏天，

被澄澈水流的回旋催眠入梦，

就在巴亚海湾的一个浮石岛边，

它梦见了古老的宫殿和楼阁

在水天辉映的波影里抖颤，

而且都生满青苔、开满花朵，

那芬芳真迷人欲醉！呵，为了给你

让一条路，大西洋的汹涌的浪波

把自己向两边劈开，而深在渊底

那海洋中的花草和泥污的森林

虽然枝叶扶疏，却没有精力

听到你的声音，它们已吓得发青，

一边颤栗，一边自动萎缩：哦，你听！

四

我若是一片落叶随你飘腾；

我若是一朵流云伴你飞行；

或是一个浪头在你的威力下翻滚

如果我能有你的锐势和冲劲

即使比不上你那不羁的奔放

我若能像在少年时，凌风而舞

便成了你的伴侣，悠游天空

（因为呵，那时候，要想追你上云霄，

似乎并非梦幻），又何至沦落到这等颓丧

祈求你来救我之急。

哦，举起我吧，当我是水波、树叶、浮云！

我跌在人生的荆棘上，我在流血！

这被岁月的重轭[1]所制服的生命

原是和你一样：骄傲、轻捷而不驯。

---

〔1〕 轭：本义为车前驾牲口的直木和套在牲口脖子上的曲木。重轭，指沉重的负担。

五

把我当作你的竖琴,当作那树丛:

尽管我的叶落了,那有什么关系!

你那非凡和谐的慷慨激越之情

定能从森林和我同奏出深沉的秋韵,

甜美而带苍凉。给我你迅猛的劲头,

狂暴的精灵! 化成我吧,借你的锋芒!

请把我尘封的思想散落在宇宙

让它像枯叶一样促成新的生命!

哦,请听从这一篇符咒似的诗歌,

就把我的心声,像是灰烬和火星

从还未熄灭的炉火向人间播散!

让预言的喇叭通过我的嘴巴

把昏睡的大地唤醒吧! 哦,西风啊,

如果冬天来了,春天还会远吗?

（《中外文学名著词典》,陈安湖,武汉大学出版社,1988 年版）

思考与练习

1. 诗人极力描绘西风的威力是为了说明什么?
2. "西风"的象征意义是什么?
3. 谈谈"如果冬天来了,春天还会远吗"这一诗句的深刻哲理。

3 中国人失掉自信力了吗

鲁 迅

题解

鲁迅(1881 年～1936 年),原名周树人,浙江绍兴人,"鲁迅"是他 1918 年发表《狂人日记》时所用的笔名,也是影响最为广泛的笔名。著名文学家、思想家,"五四"新文化运动的重要参与者,中国现代文学的奠基人。毛泽东曾评价:"鲁迅的方向,就是中华民族新文化的方向。"

《中国人失掉自信力了吗》是鲁迅先生在民国时期所著的一篇杂文,最早于1934年刊发,后编入《且介亭杂文》。文章作于"九一八"事变三周年之际,反驳了当时社会对抗日前途的悲观论调以及指责中国人失掉了自信力的言论,鼓舞了民族自信心。

从公开的文字上看起来:两年以前,我们总自夸着"地大物博",是事实;不久就不再自夸了,只希望着国联,也是事实;现在是既不夸自己,也不信国联,改为一味求神拜佛,怀古伤今了——却也是事实。

于是有人慨叹曰:中国人失掉自信力了。

如果单据这一点现象而论,自信其实是早就失掉了的。先前信"地",信"物",后来信"国联",都没有相信过"自己"。假使这也算一种"信",那也只能说中国人曾经有过"他信力",自从对国联失望之后,便把这他信力都失掉了。

失掉了他信力,就会疑,一个转身,也许能够只相信了自己,倒是一条新生路,但不幸的是逐渐玄虚起来了。信"地"和"物",还是切实的东西,国联就渺茫,不过这还可以令人不久就省悟到依赖它的不可靠。一到求神拜佛,可就玄虚之至了,有益或是有害,一时就找不出分明的结果来,它可以令人更长久的麻醉着自己。

中国人现在是在发展着"自欺力"。

"自欺"也并非现在的新东西,现在只不过日见其明显,笼罩了一切罢了。然而,在这笼罩之下,我们有并不失掉自信力的中国人在。

我们从古以来,就有埋头苦干的人,有拼命硬干的人,有为民请命的人,有舍身求法的人,……虽是等于为帝王将相作家谱的所谓"正史",也往往掩不住他们的光耀,这就是中国的脊梁。

这一类的人们,就是现在也何尝少呢? 他们有确信,不自欺;他们在前仆后继的战斗,不过一面总在被摧残,被抹杀,消灭于黑暗中,不能为大家所知道罢了。说中国人失掉了自信力,用以指一部分人则可,倘若加于全体,那简直是诬蔑。

要论中国人,必须不被搽在表面的自欺欺人的脂粉所诓骗,却看看他的筋骨和脊梁。自信力的有无,状元宰相的文章是不足为据的,要自己去看地底下。

九月二十五日。

(《鲁迅作品选(上册)》,鲁迅,吉林大学中文系选编,1978年版)

思考与练习

1. 中华民族一向是富于自信力的民族。想一想,如果你面对"中国人失掉自信力"的错误论调,你将怎样批驳?

2. 课文说,"我们从古以来,就有埋头苦干的人,有拼命硬干的人,有为民请命的人,有舍身求法的人",他们"是中国的脊梁"。"这一类的人们",在20世纪30年代,"有确信,不自欺""在前仆后继的战斗"。在今天,他们是什么样的人呢?

4 最后一次演讲

闻一多

题解

闻一多(1899年～1946年),中国现代伟大的爱国主义者,坚定的民主战士,中国民主同盟早期领导人,中国共产党的挚友,新月派代表诗人和学者。代表作品有《死水》《七子之歌》等。

1946年7月11日,著名的爱国民主战士李公朴先生在昆明遇害。7月15日,云南大学召开追悼李公朴先生的大会,闻一多先生主持了这次大会,会上由于混入了国民党分子,在李公朴夫人血泪控诉的过程中,他们毫无顾忌,说笑取闹,扰乱会场,使人们忍无可忍,李夫人刚刚离开讲台,闻一多先生就拍案而起,满腔悲愤地发表了这一篇演讲。会后闻一多先生又参加了记者招待会,在他离社返家途中,被特务分子暗杀了。这篇演讲就成了他的"最后一次演讲"。

这几天,大家晓得,在昆明出现了历史上最卑劣最无耻的事情!李先生[1]究竟犯了什么罪,竟遭此毒手?他只不过用笔写写文章,用嘴说说话,而他所写的,所说的,都无非是一个没有失掉良心的中国人的话!大家都有一支笔,有一张嘴,有什么理由拿出来讲啊!有事实拿出来说啊!(闻先生声音激动了)为什么要打要杀,而且又不敢光明正大来打来杀,而偷偷摸摸地来暗杀!(鼓掌)这成什么话?(鼓掌)今天,这里有没有特务?你站出来!是好汉的站出来!你出来讲!凭什么要杀死李先生?(厉声,热烈地鼓掌)杀死了人,又不敢承认,还要诬蔑人,说什么"桃色事件",说什么共产党杀共产党,无耻啊!无耻啊!(热烈地鼓掌)这是某集团的无耻,恰是李先生的光荣!李先生在昆明被暗杀,是李先生留给昆明的光荣!也是昆明人的光荣!(鼓掌)

去年"一二·一"昆明青年学生为了反对内战,遭受屠杀,那算是青年的一代献出了他们最宝贵的生命!现在李先生为了争取民主和平而遭受了反动派的暗杀,我们骄傲一点说,这算是像我这样大年纪的一代,我们的老战友,献出了最宝贵的生命!这两桩事发生在昆明,这算是昆明无限的光荣!(热烈地鼓掌)

反动派暗杀李先生的消息传出以后,大家听了都悲愤痛恨。我心里想,这些无耻的东西,不知他们是怎么想法,他们的心理是什么状态,他们的心怎样长的!(捶击桌子)其实简单,他们这样疯狂地来制造恐怖,正是他们自己在慌啊!在害怕啊!所以他们制造恐怖,其实是他们自己在恐怖啊!特务们,你们想想,你们还有几天?你们完了,快完了!你们以为打伤几个,杀死几个就可以了事,就可以把人民吓倒了吗?其实广大的人民是打不尽的,杀不完的!要是这样可以的话,世界上早没有人了。

你们杀死一个李公朴,会有千百万个李公朴站起来!你们将失去千百万的人民!你们看着我们人少,没有力量?告诉你们,我们的力量大得很,强得很!看今天来的这些人都是我们的人,都是我们的力量!此外还有广大的市民!我们有这个信心:人民的力量是要胜利的,真理是永远是要胜利的,真理是永远存在的。历史上没有一个反人民的势力不被人民毁灭的!希特勒,墨索里尼,不都在人民之前倒下

[1] 李公朴(1902年11月26日至1946年7月12日),号仆如,伟大的爱国主义者,坚定的民主战士,中国民主同盟早期领导人,杰出的社会教育家。1946年7月11日在昆明市遭国民党特务开枪暗杀,次日凌晨因伤重、流血过多牺牲。

去了吗？翻开历史看看，你们还站得住几天！你们完了，快了！快完了！我们的光明就要出现了。我们看，光明就在我们眼前，而现在正是黎明之前那个最黑暗的时候。我们有力量打破这个黑暗，争到光明！我们光明，恰是反动派的末日！（热烈地鼓掌）

现在司徒雷登出任美驻华大使，司徒雷登是中国人民的朋友，是教育家，他生长在中国，受的美国教育。他住在中国的时间比住在美国的时间长，他就如一个中国的留学生一样，从前在北平时，也常见面。他是一位和蔼可亲的学者，是真正知道中国人民的要求的，这不是说司徒雷登有三头六臂，能替中国人民解决一切，而是说美国人民的舆论抬头，美国才有这转变。

李先生的血不会白流！李先生赔上了这条性命，我们要换来一个代价。"一二·一"四烈士倒下了，年青的战士们的血换来了政治协商会议的召开；现在李先生倒下了，他的血要换取政协会议的重开！（热烈地鼓掌）我们有这个信心！（鼓掌）

"一二·一"是昆明的光荣，是云南人民的光荣。云南有光荣的历史，远的如护国，这不用说了，近的如"一二·一"，都属于云南人民的。我们要发扬云南光荣的历史！（听众表示接受）

反动派挑拨离间，卑鄙无耻，你们看见联大走了，学生放暑假了，便以为我们没有力量了吗？特务们！你们看见今天到会的一千多青年，又握起手来了，我们昆明的青年决不会让你们这样蛮横下去的！

反动派，你看见一个倒下去，可也看得见千百个继起的！

正义是杀不完的，因为真理永远存在！（鼓掌）

历史赋予昆明的任务是争取民主和平，我们昆明的青年必须完成这任务！

我们不怕死，我们有牺牲的精神！我们随时像李先生一样，前脚跨出大门，后脚就不准备再跨进大门！（长时间地鼓掌）

（《闻一多全集》，闻一多，湖北人民出版社，1993 年版）

思考与练习

1. 这篇讲演开头两段，就暗杀李公朴先生事件，从哪几个方面痛斥了国民党反动派的卑劣无耻？

2. 在这篇讲演中，闻一多先生交替使用大量的设问句、反问句和感叹句，有效地表达了强烈的思想感情。找出此类句子判断属于何种句式，并说说它们的表达作用。

5 柏林之围

都 德

题解

都德（1840 年～1897 年），法国杰出的爱国作家。1857 年开始文学创作，第一部长篇自传体小说

《小东西》是都德的代表作,集中表现了他不带恶意的讽刺和含蓄的感伤,也就是所谓的"含泪的微笑"。都德因而有了"法国的狄更斯"的誉称。他一生共写了13部长篇小说、1部剧本和4部短篇小说集。其中的《最后一课》和《柏林之围》更由于具有深刻的爱国主义内容和精湛的艺术技巧而享有极高的声誉,成为世界短篇小说中的杰作。

《柏林之围》小说以1870年的普法战争为背景,通过一个病重的老军人故事,将巴黎被普鲁士围困攻陷的苦难现实与主人公想象中的法军攻克柏林的胜利对照起来,表现了人物的强烈爱国主义情感,这使小说具有一种悲剧色彩。

我们一边与韦医生沿着爱丽舍田园大道往回走,一边向被炮弹打得千疮百孔的墙壁、被机枪扫射得坑洼不平的人行道探究巴黎被围的历史。当我们快到明星广场的时候,医生停了下来,指着那些环绕着凯旋门的富丽堂皇的高楼大厦中的一幢,对我说:

"您看见那个阳台上关着的四扇窗子吗?八月初,也就是去年那个可怕的充满了风暴和灾难的八月,我被找去诊治一个突然中风的病人。他是懦弗上校,一个拿破仑帝国时代的军人,在荣誉和爱国观念上是个老顽固。战争一开始,他就搬到爱丽舍来,住在一套有阳台的房间里。您猜是为什么?原来是为了参观我们的军队凯旋而归的仪式……这个可怜的老人!维桑堡惨败的消息传到他家时,他正离开饭桌。他在这张宣告失利的战报下方,一读到拿破仑的名字,就像遭到雷击似的倒在地下。"

"我到那里的时候,这位老军人正直挺挺躺在房间的地毯上,满脸通红,表情迟钝,就像刚刚当头挨了一闷棍。他如果站起来,一定很高大;现在躺着,还显得很魁梧。他五官端正、漂亮,牙齿长得很美,有一头拳曲的白发,八十高龄看上去只有六十岁……他的孙女跪在他身边,泪流满面。她长得很像他,瞧他们在一起,可以说就像同一个模子铸出来的两枚希腊古币,只不过一枚很古老,带着泥土,边缘已经磨损,另一枚光彩夺目,洁净明亮,完全保持着新铸出来的那种色泽与光洁。"

"这女孩的痛苦使我很受感动。她是两代军人之后,父亲在麦克-马洪元帅的参谋部服役,躺在她面前的这位魁梧的老人的形象,在她脑海里总引起另一个同样可怕的对于她父亲的联想。我尽最大的努力安慰她,但我心里并不存多大希望。我们碰到的是一种地地道道的严重的半身不遂,尤其是在八十岁得了这种病,是根本无法治好的。事实也正如此,整整三天,病人昏迷不醒,一动也不动……在这几天之内,又传来了雷舍芬战役失败的消息。您一定还记得消息是怎么传来的。直到那天傍晚,我们都以为是打了一个大胜仗,歼灭了两万普鲁士军队,还俘虏了普鲁士王太子……我不知道是由于什么奇迹、什么电流,那举国欢腾的声浪竟波及我们这位可怜的又聋又哑的病人,一直钻进了他那瘫痪症的幻觉里。总之,这天晚上,当我走近他的床边时,我看见的不是原来那个病人了。他两眼有神,舌头也不那么僵直了。他竟有了精神对我微笑,还结结巴巴说了两遍:

"'打……胜……了!'"

"'是的,上校,打了个大胜仗!'"

"我把麦克-马洪元帅辉煌胜利的详细情况讲给他听的时候,发觉他的眉目舒展了开来,脸上的表情也明亮起来。"

"我一走出房间,那个年轻的女孩正站在门边等着我,她面色苍白,呜咽地哭着。"

"'他已经脱离生命危险了!'我握住她的双手安慰她。"

"那个可怜的姑娘几乎没有勇气回答我。原来,雷舍芬战役的真实情况刚刚公布了,麦克-马洪元帅逃跑,全军覆没……我和她惊恐失措地互相看着。她因担心自己的父亲而发愁,我呢,为老祖父的病情而不安。毫无疑问,他再也受不了这个新的打击……那么,怎么办呢?……只能使他高高兴兴,让他保持着这个使他复活的幻想……不过,那就必须向他撒谎……"

"'好吧,由我来对他撒谎!'这勇敢的姑娘自告奋勇对我说,她揩干眼泪,装出喜气洋洋的样子,走进祖父的房间。"

"她所负担的这个任务可真艰难。头几天还好应付。这个老好人头脑还不十分健全,就像一个小孩似的任人哄骗。但是,随着健康日渐恢复,他的思路也日渐清晰。这就必须向他讲清楚双方军队如何活动,必须为他编造每天的战报。这个漂亮的小姑娘看起来真叫人可怜,她日夜伏在那张德国地图上,把一些小旗插来插去,努力编造出一场场辉煌的战役;一会儿是巴赞元帅向柏林进军,一会儿是弗鲁瓦萨尔将军攻抵巴伐利亚,一会儿是麦克-马洪元帅挥戈挺进波罗的海海滨地区。为了编造得活龙活现,她总是要征求我的意见,而我也尽可能地帮助她;但是,在这一场虚构的进攻战里,给我们帮助最大的,还是老祖父本人。要知道,他在拿破仑帝国时期已经在德国征战过那么多次啊!对方的任何军事行动,他预先都知道:'现在,他们要向这里前进……你瞧,他们就要这样行动了……'结果,他的预见都毫无例外地实现了,这当然免不了使他有些得意。"

不幸的是,尽管我们攻克了不少城市,打了不少胜仗,但总是跟不上他的胃口,这老头简直是贪得无厌……每天我一到他家,准会听到一个新的军事胜利:

"'大夫,我们又打下美央斯了!'那年轻的姑娘迎着我这样说,脸上带着苦笑,这时,我隔着门听见房间里一个愉快的声音对我高声喊道:

'好得很,好得很……八天之内我们就要打进柏林了!'"

"其实,普鲁士军队离巴黎只有八天的路程……起初我们商量着把他转移到外省去;但是,只要一出门,法兰西的真实情况就会使他明白一切。我认为他身体太衰弱,精神上受到沉重打击所引起的中风还很严重,不能让他了解真实的情况。于是,我们决定还是让他留在巴黎。"

"巴黎被围的第一天,我去到他家。我记得,那天我很激动,心里惶恐不安。当时,巴黎所有的城门都已关闭,敌人兵临城下,国界已经缩小到郊区,人人都感到恐慌。我进去的时候,这个老好人正坐在自己的床上,兴高采烈地对我说:

'嘿!围城总算开始了!'

我惊愕地望着他:

'怎么,上校,您知道了?……'

他的孙女赶快转身对我说:

'是啊!大夫……这是好消息,围攻柏林已经开始了!'"

"她一边说这话,一边做针线活,动作是那么从容、镇静……老人又怎么会产生怀疑呢?屠杀的大炮声他是听不见的。被搅得天翻地覆、灾难深重的不幸的巴黎城,他是看不见的。他从床上所能看到的,只有凯旋门的一角,而且,在他房间里,周围摆设着一大堆破旧的拿破仑帝国时期的遗物,有效地维持着他的种种幻想。拿破仑手下元帅们的画像,描绘战争的木刻,罗马王婴孩时期的画片;还有镶着镂花铜饰的高大的长条案,上面陈列着帝国的遗物,什么徽章啦,小铜像啦,玻璃圆罩下的圣赫勒拿岛上的岩石啦,还有一些小画像,画的都是同一位头发拳曲、眉目有神的贵妇人,她穿着跳舞的衣裙、黄色的长袍,袖管肥大而袖口紧束——所有这一切,长条案,罗马王,元帅们,黄袍夫人,那位身材修长、腰带高束、具有一八〇六年人们所喜爱的端庄风度的黄袍夫人……构成了一种充满胜利和征服的气氛,比起我们向他——善良的上校啊——撒的谎更加有力,使他那么天真地相信法国军队正在围攻柏林。"

"从这一天起,我们的军事行动就大大简化了。攻克柏林,这只是一个时间问题。过了一些时候,只要这老人等得不耐烦了,我们就读一封他儿子的来信给他听,当然,信是假造的,因为巴黎已经被围得水泄不通,而且,早在色当大败以后,麦克-马洪元帅的参谋部就已经被俘,押送到德国某一个要塞去了。您可以想象,这个可怜的女孩多么痛苦,她得不到父亲的半点音讯,只知道他已经被俘,被剥夺了一切,也许还在生病,而她却不得不假装他的口气写出一封封兴高采烈的来信;当然信都是短短的,一个在被征服的国家不断胜利前进的军人只能写这样短的信。有时候,她实在坚持不下去了,于是好几个星期都没有来信。这位老人可就着急了,睡不着了。于是很快又从德国来了一封信,她来到他床前,忍住眼泪,装出高高兴兴的样子念给他听。老人一本正经地听着,一会儿心领神会地微笑,一会儿点头赞许,一会儿又提出批评,还对信上讲得不清楚的地方给我们加以解释。但他特别高贵的地方,是表现在他给儿子的回信中。他说:'你永远不要忘记自己是法国人……对那些可怜的人要宽大为怀。不要使他们感到我们的占领是令人难以忍受的……'信中全是没完没了的叮嘱,关于要保护私有财产啦,要尊重妇女啦等等一大堆令人钦佩的车轱辘话,总而言之,是一部专为征服者备用的地地道道的军人荣誉手册。有时,他也在信中夹杂一些对政治的一般看法以及媾和的条件。在这个问题上,我应该说,他的条件并不苛刻:'只要战争赔款,别的什么都不要……把他们的省份割过来有什么用呢?难道我们能把德意志变成法兰西吗?……'"

"他口授这些话的时候,语气是很坚决的,可以感到他的话里充满了天真的感情,他这种高尚的爱国心听起来不能不使人深受感动。"

"这期间,包围圈愈来愈紧,唉,不过并不是柏林之围!……那时正是严寒季节,大炮不断轰击,瘟疫流行,饥馑逼人。但是,幸亏我们精心照料,无微不至,老人的静养总算一刻也没有受到侵扰。直到最困难的时候,我都有办法给他弄到白面包和新鲜肉。当然这些食物只有他才吃得上。您很难想象还有什么比这位老祖父就餐的情景更使人感动的了,自私自利地享受着而又被蒙在鼓里:他坐在床上,红光满面,笑嘻嘻的,胸前围着餐巾;因为饮食不足而脸色苍白的小孙女坐在他身边,扶着他的手,帮助他喝汤,帮助他吃那些别人都吃不上的好食物。饭后,老人精神十足,房间里暖和和的,外面刮着寒冷的北风,雪花在窗前飞舞,这位老军人回忆起他在北方参加过的战役,于是,又向我们第一百次讲起那次倒霉的从俄罗斯的撤退,那时,他们只有冰冻的饼干和马肉可吃。"

"'你能体会到吗?小家伙,我们那时只能吃上马肉!'"

"我相信他的孙女是深有体会的。这两个月来,她除了马肉外没有吃过别的东西……但是,一天天过去了,随着老人日渐恢复健康,我们对他的照顾愈来愈困难了。过去,他感觉迟钝、四肢麻痹,便于我们把他蒙在鼓里,现在情况开始变化了。已经有那么两三次,玛约门前可怕的排炮声惊得他跳了起来,他像猎犬一样竖起耳朵;我们就不得不编造说,巴赞元帅在柏林城下又取得了决定性的胜利,刚才是荣军院鸣炮表示庆祝。又有一天,我们把他的床推到窗口,我想那天正是发生了布森瓦血战的星期四,他一下就清清楚楚看见了在林荫道上集合的国民自卫队。"

"'这是什么军队?'他问道。接着我们听见他嘴里轻声抱怨:
'服装太不整齐,服装太不整齐!'"

"他没有再说别的话;但是,我们立刻明白了,以后可得特别小心。不幸的是,我们还小心得不够。"

"一天晚上,我到他家的时候,那女孩神色仓皇地迎着我:
'明天他们就进城了!'她对我说。"

"老祖父的房门当时是否开着?反正,我现在回想起来,经我们这么一说,那天晚上老人的神色的确有些特别。也许,他当时听见了我们的谈话。只不过我们谈的是普鲁士军队;而这个好心人想的是法国军队,以为是他等待已久的凯旋仪式——麦克-马洪元帅在鲜花簇拥、鼓乐高奏之下,沿着林荫大道走过来,他的儿子走在元帅的旁边;他自己则站在阳台上,整整齐齐穿着军服,就像当年在鲁镇那样,向遍布弹痕的国旗和被硝烟熏黑了的鹰旗致敬……"

"可怜的懦弗老头!他一定是以为我们为了不让他过分激动而要阻止他观看我们军队的凯旋游行,所以他跟谁也不谈这件事;但第二天早晨,正当普鲁士军队小心翼翼地沿着从玛约门到杜伊勒利宫的那条马路前进的时候,楼上那扇窗子慢慢打开了,上校出现在阳台上,头顶军盔,腰挎马刀,穿着米约手下老骑兵的光荣而古老的军装。我现在还弄不明白,是一种什么意志、一种什么突如其来的生命力使他能够站了起来,并穿戴得这样齐全。反正千真万确他是站在那里,就在栏杆的后面,他很诧异马路是那么空旷、那么寂静,每一家的百叶窗都关得紧紧的,巴黎一片凄凉,就像港口的传染病隔离所,到处都挂着旗子,但是旗子是那么古怪,全是白的,上面还带有红十字,而且,没有一个人出来欢迎我们的队伍。"

"霎时间,他以为自己是弄错了……"

"但不!在那边,就在凯旋门的后面,有一片听不清楚的嘈杂声,在初升的太阳下,一支黑压压的队伍开过来了……慢慢地,军盔上的尖顶在闪闪发光,耶拿的小铜鼓也敲起来了,在凯旋门下,响起了舒伯特的胜利进行曲,还有列队笨重的步伐声和军刀的撞击声伴随着乐曲的节奏!……"

"于是,在广场上一片凄凉的寂静中,听见一声喊叫,一声惨厉的喊叫:'快拿武器……快拿武器……普鲁士人。'这时,前哨部队的头四个骑兵可以看见在高处阳台上,有一个身材高大的老人挥着手臂,趔趔趄趄,最后全身笔直地倒了下去。这一次,儒弗上校可真的死了。"

(《都德短篇小说精选》,[法]都德,柳鸣九译,群众出版社,2015 年版)

思考与练习

1. 儒弗上校是被法国军队惨败的消息击倒的,这一事实包含了哪些意义?
2. 小说重点写了几个人物?说说你对这些人的印象。

下篇

写作

第一单元　应用文写作基础

第一节　概　　述

自有文字起,人类就开始了写作活动。人类最早的写作就是为了解决各种实际需要。就写作的目的而言可以把写作分成两大类,一类是文学写作,一类是应用写作。文学写作主要用于抒发作者主观情感,反映社会现实,是为人们欣赏而进行的艺术创作,如诗歌、小说、戏剧、散文等;应用文写作是为了公务和个人事务而写,用于解决实际问题。人们通常把应用型文章的写作称作应用文写作。

一、应用文的概念

应用文是各类企事业单位、机关团体和个人在工作、学习和日常生活等社会活动中,用以处理各种公私事务、传递交流信息、解决实际问题所使用的具有直接实用价值、格式规范、语言简约的多种文体的统称。

二、应用文写作的特点

(一) 实用性强
应用文在内容上十分重视实用性。它是用来办事、解决实际问题的,具有很强的实用性。

(二) 真实性强
"真实"是文章的生命,一切应用型文章都要求具有真实性。对于这一点,各类文章要求不同。它反映的情况、问题,叙述的事实是客观存在的,发布、传达上级指示精神是确有的,不能经过任何艺术加工。

(三) 针对性强
它根据不同的领域、不同的具体业务、不同的行文目的,选用不同的文种。

(四) 时效性强
应用文是在特定的时间处理特定的问题,尽快地传递相关信息,因此时效性很强。不及时发文,时过境迁就会失去其实用价值。

(五) 写作目的明确
应用文是为实现特定目的服务的,因此其写作动因与目的十分明确。

(六) 语言表达规范
应用文主要使用规范的现代汉语,适当采用一些古汉语词汇,文章语言庄重、简洁、严密。

(七) 格式体例稳定
大多数应用文已经形成了稳定的通用格式和体例,这体现了其规范性和严肃性,撰写者在拟文时必须遵守格式体例的要求。

（八）时间要素明确

应用文其所针对的事务一般是在一定时期内存在的,因此执行时间、有效期和成文日期等时间要素非常明确。

三、应用文的分类

应用文种类繁多,目前尚未形成统一的划分方法,根据不同的分类标准,主要有以下几种分类方法。

（一）依用途划分

根据应用文的用途来划分,可以将应用文划分为指导性应用文、报告性应用文和计划性应用文三类。

1. 指导性应用文。指导性应用文指具有指导作用的应用文,一般用于上级对下级的行文,如命令（令）、决定、决议、指示、批示、批复等。

2. 报告性应用文指具有报告作用的应用文,一般用于下级对上级的行文,如请示、工作报告、情况报告、答复报告、简报、总结等。

3. 计划性应用文指具有各种计划性质作用的应用文,常用于对某件事或某项工程等开始前的预案,如计划、规划、设想、意见、安排等。

（二）依性质划分

根据应用文的性质来划分,可以将应用文划分为一般应用文和公文。

1. 一般性应用文指法定公文以外的应用文。一般应用文又可以分为简单应用文和复杂应用文两大类。

简单应用文指结构简单、内容单一的应用文,如条据（请假条、收条、领条、欠条）、请帖、聘书、文凭、海报、启事、证明、电报、便函等。

复杂应用文指篇幅较长,结构较繁,内容较多的应用文,如总结、条例、合同、提纲、读书笔记、会议纪要等。

2. 公务文书又称为公文,它是指国家法定的行政公务文书。

对于公务文书种类的规定,我国先后三次做出了规定。

1964年中华人民共和国国务院秘书厅发布了《国家行政机关公文处理试行办法（倡议稿）》,在第二章中把公务文书规定为九类11种,即命令、批示、批转、批复（答复）、通知、通报、报告、请示、布告（通告）。

国务院1981年发布了《国家行政机关关于公文办理暂行办法》,其中又把公文分为九类15种,即命令（令、指令）、决定（决议）、指示、布告（公告、通告）、通知、通报、报告（请示）、批复、函。

国务院2000年又发布了《国家机关公文处理办法》,把公文分成13种,即命令（令）、通告、批复、指示、决定、请示、意见、函、会议纪要等。

目前,学界普遍认同把公文分成13种的划分方法。

第二节　便条与条据

一、便条

（一）便条的概念及特点

便条,是指日常生活中,如果我们有什么事情要告诉另一方,或委托他人办什么事,在不面谈的情况下书写的一种条据,是一种简单的书信,内容简单,大多是临时性的询问、留言、通知、要求、请示等,往往只用一两句话。便条都不邮寄,一般不用信封,多系托人转交或临时放置在特定的位置,有的时候甚至写在公共场所的留言板或留言簿上。

简言之,便条是一种以传递信息、介绍情况、表达意愿为主的简明信函。常见的有请假条、留言条、托事条等。

便条的特点是简便、写作方法灵活,不受太多限制,以说明为主。具有一般书信的特征,要求简明扼要地交代清楚写给谁、什么事、谁写的、何时写的。一般采用第一人称写法。

(二)请假条的写作

请假条,是请假人因公、因病、因事自己所写或他人代写的请求允许不参加某项工作、学习、活动等的说明性文书。请假条按请假的原因,一般分为病假条和事假条两种。

请假条一般最常用的格式如下:

1.标题。第一行居中写"请假条"。

2.上款。第二行顶格写称谓,后加冒号。

3.正文。第三行空两格。要求写明请假缘由、起止日期及天数。

4.结束语。写"请批准"或"请批准为谢"等。也可另起一行空两格写此致,再另起一行顶格写敬礼,加感叹号。

5.下款。在正文右下分两行书写,第一行署名,如"请假人:××"。若请假人是学生的,为表示尊敬,亦可写为"学生:××"。第二行写清楚日期,如:××××年×月×日。

【示例一】

> **请 假 条**
>
> 张老师:
>
> 　　今天,我因感冒发热,不能到校上课,特向您请假一天,医院证明后补。请予批准为谢!
>
> 　　　　　　　　　　　　　　　　　　　　　请假人:张　华
>
> 　　　　　　　　　　　　　　　　　　　　　××××年×月×日

【示例二】

> **请 假 条**
>
> 王老师:
>
> 　　我因患急性肠炎,须去医院就诊,不能到学校上课,特向老师假一天,医院证明随后补上,请予批准。
>
> 　　此致
>
> 敬礼!
>
> 　　　　　　　　　　　　　　　　　　　　　您的学生:李　兰
>
> 　　　　　　　　　　　　　　　　　　　　　××××年×月×日

【示例三】

请 假 条

尊敬的×园长：

    我和女友_____商定于____月____日举办婚礼,需要从____月____日起请假_____天,于____月____日正常恢复上班。目前手头的工作已经基本完毕,其他工作已经交付完毕。请予批准。

    此致

敬礼!

请假人：× ×

_____年____月____日

二、条据

(一) 条据的概念

条据是个人或单位之间因买卖、借钱、借物等关系给对方的一种作为凭证或说明的具有固定格式的条文。常用的有借条、欠条、收条、领条等。此类条据具有法律效力,可以作为处理借贷纠纷的依据,可以作为维护人们合法权益的凭证,也是解决信用危机的一个途径。但是,如果书写条据不谨慎,容易让不法分子钻空子,成为他们违法犯罪的工具。因此,我们在写条据时应当慎之又慎,规范书写。

(二) 条据的结构与种类

条据一般由标题、正文、结束语和落款四部分组成。种类有"借条""欠条""领条""收条"等。

(三) 常见条据的写作

1. 借条的写作

借条是一种凭证性文书,打条人在归还所借钱或物之后必须将其收回毁掉。

借条的写作格式与要求:

(1) 首行居中写标题,字体稍大。标题的写法有两种,一种是直接由文种名构成。即写上"借条"或"借据"字样;另一种是把正文的前三个字作为标题,而正文从第二行顶格处接着往下写。如用"今借到"作标题。

(2) 正文一般是在第二行空两格处开始写,但以"今借到"为标题的借条是不空格的。内容须简洁明了,依次写清楚被借方名称、被借物名称及数量、物品借期、归还时限(具体到年月日)。如果所借之物为钱财的,有没有利息要进行约定并标明具体数字,末尾使用句号。文后加"此据"二字。笔者不主张"此据"转行书写和与尾句之间有空隙,以防被添加内容,给不法分子以可乘之机。

(3) 凡借据中涉及数量的数字均要大写,用汉字"壹贰叁肆伍陆柒捌玖拾佰仟万",以防涂改和添加。

(4) 落款包括借方姓名和日期,分两行书写在内容右下角。姓名必须与身份证相符,日期具体到年月日,由借方签写。正规借条还应该加盖借方私人印章,以示负责。

(5) 书写时必须使用黑色墨水,毛笔、钢笔均可,切勿使用铅笔或易褪色的笔墨。

【示例一】

借　条

　　今借到李明人民币壹仟贰佰捌拾元整,借期一年,利息按还款时银行贷款利率的一点五倍计算,到时一次性还本付息。此据。

借款人：张　华
××××年×月×日

【示例二】

今　借　到

　　学校摄像机壹个、笔记本电脑壹台作为录制公开课之用,借期一天,到时一次性归还。此据。

借方：王　玲
××××年×月×日

2. 欠条的写作

欠条是向个人或组织借了钱、物,未全部归还,尚有部分拖欠,对拖欠部分所打的凭条,叫欠条;另外,当借钱、物时未打借条,事后补写的凭条,也叫欠条。

欠条的写作格式与要求:

(1) 首行居中写"欠条"二字,标题字号应略大于正文。

(2) 标题下方另起一行,空两格书写正文。内容须简洁明了,依次具体写清楚被欠方的姓名,所欠钱、物的名称,已归还的数量、仍拖欠的数量,归还拖欠部分的时间(具体到年月日)。

(3) 凡欠条中涉及数量的数字均要大写,用汉字"壹贰叁肆伍陆柒捌玖拾佰仟万",以防涂改和添加。

(4) 落款分两行书写于正文右下方,姓名在上,日期在下。

(5) 书写时必须使用黑色墨水,毛笔、钢笔均可,切勿使用铅笔或易褪色的笔墨。

【示例一】

欠　条

　　原借到×级×班班费人民币贰仟元整作为学生李×的住院费,现已归还壹仟元整,尚欠壹仟元整,下个学期开学报名时一次性还清。此据。

×级×班学生：李×
××××年×月×日

【示例二】

> **欠　条**
>
> 　　×年×月×日曾向班主任陈×借人民币贰佰壹拾元整作为生活费,今补欠条,一个月后一次性还清,特此为证。
>
> 　　　　　　　　　　　　　　　　　　　　　　×级×班学生:李×
> 　　　　　　　　　　　　　　　　　　　　　　××××年×月×日

　　3. 领条的写作

　　领条是个人或单位向其他的个人或单位领取物品时留给发放人的凭据。领条是物品发放与接收活动的反映,可以作为证明,留备事后核查。

　　领条的写作格式与要求:

　　(1) 当面点清所领物品的种类与数量,准确地写到领条上。

　　(2) 首行居中写标题"领条"二字,或不写标题。

　　(3) 在标题之下,另起一行,空两格,开始书写正文。

　　(4) 正文内容要写清楚领取人名称,领取物品名称、种类、数量。数目字要使用汉字大写,以防涂改。

　　(5) 在正文右下角写清楚经手人姓名和打条日期。

　　(6) 书写时必须使用黑色墨水,毛笔、钢笔均可,切勿使用铅笔或易褪色的笔墨。

【示例】

> **领　条**
>
> 　　今领到学校总务科发给数学教研组的粉笔贰拾盒,碳素墨水叁瓶,备课本拾伍个,钢笔拾伍支,此据。
>
> 　　　　　　　　　　　　　　　　　　　　　　数学教研组组长:杨××
> 　　　　　　　　　　　　　　　　　　　　　　××××年×月×日

　　4. 收条的写作

　　收条是收到别人或单位送到的钱物时写给对方的一种凭据性的应用文。收条也称作收据。收条也是日常生活中常见的一种应用文样式。收条一般适用于下列一些场合。

　　(1) 原来借钱物或欠钱物一方将所欠、借的钱物还回时,借出方当事人不在场,而只能由他人代收时可以写收条。如果当事人在场,则不必再写收条,而只把原来的欠条或借条退回或销毁即可。

　　(2) 个人向单位或某一团体上缴一些有关费用或财物时,对方需开具收条,以示证明。

　　(3) 单位和单位之间的各种钱物往来,均应开具收条。当然,在正式的场合下,一般都有国家统一印制的正式的票据,这属于另一类情况。

　　收条的种类一般来讲有两类。一类是写给个人的收条,一类是写给某一单位的收条。单位出具的收条通常是由某一个人经手,而以单位的名义开据。

　　收条的写作格式与要求:

　　(1) 首行居中写标题,字体稍大。标题的写法有两种,一种是直接由文种名构成。即写上"收条"或

"收据"字样；另一种是把正文的前三个字作为标题，而正文从第二行顶格处接着往下写。如用"今收到""现收到""已收到"作标题。

（2）正文一般是在第二行空两格处开始写，但以"今收到"为标题的收条是不空格的。正文一般要写明收到的钱物的数量、物品的种类、规格等情况。涉及钱或物的数字一律使用汉字大写，以防添加和涂改。

（3）落款一般要求写上收钱物的个人的姓名或单位的名称，在署名的正下方署上收到的具体日期，一般还要加盖公章。是某人经手的一般要在姓名前署上"经手人："的字样。是代别人收的，则要在姓名前加上"代收人："字样。

（4）收条在写作时，务必清点好所收到的物品钱款的具体数额，做到准确无误、不出差错。

（5）是替别人代收的，应在题目使用"代收到"字样，在文尾署名时用"代收人"三个字。

（6）书写时必须使用黑色墨水，毛笔、钢笔均可，切勿使用铅笔或易褪色的笔墨。

【示例一】

收　条

今收到××学校交来培训费叁仟圆整，此据。

××培训中心（盖章）

经手人：张××

××××年×月×日

【示例二】

代　收　到

刘晓红同学还给张琼老师的网球拍壹副，完好无损。

代收人：李×

××××年×月×日

三、便条与条据写作的注意事项

写便条既要做到要言不烦，一望而知，又要注意交代清楚下述四点：一是写给谁的，二是什么事情，三是谁写的，四是什么时候写的。

写条据应注意几点：

1. 字迹要端正清楚，要用深色墨水书写，以防涂改。如果确实需要改动，要在涂改处加盖印章，以示负责。

2. 对外使用的条据，写对方单位名称要用全称。

3. 涉及物品的，要写明名称、规格、数量。

4. 涉及金钱要写明金额，必须用大写，以防篡改。表示钱的数额前必须写出货币名称并紧密相连，如"人民币""美元""欧元"等，数额末尾还得加上"整"字，以防增减作弊。

5. 数字前不留空白，数字后面要写量词，如"元""个""双""斤"等。

温 馨 提 示

写条据还有十大忌讳：

一忌空白留得过多。条据的内容部分与签章署名之间的空白留得太大,容易被持据人增添补写其他内容,或将原内容裁去,在空白处重新添加内容。

二忌大写、小写分不清楚。写条据时,如果只有小写,没有大写;或者小数点位置不准确,数字前头有空格;或大写、小写不相符,都容易被持据人添加数字或修改,甚至由此而引发民事纠纷。

三忌用褪色墨水书写。用圆珠笔或其他易褪色的墨水书写条据,倘遇保存不当、受潮或水浸时,字迹会变得模糊不清,并为某些别有用心的人用化学制剂涂抹留下可乘之机。

四忌不写条据日期。不写明日期的条据,一旦发生了纠纷,事实真相常常难以查清,对诉讼时效的确定也容易造成困难。

五忌条据内容表述不清。有的条据将"买"写成"卖","收"写成"付","借给"写成"借"等等,都极易颠倒是非。

六忌名字不写齐全。条据上有姓无名或有名无姓,都会给对方留下行骗的口实和赖账的把柄。

七忌不认真核对。请别人或由对方写的字据,应字字斟酌,认真审核,不能稀里糊涂地签字盖章。

八忌使用同音同义字。姓名不要用同音同义字、多义字代替,否则也容易发生责任不清的纠纷。以身份证上面的名字为准,就具有法定的效力。

九忌印鉴不规范。由他人代笔书写或者代笔签名,而本人只在上面按一个手印,发生纠纷时,也很难认定责任。

十忌还款时不索回条据。还款还物时,对方若称一时找不到借条,应该让其写一张收据留存,这样才不至于给日后留下隐患。

总之,条据一经签订,一般对签约的各方就有了约束力,特别是经济性质的条据。因此,条据写得是否准确,权利与义务规定得是否严密、完备,关系到当事人的切身利益,影响到发生纠纷时是非曲直的判断和鉴别。所以,写条据时,必须认真慎重,熟悉各类条据的格式及写法,决不可掉以轻心。

写作训练

1. 便条的特点是什么?请根据自己了解的情况,说说在日常生活和工作中使用频率较高的便条有哪些?

2. 写条据时,你觉得应该注意的事项有哪些?

3. 议一议：错误书写条据可能带来哪些不良后果?

4. 请规范书写请假条、借条、领条、欠条、收条各一份,注意格式与有关注意事项。

第三节　书信类写作

书信是相隔较远、暂时见不到面的人们相互交流情感与思想的工具,是一种向特定对象传递信息、交流思想感情的应用文书。

书信拥有悠久的历史且世界各国的人们都有使用。书信在人类的交流与沟通的历史上占有重要地位。在电话、手机与电脑这些简单快捷的交流工具遍布全球的今天，仍有一部分人情愿使用书信来互通信息。

书信是最常用的应用文，包括一般书信、专用书信两大类。一般书信主要有家庭成员之间的家书类书信，朋友和同事之间的问候类书信、请托类书信、规劝类书信、借贷类书信、庆贺类书信等。这类书信多用于个人和个人之间。专用书信主要有介绍信、证明信、表扬信、感谢信、邀请信等。这类书信多用于单位与个人、单位与单位之间。

一、一般书信

一般书信由信封和信瓤两部分组成。信封是显示于外的东西，信瓤则是信的内页。

（一）信封

信封分为横式信封和竖式信封，横式信封由上到下写，竖式信封从右到左写。下面主要介绍最常见的横式信封的写法，信封上应准确填写下列内容。

（1）收信人所在地邮政编码：一般在信封左上方上印有六个方格，共六位，用阿拉伯数字填写。

中国国内，除台湾省外，已经开始使用统一的邮政编码。邮政编码是由阿拉伯数字组成，用来表示邮局和它的投递区域的专用代号。例如贵州省大方县第一中学的邮编是 551600。

（2）收信人地址：寄往城市家庭的，要具体写上收信人所在的省（市、自治区）、市（县）、城区、路、街（弄）和门牌号码，如果是高层建筑，还应写上室号。寄往农村家庭的，则要写出省、县、乡、村、组。寄往收信人工作单位的，不仅要写上收信人单位详细地址，还应写明单位全称和具体部门。书写地址时，可在一行内写完，也可分两行写出。在大地名和小地名、地名和门牌号码之间，都应空开一个字的位置。

（3）收信人姓名：写在信封中间，字大一点；姓名要写完，不能省略；常见的错误写法如"老王""小杨""董事长"。在收信人姓名后面空两个字的距离，写上"同志""先生""小姐"等字样，也可以不写；姓名后面可写"收""启"等字样，也可以不写。特别注意的是，信封上不要使用写信人对收信人的亲属称谓，这是因为信封主要是给投递员看的，如写上"×××伯父收""××爷爷收"等就有可能引起投递员的不悦。

（4）寄信人的地址和姓名：寄信人的地址和姓名必须写在信封上，因为当由于某种原因这封信不能寄达收信人时，邮局必须以此点信息退还所寄信件。"本市张寄""内详"之类做法绝不可取。

（5）寄信人所在地邮政编码：用阿拉伯数字填写于信封右下角方格内。

上述情况，主要针对邮政信件。如是托人捎带的信件，则应该在信封上方偏左的地方，视具体情况，写上"请交""面交""烦交"等字样。如捎信人熟悉收信人的地址，则不必写出收信人的地址。写信人的地址一般也省略，只写"××托""×××拜托"即可。有时，为了表示对捎信人的尊重与信任，或信件的内容不涉及公私秘密者，信封以不封口为好。

【横式信封书写范例】

552100

贵州省织金县城关镇金南路　124号　毕节市幼儿师范学校

办公室　收

《贵州教育》杂志社

550003

(二) 信瓤

信瓤是书信的内页,一般分为开头、正文、结语、署名、日期五个部分。

1. 开头

开头写收信人的称呼,要单独成行,顶格书写,表示尊重和礼貌;称呼之后加上冒号,以示领起下文。

平时对收信人如何称呼,信上也如何称呼。写给长辈的,按长辈称呼,如"祖父""伯父""伯母"等;写给平辈的,比自己年长的称"哥哥""姐姐"等,比自己年幼的,称"弟弟""妹妹"等,也可以直接称呼名字;写给晚辈的,可以直接写名字。

2. 正文

这是信的主要部分。寄信人要向收信人询问、回答,叙述的内容,都在这里表述。

正文要另起一行,空两格写起,转行时顶格。根据内容可适当分段,它包括以下几个方面内容。

(1) 单独成行,空两格写起。向收信人表示问候。

(2) 另起一段,空两格写起。说明何时收到对方来信,表示谢意;或者询问对方情况,表示关怀。总之,应首先谈对方的事情。

(3) 谈自己的事情。每一件事都要分段写,使对方一目了然。回答对方的问题要有针对性,有的放矢。

(4) 可写有何希望、要求或希望再联系的事项。

3. 结语

结语一般是写表示祝愿或敬意的话。普通的信多用"祝你健康""此致""敬礼"之类的话。祝愿的话可因人、因具体情况选择适当的词,不要乱用。

结尾的习惯写法有两种:(1) 在写完正文之后,紧接着写"此致",另起一行顶格或空两格写"敬礼";(2) 另起一行空两格写"此致",再另起一行顶格写"敬礼"。

4. 署名

署名是书信的最后一行,署上写信人的姓名。署名应写在正文结尾的右方空一行的地方。如果是写给熟识的亲属、朋友的,可加上自己的称呼,如弟、妹等。后边写名字,不必写姓。如是写给组织的信,一定要把姓与名全部写上。

5. 日期

在名字后边,或在名字的下一行右下方,写上发信的年、月、日,以便于收信人查考。

由于书信是人类借助文字交流思想感情、互通信息或联系各种事务的一种方式,因此在撰写书信时,态度要诚恳,意向要鲜明,叙述要清楚,内容要具体,语言要得体,书写要工整。这样才能实现交际的目的。

书信书写常见的问题:格式不对或不完整;用语不符合写信人与收信人的身份、地位、关系,不得体;内容表达不清晰;字迹潦草,错别字多。

二、专用书信

(一) 请柬

1. 请柬的含义与特点

请柬,又称为请帖、简帖、邀请信(函)等,是为了邀请客人参加某项活动而发的礼仪性书信。请柬被广泛应用于社会交往中。一些公务活动包括召开较隆重的会议需要请柬;人们在举行结婚、丧葬、祝寿等礼仪活动时,为邀请亲友赴会,也常常需要发请柬给被邀请者。发请柬是为了表示对客人的尊敬,也表明邀请者的郑重态度,所以请柬在款式和装帧设计上应美观、大方、精致,使被邀请者体会到主人的热情与诚意,感到喜悦和亲切。

请柬篇幅有限,书写时应根据具体场合、内容、对象,认真措辞,行文应达、雅兼备。达,即准确;雅,即讲究文字美。在遣词造句上,有的使用文言语句,显得古朴典雅;有的选用较平易通俗的语句,则显得亲切热情。不管使用哪一种风格的语言,都要庄重、明白,使人一看就懂,切忌语言的乏味和浮华。

2.请柬的格式与要求

请柬从形式上分为横式请柬和竖式请柬。横式请柬由上往下写;竖式请柬由右向左写。从内容上看,请柬作为书信的一种,又有其特殊的格式要求。请柬一般由标题、称谓、正文、结语、落款五部分构成。

(1)标题。标题为"请柬""请帖"或"邀请书"等字样,一般要做一些艺术加工,可用美术体的文字,还可做些装饰,如图案、花边、套色、烫金等。通常,请柬已按照书信格式印刷好,发函者只需填写正文即可;封面也已直接印上了"请柬"或"请帖"字样。

(2)称谓。第一行顶格书写被邀请者(单位或个人)的名称、姓名,如"某某单位""某某先生(女士)"等。如果邀请的是夫妇俩,注意将两人的姓名并列书写。称呼后加上冒号。

(3)正文。正文要写清活动内容,如开联欢晚会、招待会、生日会、婚礼等。写明时间、地点、方式。如果是请人看戏或是其他表演还应将入场券附上。若有其他要求也需注明,如"请准备发言""请准备节目"等。

(4)结语。结语又称敬辞,是表示敬意和诚意的礼仪性语言,如"恭请光临""敬请惠顾""敬请莅临指导""此致——敬礼""顺致——崇高的敬意"等。

(5)落款。落款写邀请者姓名或邀请单位全称及发出邀请的时间。以单位名义发出的请柬应在此处加盖公章。

3.写请柬的注意事项

(1)被邀请者的姓名应写全,不能写绰号和别名。

(2)在两个姓名之间应该写上"暨"或"和",不用顿号或逗号。

(3)应写明举行婚礼、宴会、活动等的具体日期(几月几日,星期几)。

(4)写明举行婚礼、宴会、活动等的地点。

【示例】

请　柬

吴××老师:

　　兹定于十二月九日(星期二)晚八时整,在2013级(2)班教室举行纪念"一二·九"学生运动诗歌朗诵会,届时敬请光临指导。

2013级(2)班班委会

二〇一四年十二月八日

(二) 介绍信

1.介绍信的含义与种类

介绍信是用于证实本单位有关工作人员身份、介绍其工作使命、凭此与其他单位接洽工作的一种证明性函件。它具有介绍和证明的双重作用。

介绍信主要有两种形式:专用介绍信和普通介绍信。一种是固定格式,印刷好的介绍信格式,留有存根,有编号,便于查询。另一种是用公用信纸临时书写,不受限制。

2.普通介绍信的基本格式

普通介绍信一般不带存根,正中写"介绍信"。内容包括:称呼、正文、结语、署名和日期,并注上有效日期。

标题：首行居中写"介绍信"或"××单位介绍信"。

称呼：标题之下另起一行顶格书写主送单位全称。

正文：称呼下另起一行空两格书写。一要写清被介绍人姓名、身份、随行人数；二要写清接洽事项和要求；三要用祈请用语或谦恭语，如"请予接洽"或"请予支持"，之后写"此致、敬礼"。

落款：结语右下角空半行或一行书写出具介绍信单位全称和日期，加盖公章。

期限：落款下另起一行空两格括号标注"有效期×天"。

【示例】

介 绍 信

××图书馆：

　　兹介绍我校高级讲师杨×、李×前往贵馆查阅学前教育图书资料，请予接洽为荷。

　　此致

敬礼！

××幼儿师范高等专科学校

××××年×月×日

（有效期五天）

（三）证明信

1. 证明信的含义与种类

证明信简称证明，是以行政机关、社会团体、企事业单位或个人的名义凭借确凿的证据证明某人的身份、经历或某件事情的真实情况时所使用的一种专用书信。证明信可分为组织证明信和个人证明信，前者又可分为普通书写证明信和印刷证明信。

2. 证明信的特点

（1）凭证的特点。

证明信的作用贵在证明，是持有者用以证明自己身份、经历或某事真实性的一种凭证，所以证明信的第一个特点就是它的凭证的作用。

（2）书信体的格式特点。

证明信是一种专用书信，尽管证明信有好几种形式，但它的写法同书信的写法基本一致，大部分采用书信体的格式。

3. 证明信的写作格式

证明信一般由标题、称谓、正文、落款四个部分。

（1）标题。首行居中书写"证明信""证明"或写明"关于××同志××情况（或问题）的证明"。

（2）称谓。标题下另起一行顶格书写需要证明的单位的全称，之后加冒号，也可不写。

（3）正文。这是证明信的主体部分。称谓之下另起一行空两格书写，写清证明事由，实事求是，真实可靠，言之有据，引文准确，语言简洁。结尾写"特此证明"，注意不要写祝愿、勉励之类的话。

（4）落款。落款即署名和日期。在正文右下方署上证明单位（或个人）名称（姓名），并由证明单位或证明人加盖公章或签名、盖私章，否则证明无效。

附件：证明信之后若有复印材料作为附件的,复印件应加盖复制单位印章。

如果是以个人名义出具的证明,其书写格式和组织证明信是一样的,但个人证明信写好后应交证明人所在单位签署意见,加盖公章,以示负责。

证明信有时是要作为结论根据的。因此,撰写时应严肃认真,实事求是,言之有据。语言要准确,文字书写要清晰、工整,切忌潦草。证明信内容如有涂改,必须在涂改处加盖公章。

4. 证明信的写作要求

（1）证明信内容要求完全真实可靠。

（2）对被证明者本人的工作、政治、业绩作出评价,让对方了解证明人的情况,从而鉴别证明材料的真实性与可信度。

（3）语言表述一定要准确,不能模棱两可。书写要工整,不得涂改,否则加盖印章。

（4）证明信件要留有存根,以备核查,而且必须加盖公章,否则无效。

【示例】

证　明　信

××小学:

　　你校×××同志,于2006年至2009年在我校函授大专语文教育专业班学习三年,全部成绩合格,已予毕业。

　　特此证明。

毕节市幼儿师范学校(盖章)

××××年×月×日

写作训练

1. 请根据所学知识,自主编写一封请柬,内容不限。

2. 王敏即将赴小明星幼儿园实习,学校要给王敏写一封介绍信,请根据这个情况拟写一份介绍信。注意介绍信的有关格式要求。

3. ××中学是"法律知识抢答赛"的主办方,你作为选手代表学校只身前往参加此次比赛,临行前发现自己的学生证丢失了,需要学校帮你出一份证明信。请你以学校的名义拟写一份证明信。

第四节　计划与总结

一、计划

1. 计划的概念

计划是为了实现某一管理目标,完成特定的任务,开展某项工作或学习而预先做好的安排和设计,并用书面表达出来的一种事务性文书。既有单位的计划,也有个人的计划。在实践中,计划有许多其他的称呼,如:"安排""要点""设想""方案""规划""打算"等。

2. 计划的特点

(1) 针对性。计划是根据党和国家的方针、政策和有关的法律、法规,针对本系统、本部门的实际情况制定的,目的明确,具有指导意义。

(2) 预见性。计划是在行动之前制订的,它以实现今后的目标,完成下一步工作和学习任务为目的。

(3) 普遍性。实际的计划工作涉及组织中每一位管理者及员工,一个组织的总目标确定后,各级管理人员为了实现组织目标,使得本层次的组织工作得以顺利进行,都需要制订计划。

(4) 目的性。任何组织或者个人制定的各种目标都是为了促使组织的总目标的实现和一定时期目标的实现。

(5) 可行性。符合实际、易于操作、目标适宜,是衡量一个计划好坏的重要标准。

(6) 明确性。计划应明确表达出组织的目标和任务,明确表达出实现目标所需的资源以及所采取的程序、方法和手段,明确表达出各级管理人员在执行计划过程中的权利和职责。

(7) 事务性。计划是为完成一定时期内的工作或学习任务而制订的,因而具有很明显的事务性。

(8) 效率性。计划的效率性主要是指时间性和经济性两个方面。

3. 计划的类型

计划是一个统称,属于计划这个范畴的,还有规划、工作安排、设想、方案等。"规划"是比较全面、长远的,具有战略性意义的计划。"安排"是适应时间短、内容比较具体的专项计划。"设想"是初步的、非正式的计划。"方案"是决策某项任务过程中,从目的要求、方式、方法到具体进度提出来供讨论的计划。

计划的类型较多,分类的方法也不相同,从实际工作应用来看,大致可分为以下几种类型。

按内容分,有学习、生产、教学、科研、销售计划等。

按范围分,有国际协作计划,国家计划,省市、地区、单位、部门、个人计划等。

按性质分,有综合性计划、单项计划等。

按时间分,有长期计划(10~15 年以上)、中期计划(5 年左右)、短期计划(1 年及 1 年以下)。

按格式分,有条文计划、表格计划、综合式计划。

4. 计划的格式和写作要求

计划一般由标题、正文、结尾三部分组成。

(1) 标题。

即计划的名称。包括制订计划的机关或单位名称、计划的种类名称、适用期限。例如:《毕节市幼儿师范学校 2014 年工作计划》,其中"毕节市幼儿师范学校"是单位名称,"2014 年"是计划适用期限,"工作计划"是计划种类,这三部分构成计划的标题。

(2) 正文。

即计划的主体。一般包括:简单的前言、总的目标任务、制订计划的依据(上级总的要求、本单位情况分析等);指标要求、具体项目;实施的步骤、方法与措施;完成的时间等。正文部分要写清楚"为什么做"(目的依据)、"做什么"(五作、学习任务和要求)、"怎样做"(工作方法、步骤和措施)等。为了条理清楚,计划的正文一般都分条分项地写。

(3) 结尾。

包括署名和日期。要标明制订计划的个人姓名或单位名称,写清制订计划的年月日,写在正文的右下方,署名在前,日期在后。如果标题中已有制订计划单位名称,这里也可以省略。如计划是呈报上级机关,或下发所属单位的,要加盖公章,否则无效。

计划的常见形式一般有条文式和表格式两种。

条文式计划是把计划的内容分成若干部分,按照内在的逻辑关系排好顺序,写上序数和小标题。这种形式条理分明,层次清楚,便于贯彻执行。以进度、质量、措施为重点的计划常采用这种形式。

表格式计划是把计划要完成的任务用表格的形式加以罗列,有时加以简要说明。这种形式简洁明快,一目了然,可以省去许多相同的词语,便于对照检查。以数据为指标的计划常采用这种形式。

制定计划的主要环节:计划的制定,可以是自上而下的,即上级先发一个一般性的指标,由下级去具体制订计划。如在制订乡镇工作计划时,可根据县级工作计划的总体思路而制订,村级可依据乡镇的工作计划,结合自身实际,制订自己的工作计划;也可以是自下而上的,即先由下级做出初步计划,上级根据下级计划综合成一个整体计划;有的还将两种方法结合起来,不断完善、修订后制订出较为切合实际的工作计划。

要制订出一个切实可行的工作计划,一般事先都必须做好以下几项工作。

认真学习有关方针政策、上级有关文件,领会其精神实质,明确所要制订计划的目标、任务、要求,制订出真正符合政策要求的工作计划。

分析制订计划的单位的现实情况。应该结合自身实际情况来制订,不能盲目地提出过高或过低的目标和要求,打击群众的工作积极性。

确定工作方针、任务措施和实施步骤。根据党的政策和上级要求并结合实际确定工作方针,明确具体方法和步骤,确保任务顺利完成。

听取群众意见,不断完善计划。在计划草案制订后,应在全体群众中宣读并展开讨论,倾听合理意见和建议,使计划得以完善。只有这样,计划才能反映出群众的共同要求,成为共同的奋斗目标。同时,随着时间的推移,事物在不断变化,计划中某些要求往往会出现问题,这就需要不断补充、修订,使其更加完善,更加切合实际。

计划写作的注意事项:

▲ 对上负责的原则。要坚决贯彻执行党和国家方针政策和上级的指示精神,反对本位主义。

▲ 切实可行的原则。要从实际出发定目标、定任务、定标准,既不要因循守旧,也不要盲目冒进。

▲ 集思广益的原则。要深入调查研究,广泛听取群众意见、博采众长,反对主观主义。

▲ 突出重点的原则。要分清轻重缓急,突出重点,以点带面,不能眉毛胡子一把抓。

▲ 防患未然的原则。要预先想到施行中可能发生的偏差,可能出现的故障,要有必要的防范措施和补充办法。

【示例】

××市××公司20××年度普法教育工作计划

为进一步增强员工的法治观念和法律素质,提升我司工作法治化管理水平,充分发挥法治宣传教育在创建和谐社会与小康社会建设中的重要作用,现根据市"六五"普法工作领导小组要求,结合我司工作实际,制订本计划。

一、指导思想

以邓小平理论和"三个代表"重要思想以及社会主义荣辱观为指导,全面落实科学发展观,深入贯彻党的十七大和十七届四中、五中、六中全会精神,紧紧围绕党和政府的中心工作,特别是围绕社会稳定开展普法工作,进一步推进依法治企工作,为构建富裕和谐的公司面貌营造良好的法治环境。

二、主要任务

全面贯彻党的十七大和十七届四中、五中、六中全会精神,高举中国特色社会主义伟大旗帜,坚持以邓小平理论和"三个代表"重要思想为指导,深入贯彻落实科学发展观,围绕深入推进安全生产、社会矛盾化解、企业管理创新、公正廉洁经营四项重点工作,切实加强企业职工法治宣传教育,全面落实"六五"普法规划,按照公司法治宣传教育新的五年规划,推进普法工作及依法治理工作深入发展,为加快建设法治国家,争创"法治×市"建设先进单位营造良好的法治环境。

三、实施措施与要求

(一)立足于服务经济社会发展,深入开展法治宣传教育

1. 大力加强宪法学习宣传,继续加强与经济平稳较快发展、职工生产生活、社会和谐稳定相关法律法规宣传,不断提高职工法治意识、法律素质,为公司发展营造良好的法治环境。

2. 加强社会主义法治理念教育,引导职工自觉践行社会主义法治理念;注重法治教育与公民意识教育相结合,弘扬法治精神,培育社会主义法律文化,形成自觉学法守法用法的社会氛围。

3. 认真组织开展社会治安综合治理宣传月活动,针对职工关注的热点、难点问题,开展有针对性的专项法治宣传教育,引导职工依法表达利益诉求,维护合法权益,促进社会矛盾的化解。

4. 结合"法律六进"活动,抓好重点对象法制宣传教育。认真贯彻落实关于加强领导干部、企业经营管理人员和职工学法用法工作的指导意见,广泛开展适合不同对象参与的有关法制宣传教育活动,推进重点对象法制宣传教育的深入开展。

5. 继续深入开展应对国际金融危机、加强企业法治宣传主题活动,通过举办法制培训班、法治论坛、法律知识竞赛等活动,提高企业经营管理人员依法经营水平。

(二)积极宣扬各类先进典型,推动普法工作不断发展,公司要发现、培育、推广各类普法典型,以带动普法工作(略)

(三)开展以"一学三讲"为主题的法治宣传教育活动(略)

(四)切实抓好重点对象的法治宣传教育,抓好领导干部学法用法工作(略)

(五)立足于全面落实"六五"普法规划,认真做好"六五"普法教育工作(略)

(六)结合系列活动日开展主题宣传活动(略)

(七)加强普法的组织领导和经费保障工作(略)

××市××公司

××××年×月×日

二、总结

(一)总结的概念及分类

总结是单位和个人对一定时期内的工作、生产、学习等方面进行回顾与检查,进行全面系统地分析与研究而写成的书面材料。常见的工作汇报、个人小结、经验交流材料等,都属于总结的范畴。

　　总结的种类比较多,按内容分,有工作、学习、劳动、思想总结等;按性质分,有综合总结、专题性总结等;按时限分,有年度、季度、月份、阶段总结等;按范围分,有单位、部门、班组、个人总结等;按表达方法分,有陈述性总结、论述性总结。常见的总结有综合性总结、阶段总结、会议总结。

　　(二)总结的格式和写法

　　总结一般由标题、引言、正文、结尾四部分组成。

　　(1)总结标题:即总结的名称。有全称式、简称式和文章式标题三种。全称式标题包括写作总结的机关或单位名称、总结时段、内容及文种名称,如《××学校 2014 年上半年工作总结》。简称式标题包括总结时段、内容和文种名称,如《2014 年教学工作总结》。文章式标题一般按总结的主题来拟定,是最简化的标题,如《突出特色教育,走多元化办学之路》。

　　(2)总结引言:通常用一个语段对总结主要内容作简要提示和交代,引出下文。

　　(3)总结正文:正文是总结的核心,结构比较规范,一般分为三到四个部分,依次说明所做的工作、取得的经验或成绩、存在的问题、今后的打算。重点是总结所做的工作、取得的经验或成绩。这两方面可以分开写也可结合写。篇幅一般占全文一半以上。具体的篇章结构可以根据不同的主题和不同的内容而有所变化。有的可分为现状与特点、问题与原因、措施与对策三个部分,有的可分为基本做法、主要经验、存在的问题、心得体会四个部分,还有的可以根据工作的几个方面来划分层次。

　　(4)总结结尾:一般用两个语段简要给出结论或说明努力的方向、今后的打算等,也可不专设结尾。总结像其他文章一样也要署名,一般在正文的右下方写明总结的单位和日期。如在报刊上发表的总结,一般在标题下署名。

【示例】

××幼儿园安全教育工作总结

　　幼儿园的安全工作任重而道远,把安全工作摆在幼儿园的日常工作中,强化了师生的安全意识。幼儿由于年龄小,自我保护意识较差,因此,根据班级幼儿的实际情况,制订了安全工作计划,并开展一些相应的安全教育活动。

　　一、开展一次生动、有趣、富有教育意义的"安全知识我知道"的竞赛活动

　　让幼儿们知道了"不跟陌生人走,不随便跟陌生人说话""不吃陌生人送的食物""不远离集体单独行动""遇到危险如何逃生""安全标志知多少"以及"游戏活动安全注意事项"等。通过这样的竞赛活动,认识一些安全标志,增强了幼儿的安全防范和自我保护意识及能力,对保障幼儿安全工作起到了积极作用。

　　二、组织一次"参观消防队"的活动

　　为了帮助幼儿树立防火意识,我们全园的小朋友认识了消防车的结构,通过教师的讲解,了解遇到火灾时的基本自救常识。同时围绕"着火了怎么办"进行了谈话活动。随后,幼儿又参与了消防演练活动,通过这样直接的学习,幼儿增加了保护自己的方法,提高了安全意识。

　　三、进行安全工作自查,及时地对班级里的桌椅,午睡室的床铺等进行检查,及时地进行修理,防止一些安全隐患的存在

　　班里两位老师就一日生活中容易出现的不安全因素进行排查。如午睡时,多提醒睡在床上的幼儿不站起来,提醒幼儿不带小玩具进午睡室;盥洗活动中不吵闹,不推不挤等;排除幼儿自身不安全因素,如要勤剪指甲,以免指甲过长伤到别人;书包里不放危险性的物品,如小刀等一些尖锐

物品,进一步强化幼儿的安全意识。

四、安全教育渗透于一日活动中

1. 通过谈话、观看安全教育录像等活动,利用发生在身边的一些事故对幼儿进行教育,使幼儿了解一些安全事故及自我保护的案例,提高幼儿的自我保护能力。

2. 在主题教学活动中,如人体的骨骼主题中,让幼儿在认识骨骼的基础上了解我们应该如何保护好自己的骨骼,使骨骼不受到伤害。幼儿能够积极地参与讨论,如:不从高处往下跳,以免发生骨折,遵守交通安全,以免发生安全事故,伤到骨骼等。

总之,安全工作是一项常抓不懈的工作,只有把安全工作放在首位,才能保证幼儿的身心得到健康的发展。

××幼儿园

××××年×月×日

第五节　自我鉴定、简历、自荐书

一、自我鉴定

(一)自我鉴定的概念、特点、作用

自我鉴定是个人在一个时期、一个年度、一个阶段对自己的学习和工作生活等表现的一个自我总结。

自我鉴定的特点是篇幅短小,语言概括、简洁、扼要,具有评语和结论性质。

自我鉴定的作用主要是:(1)总结以往思想、工作、学习,展望未来,发扬成绩,克服不足,指导今后工作;(2)帮助领导、组织、评委了解自己,做好入党、入团、职称评定、晋升的材料准备工作;(3)重要的自我鉴定将成为个人历史生活中一个阶段的小结,具有史料价值,被收入个人档案。

(二)自我鉴定的结构和内容

自我鉴定的结构由标题、正文和落款三部分构成。

(1)标题。可写成"自我鉴定"。

(2)正文。应包括政治表现、学习表现、工作和道德表现、优缺点及今后努力的方向等几个方面的内容。

(3)落款。包括署名和日期。在正文右下角依次书写鉴定人、冒号、鉴定人姓名,转行在署名正下方书写鉴定日期。

(三)自我鉴定的写作要求

(1)实事求是,切忌浮夸。

(2)突出优点,正视缺点。

(3)语言简洁,切忌冗繁。

(4)态度端正,字迹工整。

【示例】

幼师实习自我鉴定

　　时光飞逝,我来深圳雏鹰幼儿园实习已经一个学年了,在此我对一年来的实习生涯做一个自我鉴定。

　　首先,我在实习工作中能坚持党的教育方针、政策,努力学习和实践"三个代表"重要思想和科学发展观,有较强的事业心和责任感。在工作中能用正确的教育观对待我的幼儿教育工作,关爱每一位幼儿,做到让每一个幼儿都能健康、快乐地学习和生活。

　　其次,在工作中,我虚心地向有经验的老教师学习,认真地钻研教学方法,找幼儿教育方面的书刊来阅读,不断地为自己充电,努力提高自己的专业素养。

　　第三,在生活中,我同园领导及同事们相处融洽,用热心、诚信、耐心、爱心去对待每一个人。

　　我会在今后的日子里加强学习,不断提高自己,我相信只要我坚持下去,一定能够实现我想当一名优秀的幼儿教师的梦想。

鉴定人:陈××
××××年×月×日

二、简历

(一)简历的概念

简历是对自己的生活经历,包括求学经历、工作经历等,有选择、有重点地加以概括叙述的一种应用文。

(二)简历的写作

1. 简历的格式

简历没有固定的写作格式,可以是文本式的,也可以是表格式的,但不管是哪一种,其内容都是一致的。现在重点介绍文本式简历的写作,一般情况下,简历由标题、正文和落款组成。

(1)标题:在首行居中写明"简历""个人简历"或"求职简历"等字样。

(2)正文:另起一行,空两格书写正文。简历正文一般包括:① 个人基本信息;② 求职意向;③ 教育经历;④ 专业课程、专业技能、主要成绩;⑤ 选修课程;⑥ 社会实践活动;⑦ 自我评价;⑧ 求职感言。

(3)落款:在正文之后的右下方,写上姓名、日期。简历后面可以附上个人获奖证明,如三好学生,优秀学生干部,比赛获奖荣誉证书,英语四、六级合格证书,普通话等级证书等的复印件。

2. 个人简历

个人简历一般应简要写明本人所受教育、专业兴趣、工作经历、所取得的成绩及家庭背景。

(1)个人简历的结构可分为三到四个段落。第一段简单交代你的个人情况,如姓名、性别、出生时间及地点、家庭背景等。第二段围绕求学经历来写,但不要使用流水账的写作方式,以免显得生硬刻板。第三段以学习生活为主,说明为何选择这个专业,可与前文叙述相呼应。第四段要说明自己的能力、性格及兴趣爱好。

(2)内容着重在你的学习动机,目前所取得的成绩,你的终生目标。

(3)个人简历避免过多的形容词。

（4）个人简历约200～300字为宜,不宜写得太长。

三、自荐信

（一）自荐信的概念

自荐信是向用人单位自荐谋求职位的书信,是踏入社会、寻求工作的第一块"敲门砖"和"通行证",也是求职者与用人单位的第一次"见面"。如何让你的才能、潜力在有限的空间里耀出夺人的光彩,在瞬间吸引住用人单位挑剔的眼光,这封自荐信极其关键。

（二）自荐信的特点

自荐信具有介绍性、自述性和请求性、简明性。

1. 介绍性

客观介绍自己德、能、勤、绩等方面的表现,使用人单位了解自己的真实情况,做到实事求是。

2. 自述性

说明自己想做什么工作以及对这份工作的认识,使对方相信自己能够胜任工作,要做到热诚、谦虚、自信、自重。

3. 请求性

请求对方聘任自己,尽量满足自己的求职要求,要不卑不亢,尊重对方,文明礼貌。

4. 简明性

自荐信行文要简明得体,篇幅宜短小精悍。可列附件,增加信息。

（三）自荐信结构与写法

自荐信一般由六个部分构成。

（1）标题。正文上方居中写上"自荐信"或"事由＋自荐信"字样,也可不写标题。

（2）称谓。另起一行顶格书写。称谓可以根据具体情况灵活掌握,例如可以写"单位＋职务＋姓＋尊称"（××公司总经理张先生）、"单位＋姓＋职务"（××幼儿园李园长）、"单位＋职务"（××公司董事长）、"修饰语＋职务＋尊称"（尊敬的总经理先生）、"姓＋职务"（李园长、王经理）等等。

（3）正文。另起一行空两格起写,分段写正文内容。

开头,介绍自己的基本情况,如姓名、性别、籍贯、民族、年龄、学历、政治面貌、婚姻状况、职务、现在职务等,也可只写姓名、单位,余见附件简历表。

主体,说明自荐理由,包括经历、学历、业务特长、经验或业绩,请求被聘任什么工作,自己胜任工作的条件,还可提出自己的工作、生活要求。

结尾,表明自己殷切的愿望和被聘任后的决心。

（4）祝颂语。用语同普通的书信。

【示例】

> **自 荐 信**
>
> ××幼儿园张园长：
>
> 　　我叫孙雨霏,女19岁,汉族,贵州省××县人。××幼儿师范学校2010届毕业生。
>
> 　　我在校学习期间,成绩优良,多次在期末考试中总分名列前茅,其中音乐、语文、舞蹈三科连续两年拿了全级第一名。在学校的艺术节比赛活动中,我获得了独唱第一名、独舞第一名。在全省

中职生作文大赛中我获得过一次二等奖,一次优秀奖。在贵园实习期间也获得过您和老师们的好评。我性格开朗活泼,乐于与人合作;我热爱幼教事业,比较全面地掌握了幼儿教育的各种职业技能,因此一定能胜任幼教工作。毕业在即,我十分希望应聘到贵园工作,实现当一名幼儿教师的愿望。

　　张园长,在实习期间得到您的帮助,我十分感谢。这更坚定了我投身幼儿教育事业的决心。如果被聘任,我将深感荣幸,一定努力工作,做出成绩。

　　请及时回函或约见。

　　此致

敬礼!

孙雨霏

××××年×月×日

又:联系地址:×××××

联系电话:××××××

　　　　附件:1. 成绩单加复印件(加盖公章)

　　　　　　2. 获奖证书复印件

写作训练

　　请根据自己的情况写一封自荐信,注意自身的优势特长和个性。

第二单元 实用文体写作

实用文体是生活中的精短武器,它常被用来弘扬主旋律,讴歌真善美,抒发真性情。本单元主要介绍颁奖词、演讲稿、调查报告、述职报告四种实用文体写作的相关知识。

一、颁奖词

生活中让我们感动的东西太多,无论是刚正不阿的执法者,利国利民的奉献者,倡导改革开放、与时俱进的开拓者,还是关爱弱势群体、舍生取义的时代精英,默默奉献、不计个人荣辱的凡夫俗子,都在不断撞击着我们的心田。颁奖词就是以特有的语言形式,向这个世界上无数需要帮助的人讲述真情,传递关爱,唱响生命的赞歌;向无数奋斗者传递执著、追求、热情的信念。

【示例】

1. 科学泰斗——钱伟长

【颁奖词】 从义理到物理,从固体到流体,顺逆交替,荣辱数变,老而弥坚,这就是他人生的完美力学,无名无利无悔,有情有意有祖国。

2. 信义兄弟——孙水林、孙东林

【颁奖词】 言忠信,行笃敬,古老相传的信条,演绎出现代传奇,他们为尊严承诺,为良心奔波,大地上一场悲情接力。雪夜里的好兄弟,只剩下孤独一个。雪落无声,但情义打在地上铿锵有力。

3. 玉树不会忘记的康巴铁汉——才哇

【颁奖词】 对乡亲有最深的爱,所以才不眠不休,对生命有更深的理解,所以才不离不弃,铁打的汉子,是废墟上不倒的柱,不断的梁。他沉静的面孔,是高原上最悲壮的风景。

4. 雷锋传人——郭明义

【颁奖词】 他总看别人,还需要什么;他总问自己,还能多做些什么。他舍出的每一枚硬币、每一滴血都滚烫火热。他越平凡,越发不凡,越简单,越彰显简单的伟大。

5. 努力改变乡村面貌的基层好干部山西村官——段爱平

【颁奖词】 山梁挡住了阳光,你用肩膀扛起乡亲的盼望。村庄在渐渐丰满,你的身体却慢慢柔弱。庄稼,总要把一切还给泥土。你贴工、贴钱、贴命,你还贴近百姓的心。

6. 35年前仆后继、追逐科技梦想的"油菜花父子"——沈克泉、沈昌健

【颁奖词】 父亲留恋那油菜花开的芬芳,儿子就把他葬在不远的山上。30年花开花谢,两代

人春来秋往,一家人不分昼夜,守护最微弱的希望。一粒种子,蕴含着世代相传的梦想。

7. 悬崖边上的护梦人,西藏墨脱山区教师——格桑德吉

【颁奖词】　不想让乡亲的梦,跌落于悬崖。门巴的女儿执意要回到家乡,坚守在雪山、河流之间。她用一颗心,脉动一群人的心,用一点光,点亮山间更多的灯火。

8. 退休后20年坚持每天出诊的仁医——胡佩兰

【颁奖词】　技不在高,而在德;术不在巧,而在仁。医者,看的是病,救的是心,开的是药,给的是情。扈江离与辟芷兮,纫秋兰以为佩。你是仁医,是济世良药。

以上是给"感动中国"获奖者的颁奖词节选,它们紧扣主题,弘扬正气,彰显时代精神风貌。文字简约、精美,堪称典范。

(一) 颁奖词的含义及特点

1. 含义

颁奖词是对受表彰的公众人物颁发奖项时由主持人宣读的致辞,围绕一个主题,对获奖者的事迹所作的一种奖励性概括评价的礼仪文稿。因此,它既要让听众了解获奖者的事迹及其独特的人格魅力,又要实现其宣传教育目的。

2. 颁奖词的主要特点

(1) 情感真挚,以情感人。

(2) 高度概括性。

颁奖词具有高度概括性,对人物事迹的评价有深度,能把握人物的精神内核,并上升到一定的思想高度。

(3) 简洁生动。

(二) 颁奖词的写法

1. 大处着眼,简要勾勒人物最感人的事迹

如感动中国2004年度人物获奖者任长霞的颁奖词:

她是中原大地上的又一个女英雄。扫恶打黑,除暴安良,她铁面无私;嘘寒问暖,扶危济困,她柔肠百转。十里长街,白花胜雪,挽幛如云,那是流动在百姓心中的丰碑!一个弱女子能赢得百姓的爱戴,是因为,在她的心里有对百姓最虔诚的尊重!

2. 深度把握,彰显人物精神是颁奖词写作的重点,也是难点

如感动中国2004年度人物获奖者袁隆平的颁奖词:

他是一位真正的耕耘者。当他还是一个乡村教师的时候,已经具有颠覆世界权威的胆识;当他名满天下的时候,却仍然只是专注于田畴,淡泊名利,一介农夫,播撒智慧,收获富足。他毕生的梦想,就是让所有的人远离饥饿。喜看稻菽千重浪,最是风流袁隆平。

3. 颁奖词善用长短句,文笔优美,风格刚柔并济,抒情、描写、议论各有侧重,有的还恰当引用了一些诗词歌赋名句,尺幅之间,流光溢彩,读来朗朗上口,给人以美的享受

如感动中国2005年度人物获奖者黄伯云的颁奖词:

> 这个和世界上最硬材料打交道的人,有着温润如玉的性格,渊博宽厚,抱定赤子之心。静,能寒窗苦守,动,能点石成金,他是个值得尊敬的长者,艰难困苦,玉汝以成,三万里回国路,二十年砺剑心,大哉黄伯云!

二、演讲稿

(一) 演讲稿的含义与作用

演讲稿也叫演讲词,它是在较为隆重的仪式上和某些公众场合发表的讲话文稿,演讲稿是进行演讲的依据,是对演讲内容和形式的规范与提示,它体现着演讲的目的和手段。演讲稿是人们在工作和社会生活中经常使用的一种文体。它可以用来交流思想、感情,表达主张、见解;也可以用来介绍自己的学习、工作情况和经验等。演讲稿具有宣传、鼓动、教育和欣赏等作用,它可以把演讲者的观点、主张与思想感情传达给听众以及读者,使他们信服并在思想感情上产生共鸣。

(二) 演讲稿的主要特点

1. 针对性

演讲是一种社会活动,是用于公众场合的宣传形式。它为了以思想、感情、事例和理论来晓喻听众,打动听众,"征服"群众,必须要有现实的针对性。所谓针对性,首先是作者提出的问题是听众所关心的问题,评论和论辩要有雄辩的逻辑力量,要能为听众所接受并心悦诚服,这样,才能起到应有的社会效果。其次是要懂得听众有不同的对象和不同的层次,而"公众场合"也有不同的类型,如党团集会、专业性会议、服务性俱乐部、学校、社会团体、宗教团体、各类竞赛场合,写作时要根据不同场合和不同对象,为听众设计不同的演讲内容。

2. 可讲性

演讲的本质在于"讲",而不在于"演",它以"讲"为主、以"演"为辅。由于演讲要诉诸口头,拟稿时必须以易说能讲为前提。如果说,有些文章和作品主要通过阅读欣赏,领略其中意义和情味,那么,演讲稿的要求则是"上口入耳"。一篇好的演讲稿对演讲者来说要可讲,对听讲者来说应好听。因此,演讲稿写成之后,作者最好能通过试讲或默念加以检查,凡是讲不顺口或听不清楚之处(如句子过长),均应修改与调整。

3. 鼓动性

演讲是一门艺术。好的演讲自有一种激发听众情绪、赢得好感的鼓动性。要做到这一点,首先要依靠演讲稿思想内容的丰富、深刻,见解精辟,有独到之处,发人深思,语言表达要形象、生动,富有感染力。如果演讲稿写得平淡无味,毫无新意,即使在现场"演"得再卖力,效果也不会好,甚至相反。

4. 整体性

演讲稿并不能独立地完成演讲任务,它只是演讲的一个文字依据,是整个演讲活动的一个组成部分。演讲主体、听众对象、特定的时空条件,共同构成了演讲活动的整体。撰写演讲稿时,不能将它从整体中剥离出来。为此,演讲稿的撰写要注意以下几个方面。

首先,要根据听众的文化层次、工作性质、生存环境、品位修养、爱好愿望来确立选题,选择表达方式,以便更好地沟通。

其次,演讲稿不仅要充分体现演讲者独到、深刻的观点和见解,而且还要对声调的高低、语速的快慢、体态语的运用进行设计并加以注释,以达到最佳的传播效果。

另外,还要考虑演讲的时间、空间、现场氛围等因素,以强化演讲的现场效果。

5. 口语性

口语性是演讲稿区别于其他书面表达文章和会议文书的重要方面。书面性文章无需多说,其他会议文书如大会工作报告、领导讲话稿等,并不太讲究口语性,虽然由某一领导在台上宣读,但听众手中一般也有一份印制好的讲稿,一边听讲一边阅读,不会有什么听不明白的地方。演讲稿就不同了,它有较多的即兴发挥,不可能事先印好讲稿发给听众。为此,演讲稿必须讲究"上口"和"入耳"。所谓上口,就是讲起来通达流利。所谓入耳,就是听起来非常顺畅,没有什么语言障碍,不会发生曲解。具体要做到:

(1) 把长句改成适听的短句;

(2) 把倒装句改为常规句;

(3) 把听不明白的文言词语、成语加以改换或删去;

(4) 把单音节词换成双音节词;

(5) 把生僻的词换成常用的词;

(6) 把容易误听的词换成不易误听的词。

这样,才能保证讲起来朗朗上口,听起来清楚明白。

6. 临场性

演讲活动是演讲者与听众面对面的一种交流和沟通。听众会对演讲内容及时作出反应:或表示赞同,或表示反对,或饶有兴趣,或无动于衷。演讲者对听众的各种反应不能置之不顾,因此,写演讲稿时,要充分考虑临场性,在保证内容完整的前提下,要注意留有伸缩的余地。要充分考虑演讲时可能出现的种种问题,以及应对各种情况的对策。总之,演讲稿要具有弹性,要体现出必要的控场技巧。

(三) 演讲稿的分类

1. 按用途、性质来分

(1) 开幕词。指比较隆重的大型会议开始时所用的讲话稿。

(2) 闭幕词。指较为大型的会议结束时,领导同志所作要求的讲话。

(3) 会议报告。是指召开大中型会议时,有关领导代表一定的机关进行发言时所使用的文稿。

(4) 动员讲话。是指在部署重要工作或活动的会议上,有关领导所使用的用于鼓励人们积极开展此项工作或参加此项活动的文稿。

(5) 总结性讲话。是指某一事项或某一活动结束后,有关领导对其进行回顾、概括时所使用的文稿。

(6) 指示性讲话。是指有关领导对特定的机关和人员布置的工作、任务、指出希望和要求,并规定某些指导原则时使用的文稿。

(7) 纪念性讲话。是指有关领导在追忆某一特殊的日子、事件或人物时,所使用的文稿。

2. 按照体裁分

(1) 叙述式:向听众陈述自己的思想、经历、事迹,转述自己看到、听到的他人的事迹或事件时使用的。叙述当中,也可夹用议论和抒情。

(2) 议论式:摆事实、讲道理,既有事实材料,又有逻辑推断,立场坚定,旗帜鲜明。

(3) 说明式:对听众说明事理,通过解说某个道理或某一问题来达到树立观点的目的。

3. 按照内容分

(1) 政治演讲稿。

政治演讲稿,是指政治家或代表某一权力机构的要员阐述政治主张和见解的演讲稿。各级领导的施政演说、新当选的领导人的就职演说、政治家的竞选演说等,都属于这一类型。著名的范例有《林肯在葛底斯堡的演讲》《丘吉尔在美国圣诞节的即兴演讲》,以及马丁·路德·金的《我有一个梦想》等。

（2）学术演讲稿。

学术演讲稿是传播、交流科学知识、学术见解及研究成果的演讲文稿。随着科学事业的发展、四化建设的需要,国内外学术交流活动的日益增多,学术演讲或学术报告的活动也越来越多。不仅专业科学技术工作者要参加各种各样的学术活动,进行学术演讲,一些机关、企事业单位的领导也要经常参加学术类的活动,也要成为科学技术方面的内行。因此,学术演讲稿具有广阔的应用范围。

（3）思想教育类演讲稿。

思想教育类的演讲稿是针对现实生活中人们的思想动态、思想倾向和思想问题,以真切的事实、有力的论证、充盈的感情来讴歌真善美,鞭挞假恶丑。引导听众树立正确的人生观、世界观、价值观,激励听众为崇高的理想、事业而奋斗。这类演讲稿适用于演讲比赛、主题演讲会、巡回报告等。

（4）课堂演讲稿。

这类演讲稿可分为两种:一是教师在传授知识时使用的;一是学生为培养自己演讲能力写的。

这两种演讲稿的写作有共同的要求:明确的目的性;严格的时限性;内容的充实性;语言的简明性。

（四）演讲稿的结构及写作技巧

不同类型、不同内容的演讲稿,其结构方式也各不相同,但结构的基本形态都是由开头、主体、结尾三部分构成,各部分都有其具体要求。

1. 开头要先声夺人,富有吸引力

演讲稿的开头,也叫开场白,它犹如戏剧开头的"镇场",在全篇中占据重要的地位。开头的方式主要有如下 4 种。

（1）开门见山,亮出主旨。

这种开头不绕弯子,直奔主题,开宗明义地提出自己的观点。如 1941 年李卜克内西在德国国会上反对军事拨款的声明开头就说:"我投票反对这项提案,理由如下:……"

（2）叙述事实,交代背景。

开头向听众报告一些新发生的事实,比较容易引起人们的注意,吸引听众倾听。如 1941 年 7 月 3 日斯大林《广播演说》的开头:"希特勒德国从 6 月 22 日向我们祖国发动的背信弃义的军事进攻,正在继续着。虽然红军进行了英勇的抵抗,虽然敌人的精锐师团和他们的精锐空军部队已被击溃,被埋葬在战场上,但是敌人又从前线调来了生力军,继续向前闯进。……我们的祖国面临着严重的危险。"

（3）提出问题,发人深思。

通过提问,引导听众思考一个问题,并由此造成一个悬念,引起听众欲知答案的期待。如曲啸的《人生理想追求》就是这样开头的:"一个人应该怎样对待自己青春的时光呢?我想在这里同大家谈谈我的情况。"

（4）引用警句,引出下文。

引用内涵深刻、发人深省的警句,引出下面的内容来。如一个大学生的演讲稿,标题叫《我的思考与奋起》,开头就很精彩:"一个人的思想如果一辈子都不曾混乱过,那么他从来就没有思考过。"

开头的方法还有一些,不再一一列举。总之,无论采用什么形式的开头,都要做到先声夺人,富于吸引力。

2. 主体部分要层层展开,步步推向高潮

演讲稿的主体,要层层展开,步步推向高潮。所谓高潮,即演讲中最精彩、最激动人心的段落。在主体部分的行文上,要在理论上一步步说服听众,在内容上一步步吸引听众,在感情上一步步感染听众。要精心安排结构层次,层层深入,环环相扣,水到渠成地推向高潮。

主体部分展开的方式有以下 3 种。

（1）并列式。

并列式就是围绕演讲稿的中心论点,从不同角度、不同侧面进行表现,其结构形态呈放射状四面展开,宛若车轮之轴与其辐条。而每一侧面都直接面向中心论点,证明中心论点。

（2）递进式。

即从表面、浅层入手,采取步步深入、层层推进的方法,最终揭示深刻的主题,犹如层层剥笋。用这种方法来安排演讲稿的结构层次,能使事物得到由表及里的深入阐述和证明。

（3）并列递进结合式。

这种结构,或是在并列中包含递进,或是在递进中包含并列。一些纵横捭阖、气势雄伟的演讲稿常采用这种方式。

（五）竞聘演讲的特点

（1）目标明确。这是竞聘演讲区别于其他演讲的主要特征。演讲者一上台就要旗帜鲜明地说出自己所要竞聘的职位。同时,所选用的一切材料和运用的一切手法都是为了一个目标,那就是竞聘成功。

（2）内容针对性强。竞聘演讲必须突出自己的优点,趋利避害,扬长避短,以便在众多竞争者中胜出。

（3）主题鲜明,重点突出。竞聘演讲要在规定的很短时间内让用人单位了解自己的需求与竞聘优势,因此更要做到主题鲜明,重点突出,注意详略。

（4）语言的准确性。准确,一般是指恰如其分地表情达意。竞聘演讲是竞争,但并非比赛谁能吹,听众会边听你演讲,边掂量你说的话是否合理、现实。此外,还要求材料真实、准确,掌握好分寸。

（六）竞聘演讲的五步程序

第一步,开门见山讲自己竞聘的职位和竞聘的缘由。

第二步,简要介绍自己的基本情况,包括年龄、政治面貌、学历、现任职务等。

第三步,摆出自己优于他人的竞聘条件,如政治素质、业务水平、工作能力等。要言而有据,才具有说服力。如讲到自己的工作能力时可以用曾经获得的成果和业绩来证明。

第四步,提出假设自己入职后的施政措施(这一步是重点,应该讲得具体翔实,切实可行)。

第五步,用简洁的话语表明自己的决心和请求。

【示例一】

竞聘上岗演讲

尊敬的各位领导、各位同事:

大家好!

首先,非常感谢各位领导和同事的信任和支持,给我这次难得的展示自我、认识自我的机遇和锻炼、学习、提高的机会。我市委办公室举行科级干部竞争上岗,是推行干部人事制度改革、加强干部队伍建设的重要举措。今天,我本着提高自己、锻炼自己的宗旨,站在这里,进行竞争上岗的演讲,希望能得到大家的支持。

我参加市信息办正科级秘书岗位的竞争,主要是基于以下三个方面的考虑。

一是具有较为扎实的专业知识。自己先后在市、县信息办工作,有着从事信息化工作的经验和搞好信息化建设的强烈愿望,比较熟悉基层信息化工作实践,也有一定的信息化理论知识。特别是调入市信息办以来,坚持不懈地加强对信息化理论知识的学习,努力促进自己从重技术学习向重理论学习转变、从重实践操作向重提出思路转变。同时,在参加全市第一期信息化骨干培训班的基础上,坚持不断地学习计算机和网络相关知识,并在工作实践中提高了自己的信息技术水平。

二是具有较强的工作能力。工作以来,自己经过多个岗位的实践锻炼,培养了自己办文、办会、办事及综合协调等多个方面的能力。先后从事过调研、文秘、督查及信息化等工作,都取得了一定的成绩,曾被评为全国固定观察点系统优秀调查员、全市党委系统督查工作先进个人,撰写的调研文章曾在省级刊物上刊登。特别是在市委办公室一年多的工作实践,自己不断加强与县(区)、部门信息化工作人员的协调沟通,相互之间建立了良好的工作关系,也显著地提高了自己的综合协调能力。

三是具有较高的综合素质。在日常生活和工作中,自己注意不断加强个人修养和党性修养,踏实干事,诚实待人,多年的办公室工作经历,培养了自己吃苦耐劳、坚韧不拔的性格,默默无闻、兢兢业业的敬业精神,与人为善、乐于助人的协作意识。这些正是团结同志、做好工作的基础。

如果这次竞争成功,我将在"深、实、严、新"四个字上下功夫,努力做到"学习求深、作风求实、自律求严、工作求新"。

1. 学习上求深。我将把学习当作提高工作能力的有效途径,向书本学、向领导学、向同事学,以学习促进步,以学习促提高。一方面,加强政治理论学习,改造自己的世界观、人生观和价值观,不断提高自己的党性修养。另一方面,认真学习文秘知识、信息化理论等业务知识,积极总结和探索信息化工作规律,全面把握信息化发展方向。

2. 作风上求实。堂堂正正做人,老老实实做事一直是我人生的座右铭。作为市委办公室的工作人员,我将继续发扬爱岗敬业、吃苦奉献、团结协作的精神,不断提高和改进自己的思想作风、生活作风和工作作风,在堂堂正正做人上有新境界,在踏踏实实做事上有新成效。

3. 自律上求严。继续坚持严于律己,诚实待人,工作上积极主动,成绩面前不争先,困难面前不退缩,坚持大处着眼,小处着手,在小事上见精神,在细节上下功夫,无论事情大小,都以极其认真负责的态度,保质保量地完成任务。

4. 工作上求新。信息化工作是一项全新的事业,当前已成为覆盖现代化建设全局的战略举措,但没有现成的模式可以借鉴,没有固定的发展思路可以遵循。因此,我将与同事们一起,把信息化发展趋势与我市实际结合起来,不断创新信息化工作思路,努力推动我市信息化工作再上新台阶。

尊敬的各位领导、各位同事,竞争上岗,无论失败,我将以此为契机,寻找差距,加强学习,弥补不足,一如既往地勤奋工作。

谢谢大家!

【示例二】

我们的青春在路上

各位老师,同学们:

大家好!

相信在座的同学们和无数的同龄人一样,在高考的华容道上,我们摩拳擦掌、披荆斩棘、过五关斩六将、无不豪情、无不壮志、无不快哉,在经历过车轮之战后,我们迈步踏进了为之奋斗的大学,压力的解脱尽如同漫天的繁星闪闪,虽然璀璨却令人目不暇接不知所措——迷茫、困惑、压抑、无聊、空虚这些毫无生机的字眼犹如幽魂一样缠绕于我们周身。这使我们不得不发问:我们的青春难道真的无处安放? 我们的青春到底为谁张扬? 我们难道真地允许青春悄然滑过指尖或用腐朽的残忍来埋葬我们的青春? 不! 不是这样的! 我们的青春飞扬! 我们的青春在路上!

　　一个真正意义上的大学生,必须拥有使命感。像马丁·路德·金怀抱解放美国黑人的梦想而奋斗,像周恩来同志年少就立志为中华之崛起而读书,像比尔·盖茨为了世界上每张桌上都有一台计算机而拼搏。

　　我,作为一名普通的大学生,我个人的未来同样是我更为关注的,是成功是辉煌是平庸是随便,我自然渴望成功,不甘平庸,但究竟要走到哪一步,虽然未知,但我知道无论怎么走都得从第一步走起。这是最根本的一步,从这步走起,还要一步一步地积累,一步一步地奋斗。"不积跬步,无以至千里,不积小流,无以成江海",不经历风雨,就见不到彩虹。

　　青春的美丽,不是街市流行的名牌时装;青春的旋律,不是吉他弹奏的缠绵忧伤;青春的潇洒,不是身体摇摆的忸怩作态;青春的浪漫,不是车轮郊游的旋转飞扬。青春是一种态度、是一种精神,青春是一种勇往直前的冲劲、是为了理想而拼搏的不懈激情——如果你是一只雄鹰,你就应该向往蓝天,期盼飞翔;如果你是一艘轮船,你就应该依恋大海,渴望远航;如果你正年轻,那么,就请拒绝沉默,亮出青春的风采!

　　也许有人会说:我平凡得很,无一技之长,不会唱、不会跳、不会吟诗作画,注定青春就如水般平淡。可我要说,世上只不过一个天才贝多芬,只不过一个神童莫扎特,能登上金字塔的不仅仅有雄鹰,还有那勤奋的蜗牛。虽然我们不能人人都像雄鹰一样一飞冲天,但我们至少可以像蜗牛那样凭着自己的耐力默默前行。

　　请相信,青春,永不言败。

　　请相信,青春失败了第100次,我们爬起来第101次。

　　请相信,我们的青春飞扬! 我们的青春在路上!

　　相信自己,我们一定能行。

　　谢谢大家,我的演讲完毕!

三、调查报告

(一) 调查报告的概念与特点

1. 调查报告的概念

调查报告是对某项工作、某个事件、某个问题,经过深入细致的调查后,将调查中收集到的材料加以系统整理,分析研究,以书面形式向组织和领导汇报调查情况的一种文书。

2. 调查报告的特点

(1) 写实性。调查报告是在占有大量现实和历史资料的基础上,用叙述性的语言实事求是地反映某一客观事物。充分了解实情和全面掌握真实可靠的素材是写好调查报告的基础。

(2) 针对性。调查报告一般有比较明确的意向,相关的调查取证都是针对和围绕某一综合性或是专题性问题展开的。所以,调查报告反映的问题集中而有深度。

(3) 逻辑性。调查报告离不开确凿的事实,但又不是材料的机械堆砌,而是对核实无误的数据和事实进行严密的逻辑论证,探明事物发展变化的原因,预测事物发展变化的趋势,提示本质性和规律性的东西,得出科学的结论。

（4）时效性。调查报告的写作基础是调查研究工作的开展,并基于对大量的历史与现实的研究资料的综合分析而得出结论,客观反映现实存在的问题,从而提出解决问题的办法以供决策参考。而调查研究的对象是动态变化的,因此调查报告具有一定的时效性。一份迟来的报告对于飞速发展的社会来说是没有多大意义的。

（二）调查报告的结构及写法

调查报告一般由标题和正文两部分组成,正文又分为前言、主体、结尾三个部分。

1. 标题

标题可以有两种写法。一种是规范化的标题格式,即"发文主题"加"文种",基本格式为"××关于××××的调查报告""关于××××的调查报告""××××调查"等。另一种是自由式标题,包括陈述式、提问式和正副题结合使用三种。陈述式如《东北师范大学硕士毕业生就业情况调查》;提问式如《为什么大学毕业生择业倾向沿海和京津地区》;正副标题结合式,正题陈述调查报告的主要结论或提出中心问题,副题标明调查的对象、范围、问题,这实际上类似于"发文主题"加"文种"的规范格式,如《高校发展重在学科建设——××××大学学科建设实践思考》等。作为公文,最好用规范化的标题格式或自由式中正副题结合式标题。

2. 前言

有几种写法:第一种是写明调查的起因或目的、时间和地点、对象或范围、经过与方法,以及人员组成等调查本身的情况,从中引出中心问题或基本结论来;第二种是写明调查对象的历史背景、大致发展经过、现实状况、主要成绩、突出问题等基本情况,进而提出中心问题或主要观点来;第三种是开门见山,直接概括出调查的结果,如肯定做法、指出问题、提示影响、说明中心内容等。前言起到画龙点睛的作用,要精练概括,直切主题。

3. 主体

这是调查报告最主要的部分,这部分详述调查研究的基本情况、做法、经验,以及分析调查研究所得材料中得出的各种具体认识、观点和基本结论。

4. 结尾

结尾的写法也比较多,可以提出解决问题的方法、对策或下一步改进工作的建议;或总结全文的主要观点,进一步深化主题;或提出问题,引发人们的进一步思考;或展望前景,发出鼓舞和号召。

（三）调查报告的写作要求

1. 深入实际,进行周密细致的调查,掌握第一手材料

毛泽东同志曾经说过,"没有调查,就没有发言权"。详细科学的实际调查,是非常必要的。深入实际,了解情况,占有材料,是写好调查报告的先决条件。

2. 分析研究,提炼出富有概括意义的观点

深入实际调查,获取大量的材料只是为撰写调查报告提供了素材,要写好调查报告,还必须用科学的方法分析研究,"将丰富的感觉材料加以去粗取精、去伪存真、由此及彼、由表及里"的整理加工。这样,就可能找出有规律性的东西,揭示出问题的内在联系和事物的本质特征,提炼出富有概括意义的观点。

研究是整理和分析材料的过程,不抓好这一环节,其结果只会是就事论事地堆砌材料,罗列事例,缺纲少目。

3. 合理安排结构

调查报告的结构形式,主要应根据具体内容和写作目的来定。

调查报告的标题一般都是两行,由正题、副题组成。正题是全文主要或基本经验的概括与说明;副题是关于调查对象和调查内容的补充说明,并且要标明"调查报告""调查"或"调查附记"等字样。有的报告只有正题,没有副题,这时,正题要直接标明"……的调查报告"。正文中的前言部分要说明调查的目的、对象、时间、地点和调查方法等;主体部分可把调查的主要情况、经验或问题分类归纳,分几部分写,每部分可加序码或加小标题,使文章眉目清楚;结尾部分要语言简洁有力。

4. 要做到观点和材料统一

调查报告必须做到材料说明观点,观点统帅材料。具体做法一般有两种:一是先摆观点,然后用材料加以说明和论述;二是先摆材料,从材料中引出结论。要注意做到概述和典型事例相结合,要精确运用数字等,防止笼统不具体。

5. 调查报告要写得短而精

语言应准确通俗,言简意赅,朴实无华。也可以适当吸取群众中富有表现力的话语,增强感染力。

【示例】

邢台市居民理财需求调查报告
前　言

随着社会经济的发展,邢台市民的理财需求越来越强烈。本文主要通过分析了解邢台市民的投资方式,提出理财投资决策的建议,以达到为邢台市民理财选择提供借鉴的目的。针对邢台市民目前理财投资状况提出邢台市民理财投资决策措施和相关建议,增强居民保护财产安全的意识,使之懂得根据可能的社会经济形势变化调整自己的理财投资选择,能在经济环境发生不利变化时不至于造成过重的影响,为个人及家庭幸福提供保障。

一、调查概况

调查地点:邢台市

调查对象:邢台市市民

调查时间:2016 年 6 月 18 日至 2016 年 6 月 22 日

调查方式:问卷调查

调查目的:当今社会不断发展,人们越来越注重理财,通过对邢台市居民个人理财需求的调查,了解邢台市民的投资方式,提出理财投资决策的建议。

二、调查分析

(一)邢台市经济发展水平及市民收入状况

自从改革开放开始,邢台市市民的人均收入不断增长。不断增加的资本让普通市民也有了更大的购买力。人们开始逐渐有了理财的意思,更愿意去选择理财产品,开始扩大自己的投资方式,逐渐将自己的资本投入到了土地、房屋等不动产上,或者是市场上的理财产品,依据自己或者专家提供的理财方案,对自己的资本进行合理的分配。

(二)邢台市民的理财倾向

本次问卷调查主要是邢台市民近些年的个人理财投资情况,这次调查抽出了 30 个调查样本。受访者中男性 15 人,占总数的 50%,女性受访者 15 人,占总数的 50%。其中的 25 人都已经结婚,只有 5 人处于未婚状态。

从调查结果中我们可以发现,被调查对象对于投资理财产品还处在中级阶段,大部分居民都比较倾向定期储蓄、债券、贵金属、房产这类收益较稳定、风险承受力低的理财产品。主要是个人收入影响着投资规划。大部分的居民收入都在稳定状态下。其中股票、基金在居民投资理财选择中几乎没有,主要原因是大部分居民对于这些投资理财产品的认知度还不够高,而且股票、基金的投资风险比较大。

（三）对邢台市民的理财选择的分析

邢台市居民对投资理财的认知度在调查中有部分人对理财产品还是有一定的了解。主要是对投资风险大的理财产品没有什么购买意愿。居民对理财产品种类的选择倾向于在他们承担风险能力可以接受的范围。

理财产品的风险承受能力表

理财产品	非常强	很强	一般	很弱	非常弱
储蓄	√				
房产	√				
保险	√				
股票				√	
基金			√		
债券			√		
银行理财品		√			
贵金属		√			
艺术品					√

根据这些内容我们可以知道,尽管邢台市的人们在投资理财方面的热情在不断增加,但是相对保守的理财思想仍然存在。

1. 人们在投资理财过程中的第一选择是储蓄存款,这样能够满足居民的低风险、高收入的需要,尽管选择该方式的收益很低,甚至在通货膨胀的过程中可能还是负收益,但人们更愿意选择。原因可以归纳为:储蓄存款不需要懂得很多理财方面的知识,是一个非常简单的投资理财项目,也不要人们去花很多心思去研究,即使负收益的存在,也不会跟股市那样血本无归。

2. 在证券方面的投资一直达不到人们理想的投资收益,所以居民在选择的过程中,会无形地减持股票、债券等。股市是一个不确定的市场。通过对居民调查发现,股票投资对他们来说风险太大,对中国的股市,一般居民很难发现规律,很多人投资股票更大程度的是跟风。基金以及债券在风险上、获得利益上面比银行储蓄更大,比股票更小,对邢台市民来说,这是除了银行储蓄的第二大选择,但是所占比重还是很小。主要原因是债券品种太少,单一,同时人们对其也不是很了解,对其认知程度还处于初级阶段。

3. 贵金属理财越来越普遍,成为邢台市民重要的理财手段之一。而房地产行业近来在全国大部分地区虽有走低之势,但目前在邢台市民投资理财选择中仍处在领先地位。

4. 在一般的投资里,也出现了艺术品交易。艺术品所具有的风险小、升值速度快的特性越来越被人们关注,但是要想投资这个行业必须有足够的资本,这样还是有很多人是没办法选择的投资方式。

5. 近些年里,很多金融机构都纷纷推出了各种各样的理财产品,但是根据调查显示,居民对其的热度还不够高。很多市民为了降低自己的风险,在选择理财产品的过程中还是比较注重安全性。

三、针对邢台市民理财投资情况的建议

(一)制定全面恰当的理财目标

向居民传授更多的有关于个人理财方面的知识,使得他们懂得更多的有关于理财方面的技巧等是十分有必要的。这样居民才能够更合理地使用更多的投资方式,同时也要增强居民的风险防范意识。减少风险,伺机而动,为自己带来更多的资本。具体的方法为以下两种。

1. 可以通过网络、宣传手册等东西进行理财方面的基本内容的学习,让更多的居民懂得理财经验,慢慢的自身的理财能力也将得到提升,这样才能够在现有的资本条件下实现利益的最大化。

2. 网络上或者电视里面要加强理财知识的宣传,同时各个金融机构要不断提供一些茶农推介会供市民参加,或者请这方面的专家进行必要的讲座等,通过更多的方式将理财知识传授给居民。

(二)选择多元化的理财工具

依据每个人的资本情况,请理财师来为其制定出一个最优投资组合。在这个组合里,获得回报和所要承担的风险基本上是一个正比例关系。然而,不尽相同的投资组合中,不同资产之间的组合的关联的也是有区别的,居民应该考虑清楚自己究竟想获得多少利益或者能够承担多大的风险来量体裁衣,一个合理的选择才是最好的额金融投资组合。比方说,一个收入比较低的家庭,可支配的资本很少,剩下来用于理财的资本也就很少了,并且这部分资产如果需要急用还必须立即拿出来,对这部分资本不能够承担太大的风险,否则将会对自己的生活产生影响。因此,这些居民将不会考虑太大的回报,只要能够保本,能够有一个小的盈利即可。适合这些人的投资组合首先选择回报高同时风险大的理财组合,比如股票等。

(三)安全谨慎原则下创新观念

在最近的时间里,我国在社会保障体制改革上下了很大的功夫,在党的十八大里面提出了当前我国社会保障制度体系的主要任务为:要坚持覆盖的全面性、保基层、多方面、可持续方针,重点保证公平性、可持续性等,要保证社会保障体系覆盖到所有地方,不管是城市还是农村。预计到 2020 年的时候,保证每个人都能够得到社会保障,任何一个人都可以得到基本的医疗服务,保证每个人都有房子住。在这样的大条件下,对邢台市的市民来说,将来的生活将会得到保证,这样就能够更大心思地投入到个人理财上面。创新自己的理财观,丰富自己的生活,获得更大的利益回报。

附件

问卷编号:＿＿＿＿＿

邢台市居民个人理财需求调查问卷

尊敬的女士/先生:

您好!我们是邢台学院会计学院的学生,为了了解邢台市民近些年的个人理财投资情况,特展开此次问卷调查。本调查问卷内容不涉及个人隐私,请您如实填写。谢谢您的合作!

Q1. 您的性别?

☐ 男　　　　　　　☐ 女

Q2. 您的婚姻状况?

☐ 已婚　　　　　　☐ 未婚

Q3. 您的平均月收入(单位:元)?

☐ 2 000 以下　　　☐ 2 001～3 000　　☐ 3 001～5 000
☐ 5 001～8 000　　☐ 8 000～10 000　☐ 10 000 以上

Q4. 在您的个人理财规划中,更倾向于购买以下哪种产品?(可多选,最多四项)

☐ 储蓄　　　　　　☐ 房产　　　　　　☐ 保险
☐ 股票　　　　　　☐ 基金　　　　　　☐ 债券
☐ 银行理财品　　　☐ 贵金属　　　　　☐ 艺术品

Q5. 您对下列理财产品的风险承受能力是?

理财产品	非常强	很 强	一 般	很 弱	非常弱
储 蓄					
房 产					
保 险					
股 票					
基 金					
债 券					
银行理财品					
贵金属					
艺术品					

Q6. 您理财的主要目的是?

☐ 合理安排资金　　☐ 资产实现增值　　☐ 提升生活质量
☐ 教育基金　　　　☐ 安排退休后的生活

Q7. 请问影响您购买理财产品的因素有哪些?(可多选,最多三项)

☐ 收入　　　　☐ 金融市场环境　　☐ 年龄　　　　☐ 职业
☐ 文化程度　　☐ 理财观念　　　　☐ 社会保障体系　☐ 其他

四、述职报告

(一) 述职报告的概念与特点

1. 述职报告的概念

述职报告是各级机关、社会团体和企事业单位的领导及工作人员,向所在单位的组织人事部门、主管领导机关或本单位职工群众,陈述自己在一定时期内履行岗位职责情况而写成的书面报告。

2. 述职报告的特点

(1) 自述性。报告人自己述说自己在一定时期内履行职责的情况。必须使用第一人称,采用自述的方式,向有关方面报告自己的工作实绩。这里的所谓实绩,是指报告人在一定时期内,按照岗位规范的要求,做了些什么事情,完成了什么指标,取得了什么效益,有些什么成就和贡献,工作责任心如何,工作效率怎样,实实在在地反映出来,所写内容必须真实。

（2）自评性。报告人依据岗位规范和职责目标,对自己任期内的德、能、勤、绩等方面的情况,作自我评估、自我鉴定、自我定性。述职人必须持严肃、认真、慎重的态度,既要对自己负责,也要对组织负责,对群众负责。对工作的走向,前因后果要叙述清楚,评得恰当;所叙述的事情,要概述,让人一目了然,并从中引出自评。切忌浮泛的空谈,切勿引经据典的论证,定性分析必须在定量证明的基础上进行。

（3）报告性。报告人以被考核、要接受评议监督的人民公仆的身份,履行职责做报告。要认识到自己是在向上级汇报工作,是严肃的、庄重的、正式的汇报,是让组织了解自己,评审自己工作的过程,语言必须得体、礼貌、谦逊、诚恳、朴实,掌握尺寸,不可傲慢,盛气凌人,不可夸夸其谈,浮华夸饰。报告内容必须实在、准确,而且要用叙述的方式,将来龙去脉交代清楚。

（4）时限性。述职报告有严格的时间界限:一是述职内容必须是本人的职务、岗位、任职期内的,不是这一期间做的工作不需写入;二是报告时间的限制性,述职者必须在考核期间,按考核时间的要求写出书面报告,向本部门群众宣读并上交上级有关部门。

（二）述职报告的结构及写法

述职报告一般由标题、主送机关或称谓、正文和落款四部分组成。

1. 标题

述职报告的标题有单标题和双标题两种写法。

（1）单标题。有两种形式:一是由文种做标题或在文种前加人称,如《述职报告》或者《我的述职报告》;二是由时间、所任职务、文种组成,如《2016 年至 2017 年任教育厅厅长职务的述职报告》。

（2）双标题。双标题指正副标题。正标题提示内容主题,副标题由"人称＋文种"组成或"时间＋文种"组成。如《恪尽职守搞活经济——我的述职报告(或 2017 年述职报告)》。

2. 主送机关或称谓

述职报告以书面形式向组织呈送,要写主送机关名称,如果是向有关领导、群众进行口头陈述,则可写称谓。

3. 正文

述职报告正文由前言、主体、结尾三部分组成。

（1）前言。述职报告的前言部分一般包括三个方面的内容:一是岗位职责,包括自己从何时起担任何职,主要负责什么工作,并对内容和范围作必要交代;二是指导思想,说明自己在什么样的思想原则、方针政策指导下进行工作的;三是概括评价,是对自己工作的基本评价。前言部分应写得简明扼要。

（2）主体。主体是述职报告的核心部分。对于不同的行业、不同级别的领导来说,其述职报告的内容各不相同,写法也各异,但一般来说包括四个方面的内容:一是任职期间所做的主要工作,取得的主要成绩;二是存在的问题、缺点;三是个人的认识和体会,经验和教训;四是今后工作的设想、意见和建议等。主体部分的内容应该是在前言部分的基础上具体展开,各层次间的结构方式可以按时间顺序排列,也可按工作内容排列,还可以按照对问题的认识,由此及彼、由表及里、层层推进的逻辑顺序排列。述职报告不论采用哪种方式,主体部分的内容都要求观点鲜明、事实确凿、分析合理、归纳精辟。

（3）结尾。结尾一般用几句表态性的话语结束全文,也有的写今后打算或表述自己恪尽职守、胜任职位的决心等,还可用"特此报告""专此述职"或"以上报告,请领导和同志们批评指正"等之类的句子结束全文。

4. 落款

落款主要包括署名和成文时间两项内容。署名要写明述职人的单位、职务和姓名,此项可放在标题下,也可与成文时间一起署在正文末右下角。

(三) 述职报告的写作要求

1. 突出重点

写述职报告不要事无巨细地把一切情况都加以反映,而要有意识地抓住核心问题,突出重要成绩,总结主要教训。凡重点部分要精心组织材料,写得详细、具体、充分、全面;次要部分可略写,有时还一笔带过。

2. 突出个性

干部的岗位层次不同,述职内容自然各异。即使同一职务的干部或领导也会因分工的不同有不同的工作重点,至于工作方法,就更是各具特色。鉴于这种情况,述职者要突出自己工作的特点,显示自己的工作个性,避免千人一面,没有特点和个性的写法。

3. 客观评价

写述职报告不管是叙述成绩还是问题,都要客观、公正、实事求是地加以评价。写成绩,不虚夸,恰如其分,符合客观实际;讲问题,直截了当,不掩饰,抓住要害;讲经验,要有理有据,严谨求实,一分为二。述职报告最忌一味为自己唱赞歌,大谈特谈自己的成绩,对工作中存在的问题和矛盾有意遮掩。

【示例】

××学校办公室主任××年度述职报告

各位领导:

××年,根据工作需要,领导将我安排到办公室工作,这对我来说是一个不小的挑战。但是在校领导的关心指导下,同事们的帮助下,以服务全局、团结协作为主导思想,紧紧围绕学校的中心工作,积极履行办公室主任岗位职责,我努力地完成每一项任务。

一、自觉加强学习,努力提高思想素质与业务水平

我始终坚持坚定的政治立场,思想上、行动上与学校保持高度一致,严于律己,宽以待人,勤勉工作,与时俱进。认真学习,积极撰写学习心得体会,以此增强政治敏锐性和鉴别力,并增强了用理论指导工作的意识和能力。平时重视业务学习,并虚心向同事请教,不断提高自身的业务水平。

二、摆正自身位置,不折不扣做好各项服务工作

作为办公室主任,最重要的是要摆正自己的位置,清楚自己的职责。因此,我时刻提醒自己必须有高度的事业心,甘于吃苦,有功不居,努力做好协调、联络、督导和服务工作。

尽管办公室平时事务比较繁琐,担负着全校的文字处理、接待、会务、精神文明建设等多项工作,但我总是以认真负责的态度对待每一项工作,高质量地完成学校领导交给我的各项任务。

三、作为办公室人员,完成基本任务的情况

1. 辅助决策

这是办公室最重要的任务。为了决策的正确性、可行性,我坚持搞好调查研究,及时发现新问题、掌握新情况、总结新经验,为领导提供有价值的信息,帮助领导制定规划,参与管理,协助领导抓好中心工作。在辅助决策的过程中,我一直坚持办文准、办事稳、情况实、注意慎的原则。

2. 接待工作

这是办公室必不可少的日常事务工作。接待工作的好坏将直接反映本单位的工作作风和外在形象。搞好接待工作可以使单位改善外部环境，扩大对外影响，树立良好的形象。为此我努力做到待客诚恳、热情、细致，保证了每次接待工作的顺利完成，努力为学校创造一个良好的对外形象。

3. 会议管理

办公室是会议工作的主要组织者。不论是全校师生参加的大型会议，还是部分教师、职工参加的中型会议，以及领导班子成员参加的小型会议，我都是会前认真准备（下通知、拟写会议程序和主要领导讲话稿、布置会场等）；会中准确地记录，热情周到地服务；会后及时清理会场，督促落实会议精神，搞好调查研究。

但在实际工作中暴露出不少缺点和不足。例如：遇事易急躁，政策法规学习掌握不够，协调各科室工作不力，团结协作精神有待提高等，还要在今后的工作中改进，也真诚地希望得到大家的指导和帮助。

在接下来的工作中，我将继续努力、尽职尽责、不断开拓、求实创新，努力做好学校的各项工作。

述职人：张××

二〇一七年十二月三十日

写作训练

1. 李冰老师获评 2017 年度"优秀教师"荣誉称号，请代表学校为他写一份颁奖词。

2. 假如你想竞聘学生会主席这一职位，请撰写一篇演讲稿。

3. 选择自己感兴趣的调查对象，在调查研究的基础上，自拟题目，写一篇调查报告，做到观点明确，文字简洁，篇幅适当。

第三单元　常见公文写作

　　公文,全称公务文书,是机关团体、企事业单位等依法成立的社会组织用来办理公务、有一定格式的应用文。公文办理公务,就是以文字的形式实施管理。公务,应该包括内务和外务,即内部管理和处理与其他社会组织的关系。公务还分为政务和事务,政务是社会组织领导所主管的人员安排和组织发展的大事;事务是社会组织全体成员从事的业务性、日常性的工作。本单元主要介绍通知、会议纪要、请示、批复四种常用公文写作的相关知识。

一、通知

(一)通知概念和特点

1. 通知的概念

通知是机关、团体、企事业单位等常用的一种传达性、指示性、部署性的应用文体。

2. 通知的特点

通知具有广泛性、周知性、单一性、时效性等特点。

(二)通知的分类

1. 转发性通知

转发需要下级部门知晓的上级单位的文件和指示用转发性通知。如某幼儿园接到市教育局关于教师职称评定工作的文件,要求迅速传达给每一位教师,园领导便马上拟定了一份通知,把文件的具体内容转发给全体教师,使全体教师及时了解职称评定工作的具体要求,以便按文件要求申报职称。

2. 指示性通知

领导向下级部门布置工作、作出指示或安排,用指示性通知。如某幼儿园的领导了解到一位教师的教学方法非常好,觉得可以组织全校教师进行观摩学习,便向全校教师发布一项向这位教师学习的通知,并提出了一些具体要求。

3. 事务性通知

这是向员工或外来办事的有关人员发出的告知某项需要大家了解的具体事务的通知。幼儿园有许多工作需要幼儿家长的支持和配合,因此向家长发出的事务性通知较多。如某幼儿园要搞一次亲子活动,在活动举行前两天就向幼儿家长发出了通知,要求幼儿家长中至少一人到场参与活动,并要求带上不同颜色的气球五个。

4. 会议通知

会议通知是常见的通知类型,以召开某次会议的有关事项为通知内容。这类通知应该写得具体明确,让与会人员了解会议的目的、议题等情况,以便做好准备。

（三）通知的格式与写法

通知由标题、对被通知者的称呼、正文、发出通知者署名和日期四部分组成。标题要用较大字体写在上面中间；称呼应在标题下面左侧顶格写，并加上冒号；正文另起一行空两格书写；署名写在正文右下角，日期写在署名下面。

1. 标题（标题有四种写法）

（1）基本式。发文机关＋关于＋事由＋文种。例如，《××学校关于整顿工作纪律的通知》。

（2）省略式。关于＋事由＋文种。例如，《关于开展向雷锋同志学习的通知》。

包括招聘人员的工作性质、业务类型，以及招募人员的年龄、性别、文化程度、工作经历、技术特长、科技成果、户粮关系等。

（3）文种式。只写文种，例如，《通知》。

（4）省略附加式。根据通知的紧急性、重要性或内容在文种前附加修饰成分。例如，《紧急通知》《重要通知》《会议通知》。

2. 正文

这是通知的主体部分，长短详略要根据通知内容的具体情况而定。由于通知类型不同，正文也有多种写法，下面分别对事务性通知和会议通知作简要介绍。

（1）事务性通知。事务性通知的正文没什么具体要求，只要写清楚要通知的事情，如何处理就行了。写完通知的事项后，可用"望周知""望按时办理"这类用语结尾。

（2）会议通知。会议通知的正文要求写得具体明确，要详细交代会议名称、会议内容、主持单位、起止时间、会议地点、参加人员及对参加人员的要求等。

3. 通知的语言

通知的语言应使用规范的书面语。用语要通俗易懂，准确明了，简明扼要，庄重朴实，无闲词冗语，不矫揉造作，杜绝空话、大话、假话。

【示例一】

××市环保局关于转发《××县环保局关于开展环保
自检互检工作的总结报告》的通知

各县（区）环保局、各直属单位：

　　××县环保局是我省环保工作的先进单位，积累了丰富的工作经验。近年来，他们通过开展环保自检和互检，有效地推动了环保工作的深入开展，并取得了良好效果。他们的经验基本也适于我市。现将《××县环保局关于开展环保自检互检工作的总结报告》转发给你们，望参照执行，以推动我市环保工作的深入开展。

××市环保局

××××年×月×日

【示例二】

国务院办公厅关于特别重大事故报告工作有关问题的通知

国办发〔1990〕33号

各省、自治区、直辖市人民政府,国务院各部委、各直属机构:

长期以来,各地区、各部门按照国务院有关规定,及时报告和认真查处了一些特别重大事故。为进一步做好这方面的工作,以利于事故的调查处理和搞好安全生产,经国务院批准,现就全国安全生产中特别重大事故报告工作的有关问题通知如下:

一、在安全生产工作中发生特别重大事故后,有关省、自治区、直辖市人民政府和国务院归口管理部门,应根据一九八九年国务院发布的《特别重大事故调查程序暂行规定》(国务院令第三十四号)的有关规定,及时向国务院报告,同时要抄报全国安全生产委员会。

二、对特别重大事故发展过程中的重要情况和有待进一步调查的事项,要及时续报。事故调查结案后,负责组织查处的地方和部门要向全国安全生产委员会报送一套完整的调查处理事故材料。

三、全国安全生产委员会可直接向各省、自治区、直辖市及国务院有关部门随时了解特别重大事故调查处理过程中的情况,有关地方和部门要积极予以配合。

一九九〇年六月五日

二、会议纪要

(一) 会议纪要的概念与特点

1. 会议纪要的概念

会议纪要是用于记载、传达会议情况和议定事项的纪实性公文,原作为内部文件使用,1987年以后,作为正式行政公文,对企事业单位、机关团体都适用。

2. 会议纪要的特点

会议纪要具有纪实性、条理性、概括性、指导性等特点。

(二) 会议纪要的分类

1. 依据会议性质分类

根据会议性质的不同,会议纪要可以分为两类。

(1) 办公会议纪要。用以传达由机关、单位召开的办公会议所研究的工作、议定的事项和布置的任务,要求与会单位和有关方面、有关人员共同遵守、执行。

(2) 专项会议纪要。指专门工作会议、专题讨论会、座谈会、学术研究会等会议形成的纪要。这类纪要,有的起通报会议情况的作用,使有关人员尽快知道会议的基本情况和主要精神;有的具有指导作用,它所传达的会议精神,可对有关方面的工作予以指导。

2. 依据写法分类

根据写法不同,会议纪要可分为三类。

(1) 条项式会议纪要。即把会议主要内容包括讨论的问题和议定事项,按主次用条款式逐条说明,适合于部署工作会议或办公协调会议,便于落实责任,督促检查。

(2) 概述式会议纪要。有些会议研究问题比较集中,可按会议内容或议定事项,概括成若干部分进行依次阐发。

（3）摘要式会议纪要。有些学术会、研讨会,内容单一,可把与会者具有典型性、代表性的发言要点,按发言顺序或按内容性质摘录提要整理。

3. 按会议纪要用途和目的分类

按照会议纪要用途和目的,会议纪要可以分为三类。

（1）决议性会议纪要。决议性会议纪要主要记载和反映领导层做出的重要决策事项,作为传达和部署工作的重要依据。常用于办公会。

（2）协议性会议纪要。协议性会议纪要主要记载双边或多边会议有关内容及其达成协议情况,作为会后执行公务和履行职责的依据。常用于协调会和联席会。

（3）研讨性会议纪要。研讨性会议纪要主要记载和反映经验交流会议、专业会议、学术会议研讨情况,不需做出决议,不必统一意见,旨在阐明主要观点、意见或情况即可。常用于职能部门或学术研究机构专业会议或学术研讨会。

（三）会议纪要的格式与写法

会议纪要往往不单独向外发出而是作为附件发出,其格式相对简单、灵活。一般由标题、成文日期和正文组成。在格式上与其他公文不同的是,会议纪要不用主送单位和落款,成文日期多写在标题下方,不盖公章。

1. 标题

会议纪要的标题通常有以下几种:一是发文机关＋会议名称＋文种,如《××学校办公室会议纪要》。二是会议名称＋文种,如《全国职业教育现场经验交流会纪要》。三是正标题＋副标题,正标题反映会议的主要精神和内容,副标题写会议名称和文种,如《探讨讲故事技巧——毕节学前教师教育集团第三次集体教研会纪要》。

2. 成文日期

可置于标题之下或正文之后,更多的是用圆括号置于标题之下。

3. 正文

会议纪要的正文由导语、主体和结尾三部分组成。

（1）导语。

导语即会议纪要开头部分,一般是概括会议的基本情况,包括会议的名称、目的、内容、时间、地点、规模、参加人员、主要议题和会议成果等。导言不能写得过长,要简明扼要,让人们读后对会议有个总体的了解。

（2）主体。

主体是会议纪要的核心部分。根据会议的中心议题,按主次、有重点地写出会议的情况和成果,包括对工作的评价、对问题的分析、会议议定的事项、提出的要求等等。主体的写法一般有四种。

一是条项式。即把主体内容包括讨论的问题和议定的事项,按主次一条条列出来,使其条理化,一目了然。

二是概述式。即把会议的内容或议定事项,进行综合概括,分成若干个部分。这是一种比较普遍的写法,有利于突出主要内容,分清主次。在写的过程中,一般把主要的、重要的内容放在前面,尽量写得详细、具体一些;次要的和一般性的内容放在后面,可简略一些。用于批转的会议纪要,多采用这种写法。

三是摘要式。即把与会者具有典型性、代表性的发言要点摘录出来,按发言顺序或按内容性质先后写出。这种写法的好处是可尽量保留发言人谈话的风格,避免一般化和千篇一律,比较客观、具体。

四是分类式。即有些工作会议涉及内容较广,讨论问题较多,就要按讨论的问题、议定的事项分类整理,分别列出序号、标题来叙述。每个标题下面,视内容多少,分段或分条来写。

（3）结尾。

结尾一般写对与会者的希望和要求,有的会议纪要也可不写专门的结尾。

【示例】

××市政府××××年第三次常务会议纪要

　　时间:××××年×月×日上午九点半至十一点半

　　地点:××市政府常务会议室

　　主持:市长××

　　出席:副市长××、××、××、××　办公室主任××

　　请假:××(出差)、××(病假)

　　列席:××、××

　　记录:××

　　为推进××××年度相关工作,××市人民政府特召开本年度第三次常务会议。现将会议讨论及决定的主要事项纪要如下:

　　一、会议听取了副市长××关于召开全县经济工作会议准备的情况汇报,讨论了扩大市属企业自主权的八条规定。会议同意市经济工作会准备情况汇报,并决定于×月×日召开全市经济工作会议。今年各项经济工作指标,要以省经委下达的为准,不再调整市原各公司的主要经济指标。在市经济工作会议上,由市经委与市原各公司签订经济责任书。

　　二、会议原则同意市民政局关于民政事业费管理使用办法的修订意见。

　　三、会议同意将市政府办公室提出的转交机关工作作风的规定意见(讨论方案)印发各部门,广泛征求意见,作进一步修改后,以市政府文件印发。

××市人民政府办公室

××××年×月×日

三、请示

(一) 请示的概念与特点

1. 请示的概念

请示是下级机关向上级机关请求对某项工作、问题作出指示,对某项政策界限给予明确,对某事予以审核批准时使用的一种请求性公文,是典型的上行文种,是应用写作实践中一种常用文体。

2. 请示的特点

请示具有呈请性、求复性、超前性、单一性等特点。

(二) 请示的分类

按照请示的应用范围,请示分为三类。

1. 请求指示类

涉及政策上、认识上"应当怎样做"的问题,如政策规定难以把握、工作中遇到复杂情况不知何以处理等,需要请求上级给以指示,如《××学校关于嘉奖张××的请示》。

2. 请求批准类

涉及人事、财物、机构等方面"能否这样做"的具体问题,请求上级机关进行审核批准,如《基础教育部关于建立高校思想政治工作研究中心的请示》。

3. 请求批转类

涉及本机关重大事件解决方案、工作部署意见或拟订重要规章等"让同级机关或部门这样做"问题,请求上级机关批转在相关机关或部门范围内执行,如《关于实施〈××学校教职工绩效考核暂行办法〉的请示》。

(三) 请示的格式与写法

请示包括标题、主送机关、正文和落款与日期四个部分。

1. 标题

请示标题包括发文机关、事由和文种,如《××职业技术学院关于增设空乘服务专业的请示》,发文机关有时可以省略,如《关于百里杜鹃风景区列为国家重点风景名胜区的请示》。拟写请示标题要注意文种的规范性,不能将"请示"写成"报告"或"请示报告"或"申请报告"。标题中不要出现"申请""请求"之类词语。

2. 主送机关

请示主送机关只有一个,即直接上级机关。受双重领导的机关向上级请示,应根据公文内容,主送一个负责答复的上级机关,抄送另一个需要了解情况的上级机关。

3. 正文

请示的正文包括请示缘由、请示事项、结语三部分组成。

(1) 请示缘由。

请示缘由用以说明请示的原因,要写在正文的开头,突出请示的必要性和紧迫性。请示缘由是写作请示的重点,理由要充分。如果缘由比较复杂,不能为简要而简单化,必须讲清楚情况,举出必要的事实、数据,实事求是,具体明白。

(2) 请示事项。

指请求上级机关批准或指示的具体事项。请示事项,要符合国家法律、法规,符合实际,具有可行性和可操作性。事项必须写具体、写明白,并做出具体分析。

(3) 结语。

结语即提出批复请求,事情是不可或缺的一部分。这部分行文要求谦和有礼、大方得体。常用的表达方式有"以上请示,请批复""以上请示如无不妥,请批准"或"当否,请审批"等等。

4. 落款与日期

落款和日期主要包括发文机关名称、成文日期及发文机关印章。按照《国家行政机关公文处理办法》规定,请示还应在附注中注明联系人姓名及联系电话。

【示例】

关于 1992 年在全国范围内开展国有资产产权登记工作的请示

国务院:

　　根据《国务院关于加强国有资产管理工作的通知》中有关对国有资产进行产权登记(以下简称产权登记)的精神,我们于 1990 年 12 月发布了《国有资产产权登记管理办法(试行)》要求各地、各

部门结合实际情况组织试点。目前已有18个省、自治区、直辖市和部分国家行政机关开展产权登记工作。从试点情况看,开展产权登记,对加强国有资产产权管理,防止国有资产流失,推动企业所有权和经营权适当分离的改革,都起到积极作用。鉴于以上情况,我们建议,1992年在全国范围内开展产权登记工作。为此,提出以下意见:

一、提高认识,加强领导。进行产权登记,是保卫国有资产的重要措施,是实施国有资产所有权管理的一项基础工作。国有资产管理部门代表国家依法对全民所有的资产进行登记,是依法确认企业和单位占有、使用国有资产的法律行为。开展产权登记工作,对加强企业和单位的产权管理,深化经济体制改革将起到积极的重要作用。

二、产权登记的目的。这次产权登记,重点是解决企业、单位普遍存在的产权归属不清、定性不准、账实不符、国有资产流失等问题。同时,为全国开展清产核资工作进行前期准备。

三、产权登记的范围。凡占有国有资产的和实行企业化管理的事业单位,都必须办理产权登记。产权登记分为开办产权登记、变动产权登记、注销产权登记。今后,产权登记将纳入经常性的产权管理工作,由各级国有资产管理部门按企业、单位的财务隶属关系组织实施。

四、目前,国有资产局正会同有关部门制定《国有资产产权登记管理试行办法》。进行产权登记时,要严格按照国家统一规划执行,执行中的有关问题,由国有资产局负责制定具体办法。

以上请示如无不妥,请批转各地区、各部门执行。

国家国有资产管理局

财　政　部

国家工商行政管理局

九九二年一月二十七日

四、批复

(一) 批复的概念与特点

1. 批复的概念

批复是上级机关答复下级机关某一请示时使用的公文,是与请示配合使用的下行文。先有下级的请示,后才有上级的批复。有请必复,一事一批。

2. 批复的特点

批复具有权威性、被动性、针对性、指示性、简明性等特点。

(二) 批复的分类

1. 以批复的内容为根据,可以将批复分为肯定性批复和否定性批复

(1) 肯定性批复。表明同意下级机关就某项工作提出的请求,认可下级的某种设想或做法。

(2) 否定性批复。不同意下级机关的要求,给下级机关否定的答复。

2. 以批复的表达方式为根据,可以将批复分为表态式批复、阐发式批复、解答式批复

(1) 表态式批复。对下级机关请示事项做出明确表态的批复。

(2) 阐发式批复。对下级机关请示事项做出明确表态后,并对批复所涉及的事项或问题给予具体指示或明确规定。

(3) 解答式批复。上级机关收到下级机关对法律、政策、规定等询问的请示,需要给予解答性答复。这种批复对下级机关具有指示性,是下级机关办事的依据,批复务必及时。

3. 按照请求的类型,可以将批复分为对请求指示事项的批复、对请求批准事项的批复

(1) 请求指示事项的批复。对下级机关涉及政策规定难以把握,工作中遇到复杂情况不知何以处理等请求给以明确的指示答复。

(2) 请求批准事项的批复。对下级机关涉及人事、财物、机构等方面的具体问题,进行审核批准。

(三) 批复的格式与写法

批复一般由标题、主送机关、正文和落款构成。

1. 标题

标题的写法最常见的是完全式的标题,即由发文机关、事由和文种构成。在事由中一般将下级机关及请示的事由和问题写进去;还有一种完全式的标题是发文机关＋表态词＋请示事项＋文种,这种标题较为简明、全面和常用。也有的批复只写事和文种。

2. 主送机关

主送机关一般只有一个,是报送请示的下级机关。其位置同一般行政公文写于标题之下,正文之前,左起顶格。批复不能越级行文,当所请示的机关不能答复下级机关的问题而需要向更上一级机关转报"请示"时,更上一级机关所作批复的主机关不应是原请示机关,而是"转报机关"。如果批复的内容同时涉及其他的机关和单位,则要采用抄送的形式送达。

3. 正文

正文一般由引述语、批复内容、提出要求和结语组成。

(1) 引述语。引述下级来文的标题、发文字号,加上"收悉"。如:"你校《关于×××的请示》[××(2017)5 号]收悉。"惯用"经研究,现批复如下"。

(2) 批复内容。针对请示事项给予明确答复或指示,表明同意或不同意的态度。如,事项较多,则分条列项写出。批复分三种意见:完全同意、基本同意、完全不同意。

(3) 提出要求。提出具体处理意见、希望或要求。

(4) 结语。惯用语包括"此复""特此批复""此复,希执行"等结语。有的省去惯用语。

4. 落款(批复机关名称、成文日期、印章落款)

这部分写在批复正文右下方,署成文日期并加盖公章,成文日期用阿拉伯数字(例如:2012《条例》新规)。

【示例一】

××化妆品总公司关于不同意提高产品价格的批复

××化妆品第一分公司:

你公司 2017 年×月×日关于提高产品价格的请示收悉。经研究,不同意你们用提高产品价格扭亏增盈的做法。你厂应加强广告宣传、市场调查和加速技术改造,提高产品的竞争能力,以适应国内外市场需要,这才是扭亏增盈的根本途径。

特此批复。

××化妆品总公司(印章)

××××年×月×日

【示例二】

国务院关于《进口商品经营管理暂行办法》的批复

国发[××××]×号

外经贸部：

　　国务院批准《进口商品经营管理暂行办法》，由你部发布实施。

特此批复。

国务院

××××年×月×日

写作训练

　　1. 校学生会召开新学期第一次学生干部会议，就学生会招新、艺术节演出等事宜作了研究，你作为学生会秘书长参加会议。请拟写一份会议纪要。

　　2. ××学校学生逐年增加，学生宿舍已不能满足住宿需求。请为该校拟写一份关于增修一栋 1 000 平方米的宿舍楼的请示。

第四单元　教育小论文写作

（师范类专业选读）

一、教育小论文的概念及现实意义

教育论文是对教育教学经验以及规律进行探讨研究的一类文章。我们这里所说的教育小论文,则指我们就教育问题进行研究而撰写的篇幅较小的论文。

随着时代的发展,教研工作在提高教育教学质量,促进学生身心健康发展方面起着越来越重要的作用,进行教育教学研究和写作论文的能力也成为衡量一个教师素质的重要标志。同学们如果能在见习、实习期间写出有一定内容的小论文,这对提高分析问题和解决问题的能力,对现在的学习和今后的工作有着非常重要的意义。

二、写教育小论文的准备

(一)掌握一定的幼教理论

没有理论指导的实践是盲目的。同学们要进行幼教研究,写教育小论文,就要学习和掌握所写论题的有关理论,并有意识地运用这些理论指导自己的实践。

(二)确定选题

确定选题就是确定论文所要探索、研究的问题。只有确定好选题,才能围绕着选题的需要开展其他的准备工作。确定选题应该注意以下四个问题。

(1) 要有实用价值。应该是教育界比较关心的、对教育实践有一定意义的问题。

(2) 要有新意。可以开发别人没有研究过的新课题,也可以在前人的基础上推陈出新。

(3) 课题要小。初学写论文,应把探讨研究的范围缩小,这样便于驾驭。例如探讨幼儿良好的行为习惯的养成这个课题就太大了,如果限定一下,变成"保教结合,培养幼儿良好的卫生习惯",这个课题就比较容易把握了。

(4) 要可行。要考虑所选论题的资料是否丰富,自己对这个问题是否感兴趣,是否能够如期完成等。

(三)搜集整理材料

论文的观点是从材料中产生的,同时,论文的观点又需要大量的材料来支撑。因此,若无丰富的材料,写论文就成了"巧妇难为无米之炊"。

我们可以通过到学校亲自观察、体验或调查、实验,获得第一手材料。此外,还需要查阅一些相关的文献书籍,以获取第二手材料。

搜集材料后,还要整理材料,进行分析、比较、归纳,从中选择适用的材料,提炼出有普遍意义的经验,提炼出论文所要阐明的论点。

动手写论文前还要对文章有一个整体的构思,以避免结构混乱、材料和论点不合等问题的出现。

三、教育小论文的结构与分类

教育小论文与其他论文一样，有共同的结构形式。

（1）标题：用一句话点明作者所要研究的问题或论文的论点，不必追求朦胧、含蓄，要简洁、明了，有些标题还可以设置副标题。

（2）导语：交代写论文的缘由、研究的意义等。

（3）主体：把观点和材料相结合，具体阐述论文的内容。

（4）结论：总结全文，深化主题。

论文初稿完成后，还要本着科学的态度反复修改，看看观点是否鲜明，材料是否充实，论证是否严密，语言表达是否恰当。论文的语言风格应该简洁、平实。

教育小论文可以大致分为两类。一类以总结在教育实践中的教育经验为主要内容，包括一些成功的做法、体会、认识以及教训等，像教育教学经验总结、经验性的专题教育教学文章，以及一些教育随笔等都可以列入此范围。写这类论文要介绍教育教学实践中的情况、主要效果等，但不能只局限于叙述材料，就事论事，而要结合实践经验进行分析，使之上升到一定的理论高度。

另一类则侧重对学生教育问题从理论上进行探讨，主要是一些理论性较强的专题教育教学文章。写这类论文，要运用比较丰富的材料特别是二手材料，对概括出的原则、方法等做系统的分析和深入阐发。与前一类论文相比，后一类论文学术性更强，写作难度也更大。同学们写作教育小论文可以前一类为主，但也可以尝试写后一类论文。

【示例】

浅谈幼儿园绘本教育

目前，我们使用的绘本里，多以国外的经典绘本为主。这些绘本题材相当丰富，有关于友情的、亲情的，也有关于勇敢精神的、生命尊严的、自然和环境等等的，几乎涵盖了幼儿生活、成长的各个方面。但一般教师对于绘本的研究，多着重于阅读方面，也就是通过对绘本的阅读活动来发展幼儿阅读能力、兴趣及对文字的敏感性等，而忽视了绘本中所特有的情感教育以及多方面的辐射作用。

一、正确认识绘本教育的意义

《幼儿园教育指导纲要》指出："引导幼儿接触优秀的儿童文学作品，使之感受语言的丰富和优美，并通过多种活动帮助幼儿加深对作品的体验和理解。"绘本的每幅画面都是绘本大师的手工作品，有别于现代电脑设计的生硬线条，能带给孩子阅读的幸福感，对孩子视觉和心灵的震撼比知识效果更为直接，对其文学素养、审美、感知、人格健全等方面，有着潜移默化的影响。

首先，绘本符合孩子的认知过程以及思维特点，更能激发孩子的阅读兴趣。学前期幼儿处于形象思维时期，抽象思维能力还处于不断发展的过程中，绘本是文字和图画的结合体，但它却不是简单的"文字＋图画"，而是以"文字×图画"的模式存在，文字使图画更加具体，图画让文字更加生动。精美的画面本能地激活孩子的想象，留给幼儿大片的想象空间，有利于孩子创造力的培养；而文字则可以帮助幼儿在观察的基础上，不断地丰富填充绘本的内容。其次，绘本的促进作用是多方面的。目前优秀的绘本多数是世界上知名插画家的作品，不仅绘画精美，而且内涵丰富，在幼儿阅读的过程中，不仅使幼儿得到情感上面的陶冶，而且还可以引导幼儿在观赏的过程中，感受到画面线条的流畅、色彩的美妙，提升其艺术审美能力。同时，透过文字与画面，孩子得以进入不同的世界,了解到不同时空、不同地域人们的生活习俗、文化习惯,在幼儿社会化的过程中,有着不可替代的作用。

二、积极开展幼儿园教学活动中的绘本教育

大脑皮层言语中枢机能的成熟理论告诉我们:人脑的信息80%是通过视觉而获得的——视觉刺激能有效地促进儿童的大脑神经网络的发展。绘本阅读是积极自主的视觉刺激,图文并茂的图书材料给儿童以积极的刺激,加快大脑的发育与成熟,提高认识水平,而3～8岁正是人的阅读能力发展的关键期。教师应该深入地挖掘绘本的丰富内涵,在教学活动中多引导幼儿积极地接触优秀的绘本作品,促进幼儿视、听、语言、思维、想象、审美及人际交往等多种能力的发展。

1. 语言活动中的绘本教育

《幼儿园教育指导纲要》指出,幼儿语言教育的目标是:喜欢看图书、听故事,能够养成良好的阅读习惯;能够清楚地讲述自己的经验和需要。而绘本作为语言活动的有效素材,精美的图片可以快速地吸引幼儿的眼球,打开孩子想象的翅膀,引导其在已有经验的基础上愿意说、能够说,在主动的探索中,获得进步。

可是在实际的教学活动中,由于教学时间的限制,往往一堂课难以完整地讲述绘本的全部内容,为了确保幼儿在活动中获得完整的经验,首先就需要教师在课前充分地了解绘本的内容,抓住主旨,根据关键词来节选出最主要的画面,或整篇绘本故事的主要特征或结构特点,或找出能够牵动整篇绘本故事的人物表情、心理……从而有的放矢地设计绘本教学活动。教师所选取的内容,应是幼儿比较容易找到或理解的。比如,绘本《猜猜我有多爱你》,可以以兔妈妈同小兔比高矮为主要内容;绘本《啪啦啪啦嘭》,可以以地底下不同的事物为主要内容;绘本《这是谁的自行车》,可以以事物显著的特征为主要内容;等等。引导幼儿在活动的过程中,能够及时地抓住重心。随后,教师就可以根据故事的线索来设计相应的课件、flash 动画等教具,但是教具只是起到一种辅助的作用,帮助幼儿梳理一些比较隐蔽的情节或者是幼儿思路容易堵塞的地方,幼儿主动的观察述说才是活动的重点。最后,在实际的教学过程中,教师应该根据绘本的需要,创设适当的活动情景,引导幼儿在宽松的活动氛围中认真仔细地观察,充分地融入故事情节中,大胆地猜测情节的发展,大方地表述,积极地用除了语言之外的其他方式来表达,将教学的主动权充分地交还到幼儿的手中。

2. 美术活动中的绘本教育

《幼儿园教育指导纲要》指出,"引导幼儿接触周围环境和生活中美好的人、事、物,丰富他们的感性经验和审美情趣,激发他们表现美、创造美的情趣"。艺术教育不应该仅仅是美术知识和美术技能的训练,而应该让幼儿感受到艺术中的生活之美,将情感教育融入美术教育之中。比如,"七彩路"这一美术活动,教师可以引导幼儿在感受袋鼠妈妈爱袋鼠宝宝、袋鼠宝宝爱袋鼠妈妈的浓浓情谊中,完成绘画活动。通过观看绘本的前半部分,引导幼儿伴随着情节进行想象与感悟,在阅读的过程中,产生一丝丝的感动,愿意用绘画的形式来表达对妈妈的关爱,充分地发挥绘本中情感教育的作用,让艺术活动更具有辐射性,更加具有人性的光辉。

3. 社会活动中的绘本教育

在幼儿社会化的过程中,"规则""关爱""尊重""分享"等词汇对于幼儿来说是比较模糊的,而绘本以其形象生动的画面以及精简凝练的句式,将这些复杂的词语,通过生动有趣的故事进行描述,引导幼儿在学习的过程中,通过情感的体验、亲身的参与,知道这些抽象词汇的意思,实现灵魂的成长,养成良好的社会品质。

写作训练

　　根据所学相关教育理论,结合你所了解的有关教育现状,自选角度,写一篇1 500字左右的教育小论文。

图书在版编目(CIP)数据

大学语文/赵昌伦主编. —上海:复旦大学出版社,2018.8(2024.8 重印)
ISBN 978-7-309-13741-5

Ⅰ.①大… Ⅱ.①赵… Ⅲ.①大学语文课-高等学校-教材 Ⅳ.①H19

中国版本图书馆 CIP 数据核字(2018)第 123485 号

大学语文
赵昌伦 主编
责任编辑/赵连光

复旦大学出版社有限公司出版发行
上海市国权路 579 号 邮编:200433
网址:fupnet@ fudanpress.com http://www.fudanpress.com
门市零售:86-21-65102580 团体订购:86-21-65104505
出版部电话:86-21-65642845
江苏句容市排印厂

开本 890 毫米×1240 毫米 1/16 印张 14.5 字数 401 千字
2024 年 8 月第 1 版第 3 次印刷

ISBN 978-7-309-13741-5/H·2827
定价:49.00 元